交通职业教育教学指导委员会推荐教材
职业教育·道路运输类专业教材

Shigong Jidian
施工机电

（第 2 版）

徐永杰　主　编

人民交通出版社股份有限公司
北京

内 容 提 要

本教材为交通职业教育教学指导委员会推荐教材，职业教育道路运输类专业教材，较全面地阐述了公路工程机械化施工中常用各种工程机械的组成、性能、施工技术、施工组织、施工作业及选用、常用电气设备的组成和工作原理，以及路桥施工供电和设计方法。

本教材共分七章，分别为工程机械基础、土石方工程机械及其施工技术、压实机械、路面工程机械、桥梁工程机械、公路工程常用电气设备及路桥施工供电等。

本教材既可作为职业院校道路与桥梁工程技术、道路机械化施工技术、智能工程机械运用技术等专业教材，也可作为公路工程机械化施工人员的培训用书，还可用于指导路桥、铁路、市政、水电施工的技术人员进行机械化施工。

本书有配套PPT，教师可通过加入职教路桥教学研讨群（QQ561416324）获取。

图书在版编目（CIP）数据

施工机电／徐永杰主编. — 2版. — 北京：人民交通出版社股份有限公司，2021.8
ISBN 978-7-114-17526-8

Ⅰ.①施… Ⅱ.①徐… Ⅲ.①道路施工—机电设备—高等职业教育—教材 Ⅳ.①U415.5

中国版本图书馆CIP数据核字(2021)第145482号

交通职业教育教学指导委员会推荐教材
职业教育·道路运输类专业教材

书　　名：	施工机电（第2版）
著 作 者：	徐永杰
责任编辑：	刘　倩
责任校对：	孙国靖　龙　雪
责任印制：	张　凯
出版发行：	人民交通出版社股份有限公司
地　　址：	(100011)北京市朝阳区安定门外外馆斜街3号
网　　址：	http://www.ccpcl.com.cn
销售电话：	(010)59757973
总 经 销：	人民交通出版社股份有限公司发行部
经　　销：	各地新华书店
印　　刷：	北京虎彩文化传播有限公司
开　　本：	787×1092　1/16
印　　张：	17
字　　数：	408千
版　　次：	2005年8月　第1版 2021年8月　第2版
印　　次：	2021年8月　第2版　第1次印刷　总第15次印刷
书　　号：	ISBN 978-7-114-17526-8
定　　价：	49.00元

（有印刷、装订质量问题的图书由本公司负责调换）

第2版前言

PREFACE

"施工机电"是道路运输类专业一门重要的专业基础课。《施工机电》自2005年第一次出版发行后,至今已被几十所职业院校选作学生教材,受到了广泛好评。此次改版,编者根据教育部2019年发布的《高等职业院校专业教学标准》和《关于组织开展"十三五"职业教育国家规划教材建设工作的通知》(教职成司函〔2019〕94号)文件精神,在第一版教材的基础上,收集了教材使用教师的意见和建议,走访并采纳了众多用人单位的意见,对上一版书中部分章节内容进行了删减和补充。修订后的教材有以下特点:

(1)每章节都有明确的教学目标,让学生了解所学知识的重点和难点,以及需要掌握的程度。

(2)充分反映了新规范、新机械、新工艺和科技发展的要求,同时考虑了地域特点,体现了现代土木工程施工机电的发展趋势。

(3)针对道路运输类专业学生对机械原理、机械制图与识图等知识的缺乏,本版教材采用更加直观易懂的图示,增加了机械现场施工的图例,使内容简单易学。

(4)由于道路运输类专业学生毕业后主要从事土木工程施工、养护工作,本教材主要介绍各种工程机械的组成、性能、施工技术、施工组织、施工作业及选用,同时介绍施工用电的基本知识,贴合学生的实际需要。

(5)本教材注重系统性、实用性,注重培养学生分析问题和解决问题的能力,每单元都有小结和复习题,便于学生掌握重点、巩固提高。

(6)数字资源丰富,围绕深化教学改革和"互联网+职业教育"发展需求,初步形成课程建设、教材编写、配套资源开发、信息技术应用统筹推进的新形态一体化教材。本教材有配套教学课件,便于教师教学使用。

本教材既可作为职业教育道路运输类专业通用教材,也可用于指导公路、铁路、市政、建筑、水电、矿山及国防等工程施工的技术人员进行机械化施工之用,以及作为土木工程各领域机械化施工人员的培训教材。

本教材全部内容由鲁东大学土木工程学院徐永杰副教授编写,同时得到了人民交通出版社股份有限公司的鼎力帮助与支持,在此表示感谢!

由于我国土木工程各领域机械化施工技术发展迅速,新技术、新方法不断涌现,加之编者所处的地域、准备的资料与学术水平的限制,书中缺点与疏漏在所难免,希望同行专家和使用该教材的单位与个人提出宝贵意见,各种信息请反馈至邮箱 xuge18@sina.com,以便于适时修改完善。同时对提出宝贵意见的同行与专家,表示衷心地感谢!

编 者
2021 年 3 月

目录 CONTENTS

第一章　工程机械基础 ············ 1
- 第一节　内燃机 ············ 1
- 第二节　工程机械底盘 ············ 16
- 第三节　工程机械的运行材料 ············ 39
- 本章小结 ············ 43
- 复习思考题 ············ 44

第二章　土石方工程机械及其施工技术 ············ 45
- 第一节　土石方工程机械的施工组织 ············ 45
- 第二节　推土机及其施工技术 ············ 52
- 第三节　铲运机及其施工技术 ············ 59
- 第四节　装载机及其施工技术 ············ 65
- 第五节　挖掘机及其施工技术 ············ 70
- 第六节　平地机及其施工技术 ············ 76
- 第七节　石方工程机械及路基土石方爆破施工 ············ 83
- 本章小结 ············ 92
- 复习思考题 ············ 92

第三章　压实机械 ············ 94
- 第一节　压实机械概述 ············ 94
- 第二节　常用的各种压路机 ············ 96
- 第三节　压实机械的施工组织 ············ 100
- 第四节　路基压实施工技术 ············ 108
- 第五节　路面压实施工技术 ············ 111
- 本章小结 ············ 118
- 复习思考题 ············ 118

第四章　路面工程机械 ············ 120
- 第一节　稳定材料路面机械及其施工技术 ············ 120
- 第二节　沥青混合料路面机械及其施工技术 ············ 129
- 第三节　水泥混凝土路面机械及其施工技术 ············ 152
- 第四节　路面机械的选配 ············ 166
- 本章小结 ············ 170

复习思考题 ·· 170
第五章　桥梁工程机械　172
　　第一节　桩工机械及其施工技术 ·· 172
　　第二节　水泥混凝土机械及其施工技术 ·· 193
　　第三节　起重机械与架桥设备 ··· 210
　　本章小结 ·· 236
　　复习思考题 ·· 236

第六章　公路工程常用电气设备　237
　　第一节　交流发电机组 ··· 237
　　第二节　变压器 ·· 239
　　第三节　三相感应电动机 ··· 244
　　本章小结 ·· 249
　　复习思考题 ·· 250

第七章　路桥施工供电　251
　　第一节　路桥施工供电概述 ··· 251
　　第二节　路桥施工供电设计 ··· 251
　　第三节　工地照明 ·· 261
　　本章小结 ·· 263
　　复习思考题 ·· 263

参考文献 ··· 265

第一章　工程机械基础

重点内容和学习要求

本章重点描述内燃机的工作原理，内燃机的主要技术性能指标和外特性，工程机械使用性能；论述内燃机的主要组成，工程机械底盘传动系统、行驶系统、转向系统和制动系统的作用、主要组成和原理，液力传动系统和液压系统的组成及主要部件的工作原理，工程机械运行材料。

通过学习，要求懂得内燃机的工作原理及其主要技术性能与指标，懂得工程机械的使用性能；了解内燃机、底盘及液压系统的基本知识，知道如何选择工程机械和运行材料。

工程机械由基础车和工作装置两部分组成。工程机械的基础车包括动力装置和底盘两部分，而内燃机则是基础车的主要动力装置。

第一节　内　燃　机

工程机械的动力装置，除一些固定设备或移动距离短、移动速度慢的机械设备采用电动机以外，多数采用内燃机(或称发动机)。

内燃机是将燃料燃烧释放出的热能在汽缸内部转变为机械能的装置。常用的内燃机类型有往复活塞式内燃机、转子发动机、燃气涡轮发动机(船用)和喷气发动机(飞机用)。目前工程机械用内燃机绝大多数采用往复活塞式内燃机。本节主要介绍这种类型内燃机。

往复活塞式内燃机有各种不同的分类方法。按使用燃料不同分有汽油内燃机(简称汽油机)和柴油内燃机(简称柴油机)；按内燃机完成一个工作循环行程数不同分有四冲程内燃机和二冲程内燃机；按燃料点燃方法不同分有点燃式内燃机和压燃式内燃机；按内燃机缸数不同分有单缸内燃机和多缸内燃机；按汽缸排列形式不同分有单排直列型内燃机、双排V型内燃机和单排对置型内燃机等。

一、内燃机的基本术语

图1-1-1为单缸四冲程柴油机工作原理示意图。在圆筒形的汽缸内有一可上下移动的活塞，连杆的小头通过活塞销与活塞相连，其大头与曲轴连接。活塞的上下往复运动通过连杆转变为曲轴的旋转运动。活塞往复一次，曲轴旋转一周。

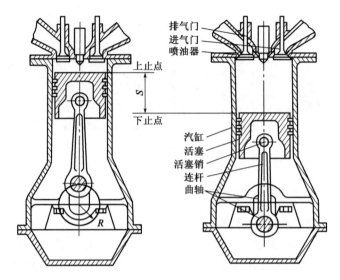

图 1-1-1　单缸四冲程柴油机工作原理示意图

(1) 上止点。活塞离曲轴中心最远处,即活塞顶在汽缸中的最高位置。

(2) 下止点。活塞离曲轴中心最近处,即活塞顶在汽缸中的最低位置。

(3) 活塞行程。活塞在上下止点之间运动,其上下两止点间的距离称为活塞行程,用 S 表示。若用符号 R 表示曲轴的回转半径,则 $S = 2R$。

(4) 汽缸的工作容积。活塞从上止点运动到下止点所扫过的汽缸容积,称为汽缸工作容积,用 V_h 表示,单位为升(L):

$$V_h = \frac{\pi D^2 \times S}{4 \times 10^6} \tag{1-1-1}$$

式中:D——汽缸直径,mm;

S——活塞行程,mm。

多缸内燃机各缸的工作容积之和,称为内燃机排量,用 V_L 表示,单位为升(L):

$$V_L = V_h \cdot i \tag{1-1-2}$$

式中:i——汽缸数。

(5) 燃烧室容积。当活塞位于上止点时,活塞顶上方的汽缸容积,称为燃烧室容积,用 V_c 表示。

(6) 汽缸的总容积。当活塞位于下止点时,活塞顶上方的容积,称为汽缸总容积,用 V_a 表示:

$$V_a = V_c + V_h \tag{1-1-3}$$

(7) 压缩比。汽缸的总容积与燃烧室容积之比,称为压缩比,用 ε 表示:

$$\varepsilon = \frac{V_a}{V_c} = \frac{V_h + V_c}{V_c} = 1 + \frac{V_h}{V_c} \tag{1-1-4}$$

压缩比表示汽缸内的气体(空气或可燃混合气)在汽缸内被压缩的程度,它是内燃机的主要性能参数之一。一般压缩比越大,压缩终了时汽缸内气体的压力和温度越高,燃料的燃烧情况越好,但压缩比也不宜太大,过大会使内燃机机械效率下降。柴油机压缩比过低会使压缩终点温度变低,影响冷起动性能。目前,柴油机的压缩比一般在 12～22,但超高增压柴油机的压缩比可低至 8。汽油机压缩比过高容易产生爆燃,目前汽油机压缩比一般为 9～12,其中,9～10.5 主要用于涡轮增压发动机,10.0～12 则主要用于自然吸气发动机。压缩比能使内燃机排气中有害成分(如 NO_x、烃类、CO 等)的含量发生变化。

二、内燃机的工作原理

为了使燃料燃烧的热能转变为机械能,内燃机必须经过进气、压缩、做功和排气 4 个连续工作过程。每完成一次连续工作过程称为一个工作循环。活塞往返四个行程完成一个工作循环,称为四冲程内燃机;活塞往返两个行程完成一个工作循环,称为二冲程内燃机。因目前工程机械二冲程内燃机应用较少,这里只介绍四冲程内燃机的工作原理。单缸四冲程柴油机的工作过程,如图 1-1-2 所示。

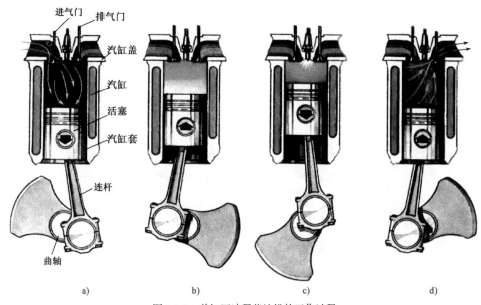

图 1-1-2 单缸四冲程柴油机的工作过程
a)进气行程;b)压缩行程;c)做功行程;d)排气行程

1. 单缸四冲程柴油机的工作原理

进气行程(图 1-1-2a) 在进气行程开始时,活塞位于上止点,此时进气门打开,排气门关闭。活塞由曲轴带动,由上止点向下止点移动时,活塞顶上方的汽缸容积增大,汽缸内压力下降,小于大气压力,产生一定的真空度。这时,新鲜空气在内外压力差的作用下,被吸入汽缸内,至活塞到达下止点,进气门关闭,进气行程终了(曲轴旋转 180°)。

压缩行程(图 1-1-2b) 曲轴继续旋转,活塞又由下止点向上止点移动,此时进、排气门均关闭,活塞顶上方的汽缸容积逐渐减小,汽缸内气体的压力和温度不断升高,这为柴油喷入汽缸自行点火燃烧创造了有利条件,当活塞运行到上止点时,压缩行程终了(曲轴旋转 360°)。

做功行程(图 1-1-2c) 当压缩行程接近终了时,喷油器将高压雾化柴油喷入汽缸,细小的油雾在高温下迅速蒸发,与空气混合形成可燃混合气。由于压缩行程终了时,汽缸内温度高于柴油自燃条件,柴油便自行点火燃烧。由于进、排气门都关闭,高温高压的气体膨胀而推动活塞从上止点向下止点移动,通过连杆推动曲轴旋转。这样,燃料燃烧所产生的热能便转化为曲轴运动的机械能,而对外做功(曲轴旋转540°)。

排气行程(图1-1-2d)曲轴因惯性继续旋转,推动活塞由下止点向上止点移动,此时排气门打开,进气门关闭,燃烧后的废气经排气门排入大气。活塞到达上止点时,排气门关闭,排气行程终了(曲轴旋转720°)。

四冲程柴油机从进气、压缩、做功到排气,活塞运行四个行程,完成了一个工作循环。当活塞再次从上止点向下止点移动时,又开始了新的工作循环。如此周而复始地连续进行,柴油机实现持续运转。

2. 增压柴油机的工作原理

从柴油机的工作原理可以看出,在柴油机的进气行程中,是利用汽缸内的气压差将空气吸入汽缸里的,气体的密度较低,内燃机的空气量不足,柴油燃烧不完全。为了克服这一缺点,大部分柴油机增设了增压器。

增压器根据驱动增压器的动力源不同分为机械增压器和废气涡轮增压器,由于废气涡轮增压器结构紧凑、体积小、效率高、不消耗内燃机功率,所以它在内燃机上获得了广泛的应用。

废气涡轮增压器工作原理,如图1-1-3所示。

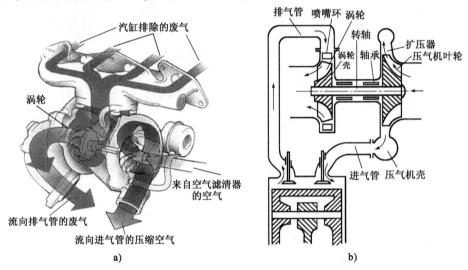

图1-1-3　废气涡轮增压器工作原理
a)原理图;b)剖视图

柴油机工作时,排出的高温废气以一定的压力和速度进入增压器的涡轮壳内,冲击涡轮,使涡轮高速运转,然后排入大气。涡轮与压气机叶轮同装一根转轴上,与叶轮同速旋转。一方面涡轮将经空气滤清器滤清的空气吸入压气机壳内;另一方面又把空气甩向叶轮边缘,使其降速增压。增压后的空气经进气管进入汽缸,提高了内燃机吸入的空气量,从而使内燃机产生了更大的功率。同时由于柴油燃烧较完善,也降低了耗油率,减少了排气污染,改善了内燃机对各种工作条件的适应能力,从而扩大了内燃机的使用范围。

3. 单缸四冲程汽油机的工作原理

四冲程汽油机与柴油机一样,每个工作循环也经历进气、压缩、做功和排气4个行程。

但因汽油机所用燃料是汽油,易挥发,其自燃温度(427℃)比柴油(220℃)高得多,所以可燃混合气形成及点火方式与柴油机不同。汽油机进气行程进入汽缸的不是纯空气,而是可燃混合气,是由电子控制系统控制喷油器,将汽油喷入进气门的外侧,储存并汽化后进入汽缸的。在压缩行程接近终了时,可燃混合气用火花塞强制点火燃烧。

4. 柴油机、汽油机的特点与应用

柴油机具有压缩比高、耗油率低、燃料经济性较好等特点,故柴油机广泛应用于大中型工程机械和载货汽车上。汽油机具有转速高、质量轻、工作噪声小、起动容易、制造维修费用低等特点,故一般用在一些小型工程机械上,柴油机与汽油机的区别见表1-1-1。

柴油机与汽油机的区别　　　　　　　表1-1-1

序号	主要指标	汽 油 机	柴 油 机
1	构造	汽缸顶部有火花塞,喷油嘴在进气管道处	汽缸顶部有喷油嘴
2	燃料	汽油	柴油
3	吸气行程	吸入汽油与空气的混合气	吸入空气
4	压缩比 ε	9~12	12~22
5	点火方式	压缩行程末,火花塞产生电火花点燃燃料(点燃式)	压缩行程末,喷油嘴向汽缸内喷进柴油遇温度超过柴油燃点的空气而自动点燃(压燃式)
6	热效率	20%~30%	30%~45%
7	特点及应用	转速高、质量轻、工作噪声小、起动容易、制造维修费用低等,一般用在汽车和一些小型工程机械上	压缩比高、耗油率低、燃料经济性较好,广泛应用于大中型工程机械和载货汽车上

三、内燃机的构造

现代工程机械用的内燃机形式很多,同一类型的也各有差异,但就四冲程内燃机,其主要组成是基本一致的。图1-1-4为柴油机总体构造示意图。图1-1-5为汽油机总体构造示意图。

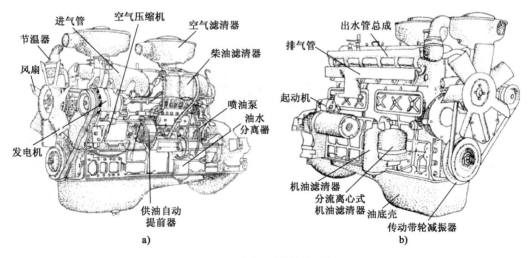

图1-1-4　柴油机总体构造示意图

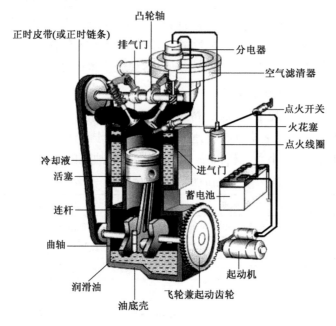

图 1-1-5 汽油机总体构造示意图

为保证能量的正常转换和内燃机的正常运转,柴油机通常由曲柄连杆机构、配气机构、燃料供给系统、润滑系统、冷却系统和起动系统组成;汽油机除了上述组成外增加了点火系统。

1. 曲柄连杆机构

曲柄连杆机构是将活塞的往复运动转变成曲轴的旋转运动,并向外传递动力的机构。其主要由机体组、活塞连杆组、曲轴飞轮组三部分组成。

(1)机体组主要由汽缸体、汽缸盖、曲轴箱、汽缸套、汽缸垫和油底壳等组成,如图 1-1-6 所示。

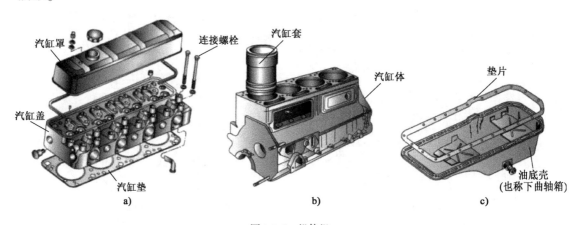

图 1-1-6 机体组
a)汽缸盖;b)汽缸体;c)油底壳

汽缸体是内燃机的安装机体。汽缸体的上平面安装汽缸盖,下平面安装下曲轴箱(也称油底壳),汽缸体内加工有镗孔,用以安装汽缸套。水冷式内燃机汽缸盖与汽缸体内壁铸有装冷却液的水套。

汽缸套是易磨损部位之一,为延长汽缸体使用寿命、便于维修,大多柴油机在汽缸内镶入用耐磨材料制成的汽缸套。

汽缸盖用来封闭汽缸的上部,并与汽缸、活塞顶部共同构成燃烧室。

汽缸垫位于汽缸盖与汽缸体之间,保证接合面处有良好的密封性,确保燃烧室的密封,防止汽缸漏气和水套漏水。

曲轴箱分为上、下两部分,上曲轴箱一般与汽缸体铸成一体,是安装曲轴和凸轮轴的基础;下曲轴箱称为油底壳,是用钢板件冲压而成的盆状壳体,用来储存润滑油和封闭汽缸体下部。

(2)活塞连杆组主要由活塞、活塞环、活塞销和连杆组成,如图 1-1-7 所示。

活塞在汽缸套内往复运动,其主要作用是承受气体压力,并通过连杆传给曲轴。活塞一般是由铝合金制成的。活塞上部有若干环槽,用以安装活塞环,活塞中部有活塞销座,用来安装活塞销,使活塞与连杆相连。

活塞环分为气环和油环两类。气环的作用是保证活塞与汽缸壁间的密封;油环是刮去汽缸壁上多余的润滑油。

连杆的主要作用是连接活塞与曲轴,并将活塞的往复运动转变为曲轴的旋转运动,连杆的上端孔内压有青铜衬套,活塞销穿过衬套孔与连杆铰接,连杆的下端通过连杆轴承与曲轴的连杆轴颈铰接。连杆大头一般剖分为两部分,安装时连杆螺栓通过连杆盖将曲轴与连杆铰接在一起。

(3)曲轴飞轮组主要由曲轴和飞轮等组成,如图 1-1-8 所示。

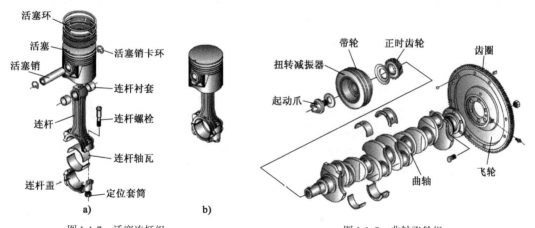

图 1-1-7 活塞连杆组　　　　　　图 1-1-8 曲轴飞轮组

曲轴的作用是把活塞连杆组传来的气体压力转换为转矩对外输出和驱动配气机构及其他附属机构。曲轴主要由主轴颈、连杆轴颈与平衡重等组成。主轴颈是曲轴的支承部分,安装在汽缸体的主轴承座中。连杆轴颈与连杆大头相配合。平衡重的作用是平衡曲轴运转时产生的惯性力和惯性力矩,使内燃机运转平稳。曲轴的前端通过键槽和螺纹安装正时齿轮、传动带轮和起动爪等,后端通过凸缘盘安装飞轮。

飞轮是一个铸铁圆盘,其作用是将做功行程的部分能量储存起来,以便带动曲轴完成其他几个辅助行程,保证内燃机连续运转。飞轮外圆上装有起动齿圈,内燃机起动时与起动机齿轮啮合,使内燃机起动。飞轮上通常有第一缸上止点记号,有的还刻有供油提前角(或点火提前角)刻线,以便检验和调整气门间隙、喷油正时或点火正时等。

2. 配气机构

配气机构(图1-1-9)的作用是按照内燃机各缸工作行程要求,定时开启和关闭进、排气门。进气门开启使新鲜空气或可燃混合气进入汽缸,排气门开启使燃烧后的废气排出汽缸,气门关闭使汽缸密封。

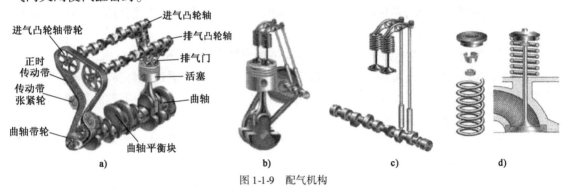

图1-1-9 配气机构
a)凸轮轴上置式;b)凸轮轴中置式;c)凸轮轴下置式;d)气门组

配气机构按凸轮轴的布置形式分为凸轮轴上置式(图1-1-9a)、凸轮轴中置式(图1-1-9b)和凸轮轴下置式(图1-1-9c)3种;按配气机构的驱动分为齿轮驱动、链条驱动和传动带驱动3种。

柴油机由于驱动力大,采用齿轮驱动的较多,且布置为凸轮轴下置式配气机构,下置式配气机构的凸轮轴装在缸体下部。上置式和中置式凸轮轴的配气机构没有了摇臂和摇臂轴,推杆变短了,由于其结构更简单,广泛用在轿车上。

3. 燃料供给系统

1)柴油机燃料供给系统

柴油机燃料供给系统的功用是按柴油机各种不同工况的要求,定时、定量、定压地将柴油喷入燃烧室,使其与汽缸内的高压空气进行混合和燃烧,并排出废气。

柴油机燃料供给系统由空气供给部分、燃油供给部分、混合气形成部分和废气排出部分4部分组成。空气供给部分由空气滤清器、进气管等组成;混合气形成部分是燃烧室和活塞顶部形状设计组成;废气排出部分由排气管和排气消声器等组成。

燃油供给部分目前常用的有柱塞式喷油泵、分配式喷油泵、PT泵和喷嘴泵等。由于柱塞式喷油泵供油装置工作可靠、使用寿命长,因此,被广泛用于柴油机上。但分配式喷油泵、PT泵和喷嘴泵随着性能的改进,也越来越多地被柴油机所采用。

柴油机燃料供给系统(图1-1-10)一般由柴油箱、输油泵、柴油滤清器、调速器、喷油泵、喷油器等组成。柴油从柴油箱中被输油泵吸出,经柴油滤清器滤清后被送入喷油泵,喷油泵将低压油提高压力后,经高压油管送入喷油器,由喷油器喷入燃烧室。

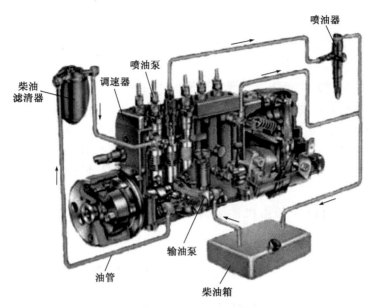

图 1-1-10　柴油机燃料供给系统组成

（1）喷油泵。喷油泵的作用是根据内燃机不同工况，将一定量的柴油提高油压，并定时、定量地送入喷油器。多缸柴油机的喷油泵还应保证按内燃机做功顺序供油，对各缸的供油量应均匀，各缸供油提前角应相等。

柱塞式喷油泵是利用容积的变化来提高柴油的压力。

（2）调速器。调速器的作用是在柴油机工作时，能随外界负荷的变化自动调节供油量，使其转速保持稳定。

目前柴油机都采用离心式调速器。离心式调速器是利用随发动机一起旋转的离心件的离心力来调节供油量，从而使发动机自动地适应外界荷载的变化。

（3）输油泵。输油泵的作用是将柴油自油箱以一定压力送入喷油泵。转子式输油泵工作可靠，被广泛使用。它是利用泵体内进油腔和出油腔容积的变化，在压力差的作用下，将柴油吸入和压出。输油泵上的手油泵是在柴油机起动前向喷油泵泵油或排出油路中空气。

（4）喷油器。喷油器作用是将柴油雾化并喷入燃烧室。目前柴油机常用的喷油器有孔式喷油器和轴针式喷油器。

孔式喷油器一般有 1～8 个直径很小的喷孔，轴针式喷油器只有一个直径较大的喷孔，具有自洁作用，一般不容易堵塞。

2）汽油机燃料供给系统

汽油机燃料供给系统的功用是根据内燃机各种不同工况的要求，将汽油与空气混合成一定数量和浓度的可燃混合气，供入汽缸；在邻近压缩终点时燃烧做功；将燃烧的废气排入大气。

20 世纪的汽油机燃料供给系统用化油器式的较多，现在的汽油机燃料供给系统多用电控喷射式，因汽油机在工程机械上的使用较少，这里就不叙述其结构与工作原理了。

4. 润滑系统

润滑系统的作用是连续不断地向各运动部件供给润滑油,以减小运动部件的磨损。同时还具有冷却、清洗和密封作用。

内燃机零件的润滑方式有压力润滑和飞溅润滑两种。曲轴主轴承、连杆轴承及凸轮轴承等承受的荷载及相对运动速度较大,为了减小摩擦力,形成液体润滑,应采用压力润滑方式。其他荷载较轻、相对运动速度较小的零件,如汽缸壁、配气机构的凸轮、挺杆等,以内燃机工作时运转零件飞溅起来的油滴或油雾来润滑,称为飞溅润滑。

内燃机辅助系统中的某些总成,如水泵、发电机等,只需定期加注润滑脂或润滑油即可。

润滑系统(图1-1-11)一般由机油泵、机油滤清器、限压阀、油压表及油道和油管等组成。

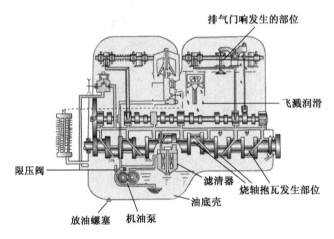

图1-1-11　柴油机润滑系统示意图

润滑系统的油路也各有不同,大部分柴油机采用粗滤器与细滤器并联的油路。在内燃机工作时,机油经集滤器初步过滤后,被油泵压送出来两路。其中大部分润滑油经粗滤器进入内燃机主油道,润滑各运动机件,小部分流经细滤器,最后两部分润滑油均流回油底壳。限压阀安装在机油泵出口,用以限制润滑系统内油压。旁通阀与粗滤器并联,当粗滤器滤芯堵塞时,它被打开,以保证内燃机零件的润滑。

目前,也有部分工程机械的润滑系统采用粗细滤清器串联或只有一个滤清器,内燃机工作时,只有一个油路,即经过滤的机油直接到主油道。

5. 冷却系统

冷却系统的任务是保证内燃机在正常温度下工作。因为内燃机温度过高会使部分零件受热膨胀变形,使配合间隙遭到破坏,润滑油也会因温度过高而黏度下降影响润滑,所以内燃机必须适度冷却。内燃机冷却系统有风冷和水冷两种形式(图1-1-12)。

风冷却系统是利用风扇向铸件散热片、汽缸体和汽缸盖吹风,将热量直接散到大气中。水冷却系统是利用冷却液循环流动带走热量。

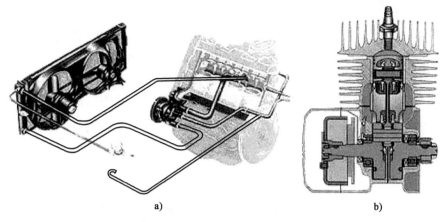

图 1-1-12 内燃机冷却系统
a)水冷式冷却系统;b)风冷式冷却系统

水冷却系统冷却效率较好,目前在大多数内燃机上应用。水冷却系统(图 1-1-13)一般由水泵、散热器、风扇、水套和节温器等组成。

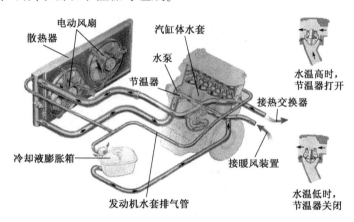

图 1-1-13 内强制循环式水冷却系统示意图

内燃机工作时,水泵将冷却液由散热器吸出送入内燃机缸体和缸盖中的水套。在此冷却液吸收热量,温度升高,然后流回散热器。由于风扇的强力抽吸,空气高速流经散热器,带走热量,冷却液冷却,冷却后的冷却液流到散热器底部,又在水泵作用下,进行下一次循环,如此往复,内燃机的温度降低。

节温器作用是在内燃机温度较低时,使冷却液进行小循环,即冷却液不经散热器直接流回水泵,使内燃机温度不至于太低。在内燃机温度较高时,进行正常水循环。

冷却系统所用的冷却液一般是清洁的软水或防冻液。使用水冷却时,在北方地区冬季,长时间停车时应将水放净,否则,易将机体冻裂。使用防冻液时,可冬夏通用。

6. 起动系统

起动系统的功用就是使内燃机由静止状态进入到工作状态,实现内燃机的起动。

内燃机起动方法较多,目前常用的有人力起动(手摇、绳拉)、电动机起动、汽油起动机起动、压缩空气起动等。现代高速内燃机广泛采用电动机起动。

7.点火系统

点火系统用于汽油机。其功用是按汽缸点火次序定时地向火花塞提供足够能量的高压电,使火花塞电极间产生火花,从而点燃汽缸内被压缩的可燃混合气。

点火系统(图 1-1-14)通常由电源(蓄电池 12V 或 24V)、点火开关、点火线圈(高压 10000V)、分电器(包括霍尔式信号发生器)和火花塞等组成。其中电源、点火开关和点火线圈的初级线圈构成低压电路部分;点火线圈的次级线圈、分电器和火花塞构成高压电路部分。

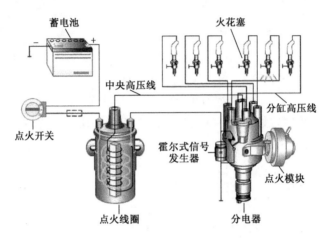

图 1-1-14 汽油机点火系统示意图

四、内燃机的主要性能指标和外特性

评价一台内燃机好坏,需要各种性能指标来衡量。常见的性能指标有动力性能指标、经济性能指标、运转性能指标和可靠性与耐久性能指标等。

1.动力性能指标

(1)有效转矩。

内燃机曲轴输出的平均转矩称为有效转矩,以 T_e 表示,单位为 N·m。有效转矩与外界施加于内燃机曲轴上的阻力矩相平衡,可以用内燃机台架试验方法测得。

(2)平均有效压力。

指单位汽缸工作容积所输出的有效功,以 P_{me} 表示,单位为 MPa。平均有效压力越大,动力性能越好。

(3)有效功率。

内燃机曲轴输出的功率称为有效功率,用 P_e 表示。它等于有效转矩与曲轴角速度的乘积,单位 kW:

$$P_e = T_e \frac{2\pi n}{60} \times 10^{-3} = \frac{T_e n}{9550} \tag{1-1-5}$$

式中:T_e——有效转矩,N·m;

n——曲轴转速,r/min。

内燃机制造厂按国家规准《往复式内燃机 性能 第1部分:功率、燃料和机油消耗的标定及试验方法 通用发动机的附加要求》(GB/T 6072.1—2008)标定的有效功率,称为标定功率。标定功率下的内燃机转速称标定转速,内燃机名称牌上标明的功率就是标定功率。

标定功率是根据内燃机用途、使用特点以及连续运转时间来确定的,各个国家有所不同,我国内燃机功率标定分以下4级(表1-1-2)。

我国内燃机功率标定 表1-1-2

分 级	含 义	应 用
15min 功率	在标准环境条件下,内燃机能连续稳定运转15min时的最大有效功率	汽车等
1h 功率	在标准环境条件下,内燃机能连续稳定运转1h时的最大有效功率	工程机械、拖拉机等
12h 功率	在标准环境条件下,内燃机能连续稳定运转12h时的最大有效功率	部分拖拉机和发电站用内燃机等
持续功率	在标准环境条件下,内燃机能长期连续稳定运转的最大有效功率	铁路机车、船舶和发电机组等

内燃机还常用升功率 P_c(kW/L) 比较不同内燃机动力性能,它是指内燃机在标定工况下每升汽缸工作容积 V 所发出的有效功率。升功率越大,内燃机动力性能越好:

$$P_c = \frac{P_e}{V} \tag{1-1-6}$$

2. 经济性能指标

(1)燃油消耗率。

内燃机每发出1kW有效功率,在1h内所消耗的燃油质量(以g为单位),称为燃油消耗率,用 g_e 表示,单位[g/(kW·h)]。燃油消耗率可按式(1-1-7)计算:

$$g_e = \frac{G}{P_e} \times 10^3 \tag{1-1-7}$$

式中:G——内燃机每小时消耗的燃油质量,kg/h;

P_e——内燃机的有效功率,kW。

(2)有效热效率。

燃料中所含的热量转变为有效功的比例称为有效热效率,用 η_e 表示:

$$\eta_e = \frac{W_e}{Q} \tag{1-1-8}$$

式中:W_e——内燃机有效功,kJ;

Q——燃料中所含的热量,kJ。

现代汽车汽油机 η_e 值一般约为0.30,柴油机约为0.40。

3. 运转性能指标

内燃机的运转性能指标主要指排放指标、噪声指标、起动性能指标等。

(1) 排放指标。内燃机的排气中含有多种对人体有害的物质,主要有一氧化碳(CO)、碳氢化合物(HC)、氮氧化物(NO_x)、二氧化硫(SO_2)、醛类和微粒(含碳烟)等。其主要危害见表1-1-3。

内燃机主要有害排放物及危害　　　　　表1-1-3

有害排放物	有害物特征	危　害
CO	无色、无臭、有毒气体	使人出现恶心、头晕、疲劳等缺氧症状,严重时窒息死亡
NO_2	赤褐色带刺激性的气体	伤害心、肝、肾;与光化学反应形成臭氧和醛等
HC	刺激性的气体	破坏造血机能,造成贫血、神经衰弱,降低肺对传染病的抵抗力;与光化学反应形成臭氧和醛等
光化学烟雾	HC与NO_x在阳光作用下所形成的烟雾,有刺激性	降低大气可见度,伤害眼睛、咽喉,影响植物生长
醛类	较强的刺激性臭味	伤害眼睛、上呼吸道、中枢神经
微粒	碳烟等	伤害肺组织
SO_2	无色、刺激性气体	刺激鼻喉、引起咳嗽、胸闷、支气管炎等

近年来,汽车增速迅猛,截至2019年底,我国汽车保有量达到2.6亿辆,成为世界汽车保有量最大的国家之一。2019年9月,生态环境部发布的《中国移动源环境管理年报(2019)》数据显示:中国已连续10年成为世界机动车产销第一大国,机动车等移动源污染已成为大气污染的重要来源。

我国排放标准参照欧洲法规体系。2001年开始执行国Ⅰ标准,2004年开始执行国Ⅱ标准,2007年开始执行国Ⅲ标准,2010年开始执行国Ⅳ标准,2018年开始执行国Ⅴ标准,2019年开始执行国Ⅵ标准。

(2) 噪声指标。噪声是内燃机工作时发出的一种声强和频率无一定规律的声音,主要有机械噪声、气体动力噪声和燃烧噪声。它不仅损害人的听觉器官,还伤害神经系统、心血管系统、消化系统和内分泌系统,容易使人性情烦躁,反应迟钝,甚至耳聋,诱发高血压和神经系统的疾病。汽车是城市主要噪声源之一,内燃机又是汽车的主要噪声源,应该给予控制。

(3) 起动性能指标。起动性能是表征内燃机起动难易的指标。内燃机起动性能好,便于汽车起步行驶,同时减少了起动时的功率消耗和内燃机的磨损。

起动性能一般以一定条件下的起动时间长短来衡量。我国标准规定,不采用特殊的低温起动措施,汽油机在(-10 ± 2)℃、柴油机在(-5 ± 2)℃的气温条件下起动,能在15s以内达到自行运转。

4. 可靠性与耐久性能指标

可靠性与耐久性也是内燃机使用中的两个重要指标。

(1) 可靠性指标。可靠性是指内燃机在规定的运转条件下,具有持续工作、不致因为故障而影响正常运转的能力。一般以保证期内的不停车故障数、停车故障数、更换主要零件和重要零件数等具体指标来衡量。按照《汽车发动机可靠性试验方法》(GB/T 19055—2003)的规定,我国汽车内燃机应能在标定工况下连续运行1000h。

(2)耐久性指标。耐久性是指内燃机在规定的运转条件下,长期工作而不大修的性能。一般以内燃机从开始使用到第一次大修前累计运转的时间表示。

上述内燃机的动力性能指标、经济性能指标、运转性能指标和可靠性与耐久性等指标,对不同用途的内燃机要求是不同的。各项指标之间既相互联系又相互制约,往往为了降低排气污染,而不得不牺牲内燃机的动力和经济性能指标。

5. 内燃机的外特性

内燃机的性能随内燃机工作情况和调整情况而变化的规律称为内燃机特性。内燃机特性有负荷特性、速度特性和调速特性。通常,用于评价内燃机动力性和经济性的是速度特性。一般内燃机铭牌上标明的性能参数,都是以外特性为依据的。

内燃机的外特性,是指当功率调节机构固定在标定功率(汽油机的节气门全开或柴油机喷油泵供油拉杆处在最大供油位置)时,内燃机的有效功率N_e、有效转矩M_e、有效耗油率g_e随内燃机转速变化的规律。表示其变化规律的曲线,称为内燃机的外速度特性曲线,简称外特性曲线,如图1-1-15和图1-1-16所示。

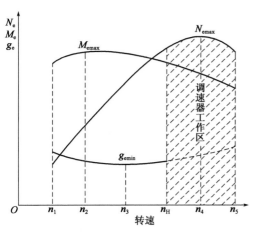

图1-1-15 柴油机外特性曲线

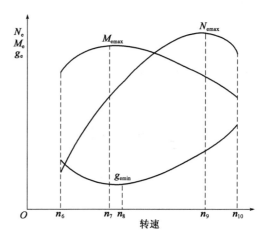

图1-1-16 汽油机外特性曲线

图1-1-15为柴油机外特性曲线。在低转速区($n_1 \sim n_2$),有效转矩曲线M_e随内燃机转速的增加而缓慢增加;在中转速区($n_2 \sim n_H$),有效转矩随转速变化很小;在高转速区($n_H \sim n_5$),有效转矩随转速的增加而降低。柴油机有效转矩曲线较平缓,这对柴油机运转的稳定性和克服超载能力是很不利的,为此,柴油机必须装有调速器。柴油机有效耗油率曲线g_e较平坦,说明柴油机经济性比较好。柴油机M_{emax}位于低速区,且随转速变化不大,故低速区是高效区。因此,要求在低速大转矩工况下工作的工程机械,其内燃机采用柴油机较有利。

图1-1-16为汽油机外特性曲线,各曲线变化规律与柴油机的外特性曲线基本一致,只是汽油机的有效耗油率曲线g_e较陡,汽油机M_{emax}在中转速区内,故汽油机在中转速区工作可获得较好的动力性和经济性。

第二节　工程机械底盘

工程机械底盘是全机的基础。内燃机、工作装置和电气设备均装在其底盘上部。底盘由传动系统、行驶系统、转向系统和制动系统组成。

一、工程机械传动系统

1. 传动系统作用、分类及组成

工程机械传动系统的基本作用是将发动机的动力传递给驱动轮,使机械根据需要实现平稳起步、运行、停车、改变行驶速度(牵引力)和行驶方向;将发动机动力传给工作装置,使机械完成各种工作动作。

工程机械传动系按传动方式分有机械传动、液力机械传动、液压传动和电传动4种。

图1-2-1为轮式车辆传动系统示意图。内燃机输出的转矩经离合器、变速器、万向节、驱动桥、差速器和半轴最后传递给驱动轮,使车辆行驶。

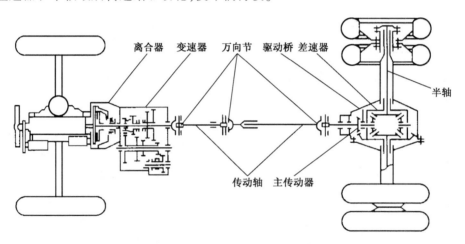

图1-2-1　轮式车辆传动系示意图

图1-2-2为履带式车辆传动系统示意图。内燃机输出的转矩经主离合器、变速器、主减速器、转向离合器、最终传动装置最后传给驱动链轮,使履带式车辆行驶。

图1-2-3为液力机械传动系统示意图(ZL50型装载机)。内燃机的动力经液力变矩器及具有双行星排的动力换挡行星变速器传给前后驱动桥。

图1-2-4为全液压传动系统示意图(挖掘机)。柴油机通过分动箱直接驱动5个液压泵,其中两个双向变量柱塞泵供行走装置中柱塞式液压马达用,两个辅助齿轮泵作为行走装置液压系统补油用,另一个齿轮式液压泵供工作装置用。行走装置是由柱塞式液压马达通过小齿轮箱来驱动4个行走轮行驶。有的机械也直接用液压马达驱动行走轮,从而进一步简化了传动系统。

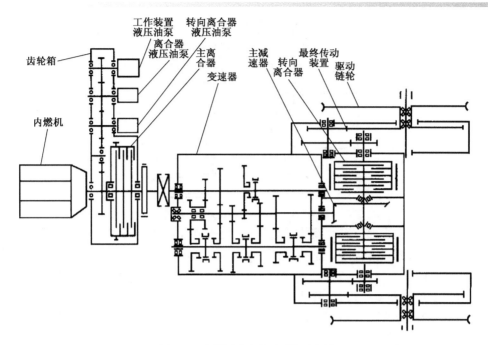

图 1-2-2 履带式车辆传动系统示意图

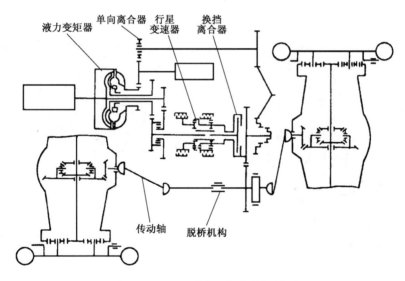

图 1-2-3 ZL50 型装载机传动系统示意图

2. 机械传动

机械传动是所有传动方式的基础,其他传动方式都是在机械传动的基础上发展而来的,下面介绍机械传动主要部件的组成、作用和工作原理。

1) 离合器

离合器主要用于接合或切断内燃机与传动系统之间的动力,可使工程机械平稳起动、停驶或换挡。在外界荷载急剧增加时,可以利用离合器打滑,防止传动系统零部件过载损坏。

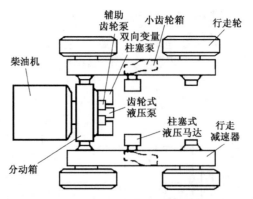

图 1-2-4　全液压式传动系统示意图

离合器按其工作原理分有摩擦式离合器、液力式离合器和电力式离合器。目前,在工程机械上广泛采用摩擦式离合器。摩擦式离合器按其压紧机构的构造分有常合式离合器和非常合式离合器,前者一般用于轮式工程机械,后者常用于履带式工程机械。按摩擦片的数目分有单片式、双片式和多片式,多片式摩擦离合器传动转矩较大,一般多用于大型工程机械。按摩擦表面的干湿分有干式和湿式两种,湿式离合器的摩擦片浸在油液中,散热条件好,使用寿命长,重型、大功率工程机械采用较多。

摩擦离合器一般由主动部分、从动部分、压紧机构和操纵机构 4 部分组成。

(1)常合式摩擦离合器(图 1-2-5)。

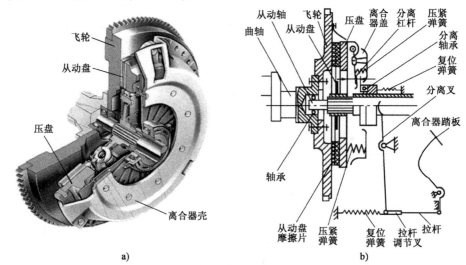

图 1-2-5　常合式摩擦离合器的基本组成和工作原理示意图
a)剖视图;b)结构图

它是利用内燃机飞轮作主动部分;从动部分是从动盘,它既可带动从动轴旋转,又可沿从动轴轴向移动;压紧机构是压盘、压紧弹簧、分离杠杆等。压紧弹簧装配时有预紧力,通过压盘将从动盘紧紧压在飞轮外端面,此时,离合器处于接合状态。当驾驶员踩下离合器踏板时,拉杆拉动分离叉外端向右移动,分离叉内端则通过分离轴承推动分离杠杆的内端向前移动,分离杠杆外端便拉动压盘向后移动,使其在进一步压紧弹簧的同时,解除对从动盘的压力,于是离合器处于分离状态。

(2)非常合式摩擦离合器(图1-2-6)

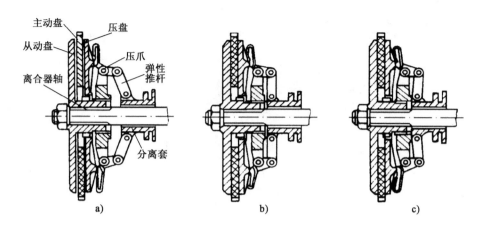

图1-2-6 非常合式摩擦离合器的基本组成和工作原理示意图
a)分离位置;b)不稳定接合位置;c)完全接合位置

它与常合式摩擦离合器工作原理基本相同,只是其压紧力不是弹簧施加的,而是杠杆施加的。杠杆系统由3个均布的压爪和3个弹性推杆组成,两者铰接。压爪的前端可压在压盘的背后,弹性推杆内端铰接在分离套上,分离套可用操纵杆通过杠杆-拉杆系统使其做轴向移动。分离套向后移,压爪前端离开压盘背面,离合器分离(图1-2-6a);分离套向前,通过三个弹性推杆向外顶,三个压爪前端紧压在压盘后端面,离合器完全接合(图1-2-6c);弹性推杆处于垂直位置是不稳定接合状态(图1-2-6b),即由于机械的振动有可能仍被振回到分离位置。驾驶员不操纵时,在拉杆作用下,离合器既可处于接合状态又可处于分离状态,便于驾驶员对其他操纵元件的操作,这对工程机械是十分重要的。

2)变速器

变速器的作用:①变矩变速,即在不改变发动机转矩和转速的情况下,改变工程机械的牵引力和运行速度;②实现空挡,以利于发动机起动和在发动机不熄火的情况下长时间停车;③实现倒挡,以改变机械行驶方向;④实现动力输出,以驱动机械行驶和附属设备工作(如液压油泵、动力绞盘等)。

变速器按传动比变化方式分为有级式和无级式,所谓传动比就是输入轴转速与输出轴转速之比,有级变速器具有若干个数值一定的传动比,常用的为齿轮式变速器;无级变速器其传动比是无等级连续变化的。按操纵方式分为机械换挡和动力式换挡两种。目前大型工程机械常采用液力变矩器配动力换挡的变速器。

机械换挡变速器工作原理如图1-2-7所示。动力经离合器传至主动轴,主动轴1挡主动齿轮与1挡从动齿轮啮合,操纵变速杆,使1、2挡同步器左移,使同步器与1挡从动齿轮接合,动力经1挡主动齿轮→1挡从动齿轮→1、2挡同步器→动力输出轴输出,此时,机械1挡向前行驶。其他挡位与1挡原理相同,前进有5个挡位。

若要使工程机械倒驶,只需改变动力输出轴的转动方向。图1-2-7在倒挡主动齿轮与倒挡从动齿轮R之间再增加一倒挡中间齿轮,动力输出轴的转动方向就相反了,机械向后行驶。

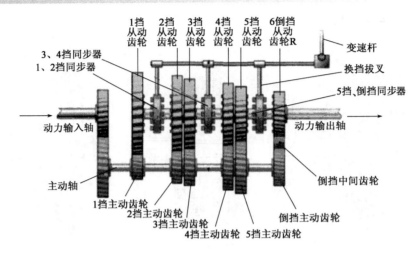

图 1-2-7　机械换挡变速器工作原理

变速器各挡的传动比可按下述方法计算。

一对齿轮的传动比 i_1 等于主动齿轮转速 n_z 与从动齿轮转速 n_c 之比,或等于从动齿轮齿数 Z_c 与主动齿轮齿数 Z_z 之比。多对齿轮传动的总传动比 i 等于各对齿轮传动比 i_i 的乘积:

$$i_1 = \frac{n_z}{n_c} = \frac{Z_c}{Z_z} \tag{1-2-1}$$

$$i = i_1 \cdots i_n = \prod_{i=1}^{n} i_i \tag{1-2-2}$$

变速后的转矩计算如下:从动轴转矩 M_c 等于主动轴转矩 M_z 乘以传动比 i:

$$M_c = M_z \cdot i \tag{1-2-3}$$

3) 万向传动装置

万向传动装置由万向节、中间轴、从动轴等组成。其作用是使两轴在轴距变化并交叉一定角度的情况下能正常传递动力。

普通十字轴万向节(图 1-2-8)是用来连接在空间斜交成一定角度的两轴,它是由主动叉、从动叉和一个十字轴组成。十字轴的四个轴颈通过套筒分别装于两节叉的轴承孔内,由锁销定位,从而使两轴可在空间沿一个球面任意相交成一定的角度。

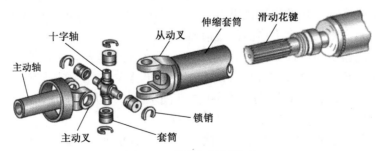

图 1-2-8　普通十字轴万向节

中间轴是由两根互相套在一起的轴组成,两轴用滑动花键连接,长度可以变化。

4）驱动桥

驱动桥是变速器或传动轴之后,驱动轮之前的传动机构总称。其功用是将变速器或传动轴传来的动力,减速增矩,并传给左右驱动轮;转向时使左右驱动轮以不同的速度转动;支承机械质量并将驱动轮推动力及反作用力传给机架。

轮式机械驱动桥如图 1-2-9 所示。包括主减速器、差速器、轮边减速器(有的机械未设)等。

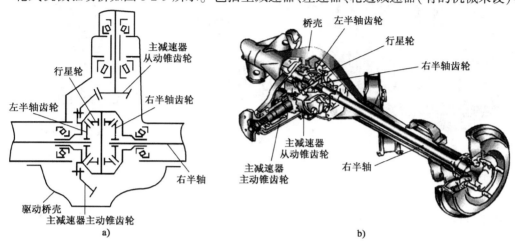

图 1-2-9　轮式机械驱动桥
a)原理图;b)剖视图

履带式机械的驱动桥,如图 1-2-10 所示。包括主减速器、转向离合器、轮边减速器(最终传动)等。

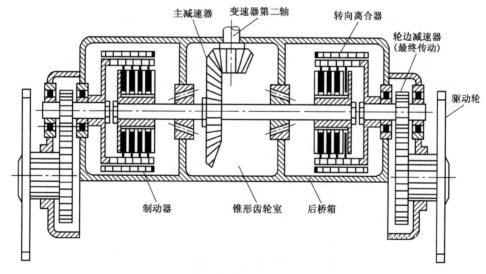

图 1-2-10　履带式机械的驱动桥

5）主减速器

主减速器的作用是减速增矩及改变动力传递方向。

主减速器按减速的次数分为单级主减速器(图 1-2-11b)和双级主减速器(图 1-2-11c)。单级主减速器是利用一对减速齿轮实现降速;双级主减速器具有两组减速齿轮,传动比大,一般可用于大中型工程机械上。

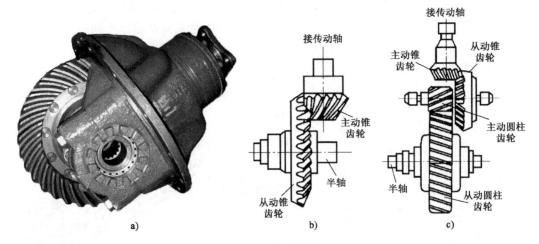

图 1-2-11　主减速器
a) 实物图; b) 单级原理图; c) 双级原理图

轮式机械主减速器的主动齿轮一般与传动轴制成一体,从动齿轮和差速器壳连接或与转向离合器连接。

6) 差速器

差速器的作用是使左右驱动轮可以存在转速差。当轮式机械转向时,外侧车轮要比内侧车轮滚过的距离长,若两驱动轮通过一根刚性轴相连,则两轮同步旋转,必然使外轮产生滑动现象,使轮胎磨损、功率消耗、燃油浪费,同时转向困难。当轮式机械直线行驶时,由于路面凹凸不平,轮胎承载不均匀及轮胎充气压力不等,也会造成同样的后果。

目前,轮式机械大多采用行星齿轮式差速器(图 1-2-12)。机械行驶时,动力经主减速器依次传给差速器壳、行星齿轮和左右半轴齿轮。当机械直线行驶时,两侧驱动轮阻力相同,行星齿轮只起连接作用,随差速器壳一起公转,差速器不起作用;当机械转弯时,内侧车轮阻力较大,与其相连的半轴齿轮就旋转得比差速器壳慢,这时,行星齿轮不仅随差速器壳公转,而且绕行星齿轮轴自转,使两半轴齿轮带动两驱动轮以不同转速转动。

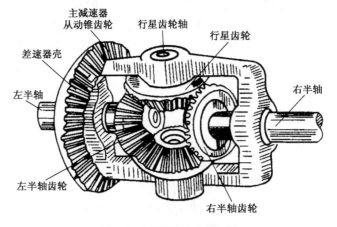

图 1-2-12　行星齿轮式差速器

差速器具有"差速不差矩"的特性,当一侧车轮由于附着力不足而打滑时,它就飞快地空转。另一侧车轮则获得一样的转矩而难以克服行驶阻力,造成机械停驶。所以,一般机械又装设了差速锁。当出现上述情况时,差速锁将左右半轴刚性的连在一起,使差速器失去作用,使好路面上的车轮获得较大的转矩。

3. 液力传动

液力传动是利用液体的动能变化来实现动力传递的,即将液体的动能转变为机械能。目前广泛应用于装载机、平地机和重型载货汽车等工程机械上。

1）液力传动的特点

（1）能自动适应外阻力的变化,在一定范围内无级变更其输出轴转矩与转速。当阻力增加时,能自动降低转速,增加转矩,避免了内燃机因外荷载突然增大而熄火,从而提高机械的作业效率。

（2）液力传动的工作介质是液体,能吸收并降低来自内燃机及外部的冲击和振动,提高了机械的使用寿命。

（3）液力装置自身具有无级调速的特点,故变速器的挡位数可以减少,并且因采用动力换挡变速器,减轻了驾驶员的劳动强度,提高了机械的操纵舒适性。

但液力传动系统也有不足之处,例如结构复杂,传动效率低,造价较高等。

2）液力传动的分类与工作原理

液力传动的常用形式有液力偶合器和液力变矩器。液力变矩器能够改变内燃机输出的转矩,使得涡轮输出的转矩有可能超过内燃机转矩若干倍,从而改善了主机性能,目前应用较广。液力变矩器如图 1-2-13 所示,其由泵轮、涡轮、导轮等器件组成。

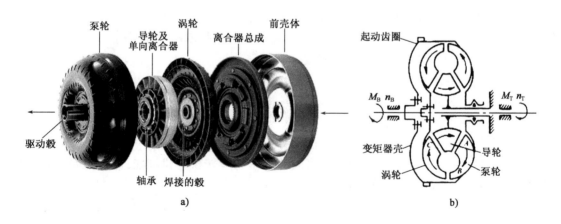

图 1-2-13　液力变矩器
a）构造图；b）原理图

泵轮由内燃机带动旋转,泵轮旋转时带动工作液体一起做圆周运动,工作液体获得动能和压力能。由泵轮输出的高速液体进入涡轮冲击涡轮叶片,使涡轮旋转,克服外阻力做功。此时工作液体并不是立即从涡轮叶片出口直接流回泵轮叶片入口,而是流经导轮后才重新进入泵轮。

在液力变矩器工作过程中，液体自泵轮冲向涡轮使涡轮受一转矩，其大小与方向都与内燃机传给泵轮的转矩 M_B 相同。液体自涡轮冲向导轮也使导轮受一转矩，由于导轮是固定的，此时其便以一大小相等方向相反的反作用力矩 M_D 作用于涡轮上，因此，涡轮所受转矩 M_T 为泵轮转矩 M_B 与导轮反作用力矩 M_D 之和，即

$$M_T = M_B + M_D \tag{1-2-4}$$

这样，液力变矩器可以起增大转矩的作用。液力变矩器输出的转矩 M_T 与输入的转矩 M_B 之比称为变矩系数，用 K 来表示，通常 $K=3$。

$$K = \frac{M_T}{M_B} \tag{1-2-5}$$

4. 液压传动

液压传动是以液压能传递动力的，目前广泛应用在装载机、挖掘机、汽车起重机、推土机、平地机、铲运机和压路机等工程机械上。

1) 液压传动的特点

液压传动与其他传动形式相比有如下优点：

(1) 与机械传动相比，传递同样载荷，液压传动体积小、质量轻。

(2) 结构简单，易于完成各种复杂动作。

(3) 操纵方便，易于实现自动化。

(4) 容易实现无级调速，运转平稳。

(5) 液压元件易于通用化、标准化、系列化，便于推广应用。

但液压传动也有以下不足：

(1) 零件加工和部件装配精度高、价格贵，使用和维护技术水平要求高。

(2) 油液的漏损和阻力损失大，系统效率低。

2) 液压传动系统的组成

液压系统是为完成某种工作任务而由各具特定功能的液压元件组成的整体。任何一个液压系统一般由以下 4 部分组成。

动力元件——液压泵，将原动机的机械能转换为油液的液压能。

执行元件——液压油缸、液压马达；将油液的压力能转换为机械能；液压缸带动负荷做往复运动，液压马达带动负荷做回转运动。

控制元件——各种液压阀，用来控制油液的流动方向、流量和压力，以满足液压系统的工作要求。

辅助元件——油箱、滤油器、管类和密封件等，用以储存、输送、净化和密封工作液体并有散热作用。

现以图 1-2-14 所示的 120 推土机液压系统来说明液压传动系统的组成和作用。

该系统动力元件是液压泵。执行元件是一对铲刀升降液压缸、一对松土器升降液压缸和一个铲刀垂直倾斜液压缸。控制调节元件有铲刀升降操纵阀（四位五通换向阀）、松土器升降操纵阀（三位五通换向阀）和铲刀垂直倾斜操纵阀（三位五通换向阀）。

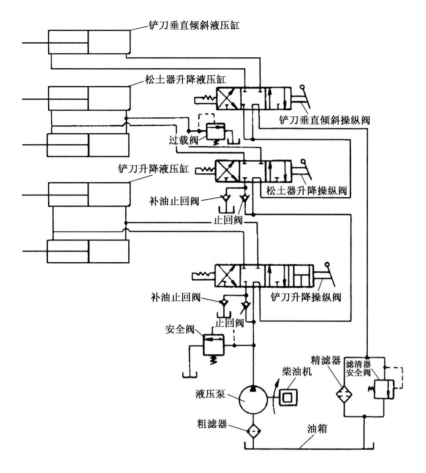

图 1-2-14　120 推土机液压系统图

压力控制阀为安全阀,用以调节控制系统工作压力,防止过载。过载阀用于防止当松土器于固定位置作业时突然过载。滤清器安全阀与精滤器并联,当回油中杂质堵塞滤油器时,回油压力增高,滤清器安全阀被打开,油液直接通过滤清器安全阀流回油箱。

止回阀用以保证任意工况下压力油不倒流,避免作业装置意外反向动作。

单向补油阀用于防止当铲刀和松土齿下降时,由于自重作用下降速度过快可能引起供油不足形成液压缸进油腔局部真空。在压力差作用下补油止回阀打开,从油箱补油至液压缸进油腔,避免真空,使液压缸动作平稳。

TY120 推土机液压系统包括铲刀升降液压缸工作回路、铲刀垂直倾斜液压缸工作回路和松土器液压缸工作回路,三者构成串联回路。其特点是几个液压缸可同时动作,且易保持动作协调。

3)液压元件的职能符号

图 1-2-14 所示的液压系统原理图中各元件的图形是以规定的符号表示其职能的,我国制定了此种图形符号的国家标准,即《流体传动系统及元件图形符号和回路图　第 1 部分:用于常规用途和数据处理的图形符号》(GB/T 786.1—2009),详见表 1-2-1。

主要液压件符号图　　　　　　　　　　　　　表 1-2-1

名　称	符　号		名　称	符　号	名　称	符　号
单向定量泵	○	方向控制 二位二通阀	常闭式二位二通阀	〔图〕	冷却器	◇
双向定量泵	○		常通式二位二通阀	〔图〕	粗滤清器	◇
单向变量泵	⌀		二位三通阀	〔图〕	精滤清器	◇
双向变量泵	⌀		二位四通阀	〔图〕	铺件及其他装置 压力继电器	M
单向定量马达	○		三位三通阀	〔图〕		
			三位四通阀	〔图〕		
双向定量马达	○	止回阀	单向元件	▷	交流电动机	D
			止回阀	〔图〕		
单活塞杆缸	〔图〕		液控止回阀	〔图〕	指针式压力表	○
不可调单向缓冲式缸	〔图〕	节流阀	固定式节流器	⋈	通油箱管路 油管端部在油面之上	」
双活塞杆缸	〔图〕	溢流阀	溢流阀	〔图〕W	油管端部在油面之下	」
			外控溢流阀	〔图〕W		

4）液压泵与液压马达

液压泵与液压马达均是液压系统中的能量转换装置，分别为动力元件和执行元件，两者在原理上是可逆的。现以单柱塞泵（图1-2-15）为例说明液压泵和液压马达的基本工作原理。

图1-2-15中柱塞和泵体构成一密封容积 V，当偏心轮由原动机带动旋转时，偏心轮就使柱塞做上下往复运动。当柱塞向下运动时，密封容积增大，产生局部真空，油箱内油液在大气压作用下，通过止回阀 I 进入密封容积内，液压泵吸油；当柱塞向上运动时，密封容积减少，油压升高，这时止回阀 I 关闭，油液顶开止回阀 II 流到传动系统中，这样，单柱塞泵就将原动机工作时输入的机械能转换为油液的压力能。

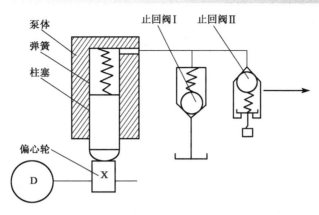

图 1-2-15　单柱塞泵

液压马达的工作原理与液压泵相反。若将图 1-2-15 的密封容积 V 中通入具有压力的油液时,油压力将推动柱塞向下移动,就可使偏心轮转过一个角度,输出转矩与转速,使油液的压力能转换为机械能。

从原理上讲,液压泵与液压马达是可逆的。如果由原动机带动其转动,即为液压泵,输出液压能;反之,如通入具有压力的油,即是液压马达,输出机械能。因此,有些液压泵与液压马达可互用。

液压泵种类较多。按其结构形式不同分为齿轮泵、叶片泵、柱塞泵等;按其压力大小不同可分为低压泵、中压泵、高压泵等。

(1)齿轮泵。齿轮泵的工作原理如图 1-2-16 所示。一对互相啮合的齿轮安装于壳体内部,齿轮两端面以端盖密封。两齿轮将壳体内部分成左右两个不相通的 A 腔和 B 腔。当油液按图示方向流入时,A 腔的齿轮是逐渐脱离啮合,形成局部真空。油箱内油液在大气压力作用下,经吸油管道被吸入 A 腔。吸入到 A 腔齿间的油液随齿轮旋转,沿泵体内壁带入到 B 腔。而齿轮在 B 腔是逐渐进入啮合的,使密封容积减小,油液受挤压并从压油管道中挤出。

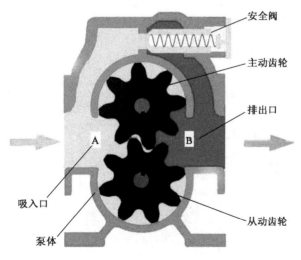

图 1-2-16　齿轮泵的工作原理图

当齿轮不断旋转时，A 腔就不断吸油，B 腔就连续不断地输出压力油。

齿轮泵结构简单，体积小，质量轻，价格便宜，在工程机械上应用广泛。

（2）叶片泵。叶片泵按其每转一周吸油和排油的次数不同分为单作用叶片泵和双作用叶片泵两类。单作用叶片泵转子每转一周完成一次吸油及排油；双作用叶片泵转子每转一周完成两次吸油和排油。

单作用叶片泵工作原理如图 1-2-17a）所示。泵体内压装定子，定子中偏心安置转子，转子径向槽中装有可伸缩的叶片。定子、转子两端装有侧板（配油盘）。侧板上开有吸油窗口和压油窗口，分别与泵体上进出油口相通。当转子在原动机带动下转动时，由于离心力的作用，叶片伸出紧靠在定子内壁，叶片、定子、转子等构件间形成若干个密封空间。当转子旋转时，左部叶片逐渐伸出，每两个叶片间密封空间逐渐增大，形成局部真空，在大气压作用下从吸油口吸入油液，随转子转动，吸入的油液被带到图的右部，在右部叶片被定子内壁压进槽内，密封空间逐渐缩小，将油液从出油口压出。这样，转子每转一圈各密封空间吸油和压油各一次。双作用叶片泵工作原理如图 1-2-17b）所示。转子每转一圈各密封空间吸油和压油各两次。

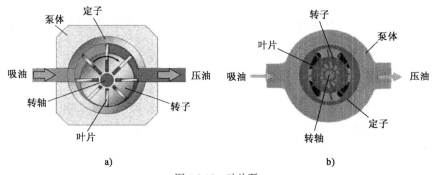

图 1-2-17　叶片泵

a）单作用叶片泵；b）双作用叶片泵

叶片泵具有运转平稳，噪声小，容积效率高等优点，但对油液污染敏感，结构复杂。

（3）轴向柱塞泵。轴向柱塞泵可分为斜盘式（图 1-2-18）和斜轴式两大类。其工作原理与图 1-2-15 所示单柱塞泵基本相同，只是利用斜盘或斜轴使柱塞在泵体内做往复运动。

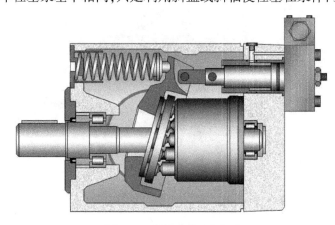

图 1-2-18　斜盘式轴向柱塞泵

单作用轴向柱塞泵具有结构紧凑,单位功率体积小,质量轻,容积效率高,工作压力高等优点;缺点是结构复杂,造价高,对油污染敏感,使用和维修要求严格。其在工程机械上应用比较广泛。

二、工程机械行驶系统

工程机械行驶系统的作用是支承整个机械,并将传动系统传来的转矩转换成机械行驶的驱动转矩。工程机械行驶系统一般可分为轮式机械行驶系统和履带式机械行驶系统两大类。

1. 轮式机械行驶系统

1) 行驶原理

轮式机械行驶系统主要由车架、前桥、后桥、前悬架、后悬架、驱动轮、从动轮等组成,如图 1-2-19 所示。车架通过悬架与前后车桥相连,车桥两端则安装车轮。

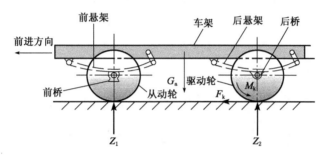

图 1-2-19　轮式机械行驶系的组成示意图

当传动系将驱动力矩 M_k 传到驱动轮上时,通过车轮与地面的附着作用,即产生地面作用于驱动轮边缘上的向前的纵向反力——牵引力 F_k,该牵引力通过悬架传递给车架,再由悬架传递到驱动桥,使从动轮向前滚动,于是整个机械便向前运动。

2) 轮胎行走装置

(1) 车架(机架)。车架有整体式车架和铰接式车架,其中,整体式车架又有边梁式和中梁式两种。

边梁式整体车架(图 1-2-20)是由若干槽钢与角钢焊接或铆接成的框架,由两根纵梁和数根横梁及角撑等构成,它是整机的装配基体,将机械上的所有部件连接成一个整体。

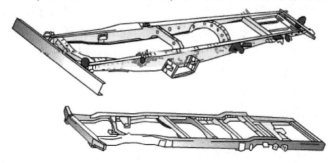

图 1-2-20　边梁式整体车架

中梁式车架(图1-2-21)只有一根位于中央贯穿前后的纵梁,这种结构对于横向弯曲及水平菱形扭动有很好的抵御作用,但车架制造工艺复杂,维修不便。

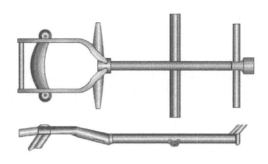

图1-2-21　中梁式车架

铰接式车架(图1-2-22),如ZL50装载机铰接式车架分前后两部分,中央用铰销铰接,转向时前后车架可偏转,使得转弯半径小,机动灵活,但直线行驶稳定性弱于整体式车架。

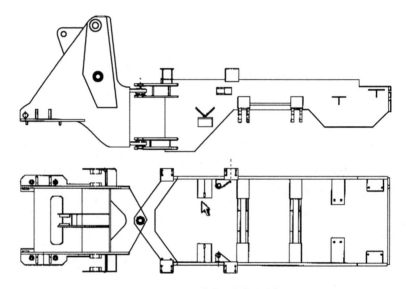

图1-2-22　ZL50装载机铰接式车架

(2)车桥。车桥有前桥(图1-2-23)、后桥(图1-2-9)和从动桥,一般前桥作为从动桥,后桥作为驱动桥,也有前后桥均为驱动桥的情况。从动桥是一根固定轴,两端装有从动车轮。

驱动桥(图1-2-9)两端装有驱动车轮,驱动桥由桥壳和车轮的传动机构两大部分组成。桥壳是中央带有半圆壳的长管形钢壳。其两边的长管内各装有一根传力给左、右驱动轮的传动半轴,中央半圆壳内装着带差速器的中央传动器。

前后车桥用前后悬架悬连在机架下(图1-2-24a)。

(3)悬架。悬架有弹性悬架和刚性悬架两种。

弹性悬架(图1-2-24a)大多由多片长短不同的钢板叠装而成,具有缓冲、减振的作用,多用于快速行驶的机械。弹性悬架有独立悬架(图1-2-24c)和非独立悬架(图1-2-24b)两种。

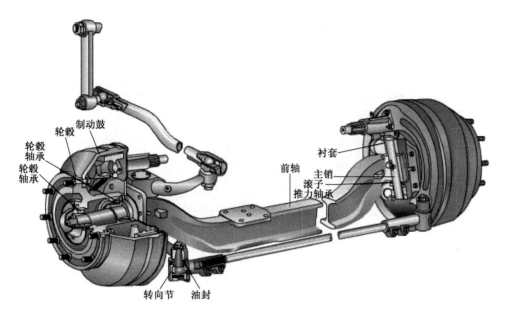

图 1-2-23　前桥及其总成

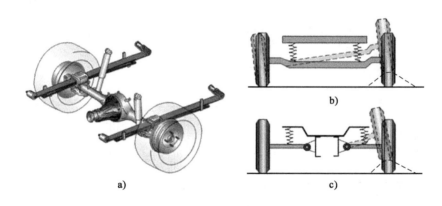

图 1-2-24　弹性悬架
a)钢板弹簧非独立悬架;b)非独立悬架;c)独立悬架

刚性悬架用于慢速行驶的机械。

(4)车轮。目前在轮式施工机械上用的车轮(图 1-2-25)基本上使用低压充气轮胎。它主要由外胎、内胎和轮圈(轮缘、轮辐)三部分组成。

外胎与地面直接接触,其主要分为胎面、胎侧、帘布层、缓冲层和钢丝圈等部分。胎面与胎侧均为橡胶层,用于保护帘布层(或钢丝层)免受损伤。胎面直接与地面接触,承受着冲击荷载与摩擦力。为保证车轮与地面有足够的附着力,其橡胶层较厚,铸有各种形状的花纹(粗花、细花)。轮式施工机械车轮胎面常选用"人"字形和"八"字形的粗花纹,使用中应把花纹的字顶朝机械前进方向安装。帘布层是外胎的骨骼,用于保持外胎的形状和尺寸,承受压力,由多层纤维织物(或钢丝)与橡胶粘接而成。

内胎是一个中空的封闭橡胶圈,它装在外胎里面,通过气门嘴向里面充压缩气体,使其连同外胎一起涨开,以便车轮承受载重并具有一定弹性。

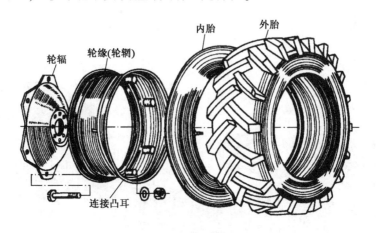

图 1-2-25 车轮及其组成

轮圈是支承内、外胎的骨架,使其成为车轮的整体,并借以安装在车轴上。它由钢板制成,具有特殊的截面形状。轮圈由轮缘和轮辐两部分组成,在结构上由轮缘与轮辐连在一起的,也有两者分开的。轮辐中央有一圈安装孔,以便将其安装于车轴的接盘上。

2. 履带式机械行驶系统

履带式机械行驶系统主要由台车架和行走装置(驱动轮、支重轮、托带轮、引导轮和履带)等组成,如图 1-2-26 所示。

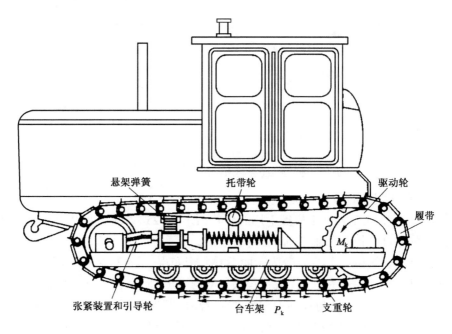

图 1-2-26 履带式机械行驶系的组成示意图

1)行驶原理

当传动系统将驱动力矩 M_k 传递到驱动轮上时,使履带沿驱动轮、托带轮、引导轮及支重轮向后方卷绕,由于履带与地面的附着作用,履齿给地面一个向后的作用力,地面反作用一个向前的推力——牵引力 P_k,从而使支重轮克服阻力,沿履带节向前移动,于是整个机械便向前运动。

2) 履带式机械行驶装置

(1) 机架(图1-2-27)。机架有整机架和半机架两种。整机架(图1-2-27a)是由两根纵横梁构成的全框架。半机架图(图1-2-27b)是由两根纵梁焊在后桥壳上,以后桥作为机架的后横梁。

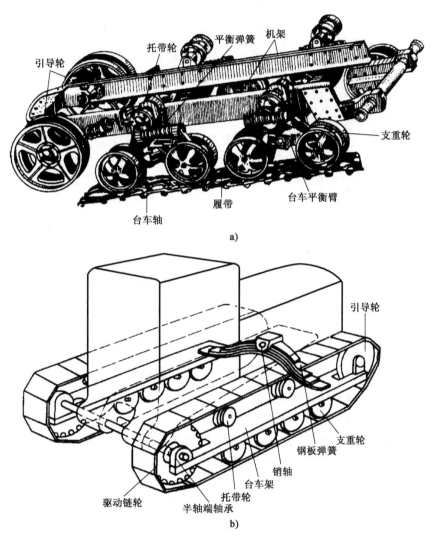

图 1-2-27 机架及其总成
a) 整机架;b) 半机架

(2) 履带总成(图1-2-28)。履带总成包括:履带、驱动轮、支重轮、托带轮以及张紧装置的引导轮等。以上四种轮子分布在机架两侧的前、后、上、下四方,由两条履带分别包围着它们,这就构成左、右两个履带总成,再由悬架装连于机架下。

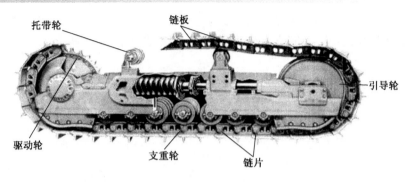

图 1-2-28 履带总成

支重轮支承机械的重量,并将重力传给履带;支重轮在履带的两根导轨面上滚动,以保证机械的行驶;夹持履带使其不能横向滑出;当机械转弯时支重轮又能夹持履带,使其在地面上横向滑移。机架一般在每侧装有 4~6 个支重轮。

托带轮支托履带上半部分的质量,不使其下垂过多,以减少履带运转时的跳动;还能引导着履带上半部分的运动方向,防止其侧向滑落。

引导轮既是履带的导向轮(当履带运动时引导其正确卷绕),也是其张紧轮。在机械行驶过程中若履带前方遇有障碍物时,引导轮可向后回缩少许,对履带起缓冲作用,故在其后面要装有张紧-缓冲装置。调节张紧-缓冲装置使引导轮向外伸张,让其保持足够的张紧度,既要防止履带在运转过程中脱落,又减小其振跳。当履带遇到障碍物时,该装置能使引导轮后移少许,以免履带过于张紧,额外消耗动力。

履带用来拖动整机,它是由数十块履板铰接而成的封闭式(首尾相接)轨链,供支重轮在其上滚动。整条履带是包围在上述四种轮子外面,并由驱动链轮驱使其绕各轮转动。

三、工程机械转向系统

1. 轮式机械转向系统

轮式机械转向是通过转向车轮左(右)偏转一定角度来实现的。由驾驶员操纵的用来使转向轮偏转的一整套机构称为转向系统。轮式工程机械转向系统具有转向器和转向传动装置两个基本部分。由于轮式工程机械广泛采用动力转向,所以,除了两大基本组成部分外,还设有动力转向装置,这三者组成了轮式工程机械转向系统。目前广泛采用的有直接偏转车轮转向和间接偏转车轮的铰接转向(折腰转向),以及前两者的组合转向。直接偏转车轮转向又有偏转前轮式、偏转后轮式和全轮转向式三种。

偏转车轮转向原理,如图 1-2-29 所示。机械转向时,各车轮应纯滚动无侧向滑移,否则,将会增加转向阻力以及加剧轮胎磨损。为此,机械转向时,各车轮应绕同一的转向中心转动。转向系统使两个前轮偏转不同的角度 α 和 β,使两前轮轴线和驱动轮轴线交于一点 O,该点称为瞬时转向中心。这样,两前轮在转向时就可实现纯滚动,而两驱动轮则依靠差速器实现纯滚动。两前轮的转角关系如式(1-2-6):

$$\cot\alpha - \cot\beta = \frac{B}{L} \tag{1-2-6}$$

式中:B——主销中心距离(略小于前轮轮距);

L——前后轴距。

由转向中心 O 到外侧转向轮中心的距离 R 称为机械的转向半径：

$$R = \frac{L}{\sin\alpha} \qquad (1\text{-}2\text{-}7)$$

转向半径用来评价机械的转向灵敏性，以最小转向半径 $R_{\min}$ 来表示。最小转向半径 $R_{\min} = L/(\sin\alpha_{\max})$。一般车轮最大偏转角 β 在 35°~45° 范围以内。因而，轴距 L 越长则转向半径越大，转向灵敏性就较差。

铰接转向原理，如图 1-2-30 所示。折腰转向是通过控制油缸来使前后车架绕铰接销相对转过某一角度来实现的。转向时，每一车桥上的车轮转动平面始终保持平行；各车轮前后轴线交于一点 O，即瞬时转向中心。

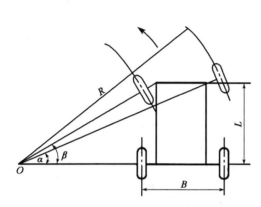
图 1-2-29 偏转车轮转向示意图

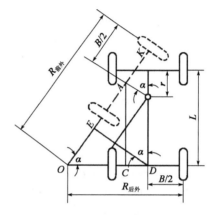
图 1-2-30 铰接转向示意图

折腰转向比偏转车轮转向的优点是结构简单，转向半径小，使机械具有很高的机动性。其缺点是由于车架铰接，整体刚性差；遇路面冲击荷载时，保持直线行驶能力差；转向时稳定性也较低。

偏转车轮机械式转向系统的组成，如图 1-2-31 所示，其由转向器和转向传动机构组成。转向时，转动转向盘，转向器将操纵力放大传给转向摇臂，转向纵拉杆使左转向轮偏转，再通过转向横拉杆使右转向轮也偏转，实现转向。

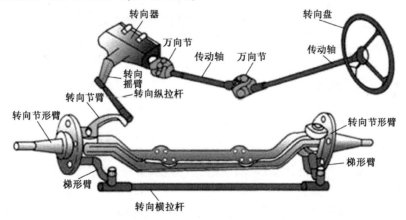
图 1-2-31 偏转车轮机械式转向系统示意图

2. 履带式机械转向系统

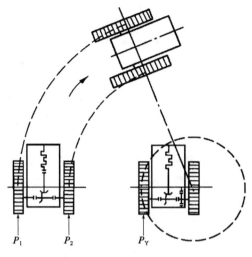

图1-2-32 履带机械转向原理

履带式机械转向系统与轮式机械不同,是靠改变两侧驱动轮上的驱动力 P 来实现的。常用的转向机构是离合器式转向机构,其原理如图1-2-32所示。该机构是将两个转向离合器分别设置在后桥主传动器两侧。当机械直线行驶时,两转向离合器接合,均等地向左右两侧驱动轮传递转矩;当转大弯时,一侧离合器分离,另一侧离合器接合;当转小弯时,一侧离合器分离,再加以制动,另一侧离合器接合。

转向离合器结构、工作原理与主离合器大致相同,只是传递转矩大,多采用多片式。大功率工程机械中,为了减轻驾驶员操作疲劳,转向离合器多采用液压操纵。

四、工程机械制动系统

制动系统的作用是可以强制机械减速或迅速停车;使机械可靠地停放在坡道或停车场而不致滑溜。制动系统一般有三套独立装置:行车制动装置(脚踏制动装置)、驻车制动装置(手控制动装置)和辅助制动装置(如排气制动装置)。

制动系统由制动器和制动传力机构组成。制动器用来直接产生制动力矩。传力机构用来将制动力源(机械式、液压式、气压式和气液复合式)的作用力传给制动器。图1-2-33为液压制动装置组成示意图。制动器按其结构形式不同,分为蹄式、盘式和带式。轮式机械多用蹄式和盘式制动器。履带式机械多用带式制动器。

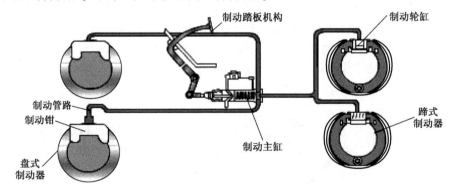

图1-2-33 液压制动装置组成示意图

1. 盘式制动器

盘式制动器主要零部件有制动盘、制动钳、活塞、摩擦块、油管等。制动盘用合金钢制造并固定在车轮上,随车轮转动。

结构形式有点盘式和全盘式两种。点盘式制动器摩擦面仅占制动盘的一小部分,有定钳盘式和浮钳盘式两种(图1-2-34),常用于大多数轿车和轻型货车上;全盘式制动器中摩擦副的旋转元件与固定元件都是圆盘形,制动时,两盘摩擦表面完全接触,作用原理如同摩擦式离合器。

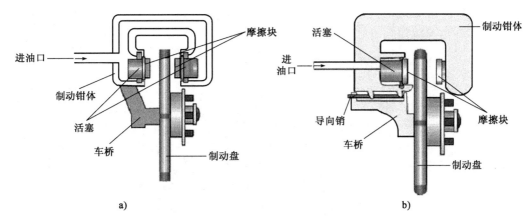

图 1-2-34 点盘式制动器
a)定钳盘式制动器;b)浮钳盘式制动器

1)定钳盘式制动器

定钳盘式制动器制动盘固定在轮毂上,制动钳固定在车桥上,既不能旋转也不能沿制动盘轴向移动。制动钳内装有两个制动轮缸活塞,分别压住制动盘两侧的摩擦块。当驾驶员踩下制动踏板使车辆制动时,来自制动主缸的制动液被压入制动轮缸,制动轮缸的液压上升,两轮缸活塞在液压力作用下移向制动盘,将摩擦块压靠到制动盘上,摩擦块夹紧制动盘,产生阻止车轮转动的摩擦力矩,实现制动。

2)浮钳盘式制动器

浮钳盘式制动器制动钳是浮动的,可以相对于制动盘轴向移动。在制动盘的内侧设有液压油缸,外侧的固定摩擦块附装在钳体上。制动时,制动液被压入制动轮缸中,在液压力作用下活塞向右移动,推动活动摩擦块也向右移动并压靠到制动盘上,于是制动盘给活塞一个向左的反作用力,使活塞连同制动钳整体沿导向销向左移动,直到制动盘右侧的固定摩擦块也压到制动盘上。这时两侧摩擦块都压在制动盘上,摩擦块夹紧制动盘,产生阻止车轮转动的摩擦力矩,实现制动。

2. 蹄式制动器

蹄式制动器(图 1-2-35)由旋转的制动鼓和固定不转的带摩擦衬片的制动蹄组成;传力机构由制动踏板、杆件、制动主缸和制动轮缸等组成。制动鼓固定在车轮轮毂上,随车轮一起旋转。制动蹄通过两个支承销安装在固定不转的制动底板上。制动轮缸固装在制动底板上,用油管与固装在车架上的制动主缸相连通。主缸中的活塞可由驾驶员通过制动踏板来操纵。

制动系统不工作时,制动鼓的内圆面与制动摩擦片之间留有一定的间隙(称制动间隙),使车轮和制动鼓可以自由旋转。

当要使行驶中的机械减速时,踩下制动踏板,通过推杆和主缸活塞,使主缸内的油液在一定压力下流入轮缸,并通过两个轮缸活塞推使两制动蹄绕支承销转动,蹄上端向两边分开而压紧在制动鼓内。这样,不旋转的制动蹄就对旋转的制动鼓作用一个摩擦力矩,其方向与车轮转向相反。制动鼓将该力矩传到车轮后,由于车轮与地面的附着作用,车轮对地面作用一个向前的圆周力,同时,地面也对车轮作用一个向后的反作用力,即制动力 F_r。制动力由车轮经车桥和悬架传给车架,迫使整个机械产生一定的减速度。制动力越大,则机械减速度也越大。当松抬制动踏板时,复位弹簧将制动蹄拉回原位,摩擦力矩和制动力消失,制动作用停止。

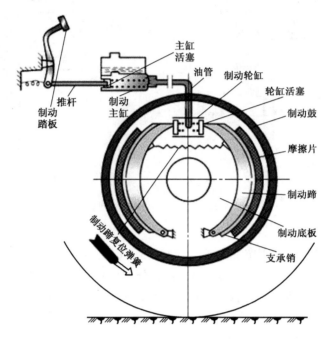

图1-2-35 蹄式制动器工作原理示意图

3. 带式制动器

带式制动器(图1-2-36)由包在制动轮上的制动带与制动轮之间产生的摩擦力矩来制动的。在重锤的作用下,制动带紧包在制动轮上实现制动。松闸时,由电磁阀提升重锤来实现。

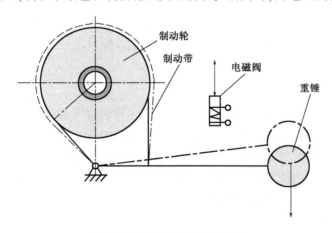

图1-2-36 带式制动器工作原理图

带式制动器结构简单,由于包角大,制动力矩也很大,但因制动带磨损不均匀、易断裂,轴的横向作用力也大。

第三节 工程机械的运行材料

一、燃料

工程机械所用燃料主要有汽油和柴油。

1. 汽油

汽油是从石油中提炼而得,由多种碳氢化合物组成,是一种密度小（0.7~0.78g/cm³）而易于挥发的液体。

根据汽油的用途、品质不同,可分为航空汽油、车用汽油等类。车用汽油是汽油机的燃料。

汽油的使用性能指标有蒸发性、抗爆性、安定性和腐蚀性等。

蒸发性:汽油由液体状态转化为气体状态的性能。要求汽油具有良好的蒸发性,以保证发动机在各种条件下容易起动、加速和正常运转。

抗爆性:用于判断汽油在发动机中燃烧时,是否容易发生不正常的爆燃现象的性能。抗爆性的好坏程度用辛烷值来表示。提高汽油辛烷值使用最广泛的方法是在汽油中加入抗爆剂四乙基铅。四乙基铅有毒（损害人的神经、造血、生殖系统）,加有四乙基铅的汽油常染成红色,以便识别,防止使用中毒。基于环保的要求,我国于2000年7月1日起全面停止使用含铅汽油。

安定性:在常温和液相条件下抵抗大气（或氧气）的作用而保持其性能不发生永久性变化的能力。

腐蚀性:汽油中含有的腐蚀性物质,如硫及硫化合物,水溶性酸或水溶性碱,以及有机酸性物质和水等。

我国车用汽油的牌号是以辛烷值的大小（异辛烷/正庚烷）为划分依据的。汽油的牌号目前执行的标准为《车用汽油》(GB 17930—2013) 标准,该标准中汽油为90号、93号、97号3个牌号。

选用汽油的牌号时,一般根据压缩比的大小选用。学术上,并无十分统一的标准规定什么压缩比用什么样标号的汽油,而且随着爆震传感器和点火提前角自动调整技术的广泛应用,高压缩比汽车也可以使用较低标号的汽油,例如市场无97号汽油可以用95号汽油的替代。

2. 柴油

柴油是从石油中提炼出来的,主要用于拖拉机、内燃机车、工程机械、内河船舶和发电机组等压燃式内燃机。

柴油的使用性能主要有色度、氧化安定性、硫含量、酸度、水分、10%蒸余物残炭、灰分、铜片腐蚀、机械杂质、运动黏度、凝点、冷滤点、闪点、点火性、馏程、润滑性和密度等指标。普通柴油的技术标准和试验方法按最新《车用柴油》(GB 19147—2016) 标准执行。

根据《车用柴油》标准,车用柴油按凝点分为5、0、−10、−20、−35 和 −50 六个牌号。

选用车用柴油时,应选用十六烷值较高,凝点较低,黏度合适,不含水分和机械杂质的柴油。一般选用柴油的凝点应较当地最低气温低4~6℃(对应各牌号的冷滤点),以保证在最低气温时不致凝固而影响使用。各号轻柴油的适用气温范围如下：

5号柴油适合于风险率为10%的最低气温在8℃以上的地区使用；

0号柴油适合于风险率为10%最低气温在4℃以上地区使用；

-10号柴油适合于风险率为10%最低气温在-5℃以上的地区使用；

-20号柴油适合于风险率为10%最低气温在-5~-14℃的地区使用；

-35号柴油适合于风险率为10%最低气温在-14~-29℃的地区使用；

-50号柴油适合于风险率为10%最低气温在-29~-44℃的地区使用。

车用柴油中所用添加剂应无公认的有害作用。不应含有任何可导致车辆无法正常运行的添加剂和污染物。车用柴油中不能人为加入甲醇。

二、润滑油料

润滑油料是将石油蒸馏出汽油、煤油、柴油后的重油再进行残压蒸馏,切割成很多窄馏分,然后经精制加工而成。其主要用途是减小或降低零件之间的摩擦和磨损,并冷却摩擦表面。润滑油料主要指发动机润滑油、传动用润滑油和润滑脂等。

1. 发动机润滑油(俗称机油)

机油有汽油机机油和柴油机机油之分。评价机油品质的指标主要有黏度、倾点、闪点和酸值等。黏度表示油料自身流动时的内阻力,是评价机油品质的主要指标,也是机油分类的主要依据。为了提高机油的品质,现代机油中都加有各种添加剂。

按机油的特性和使用场合《汽油机机油》(GB 11121—2006)分 SE、SF、SG、SH、GF-1、SJ、GF-2、SL、GF-3 九级(质量等级),《柴油机机油》(GB 11122—2006)分 CC、CD、CF、CF-4、CH-4、CI-4 六级(质量等级)。每一级机油按其黏度又分为若干牌号(黏度等级)。例如,长城 SE 级汽油机机油有 SE40、5W/30、10W/30、15W/30、15W/40、20W/50 六个牌号。

选用机油时,首先根据发动机的工作条件选用适当的机油品种——质量等级,然后根据地区季节气温,结合发动机的性能和技术状况选用适当的机油牌号——黏度等级。汽油机机油的性能及适用场合参见表1-3-1,柴油机机油的性能及适用场合参见表1-3-2。

汽油机机油的性能及适用场合　　　表1-3-1

代号	性能及适用场合
SE	具有高温抗氧化、抗低温油泥以及抗低温锈蚀能力；保证1972年汽油机使用,适用于桑塔纳、标致、夏利、大发、松花江、奥拓、昌河、五菱、吉林等车辆
SF	改进了抗磨性；保证1980年汽油机使用,适用于桑塔纳、捷达、富康、奥迪等小轿车
SG	能抑制发动机沉积和机油氧化,减少发动机磨损,降低低温油泥的生成；保证1989年汽油机使用,适用于奥迪A6、捷达王、富康、红旗、桑塔纳2000、沃尔沃、尼桑、本田等国内合资生产和进口高级轿车

续上表

代号	性能及适用场合
SH GF-1	挥发性低,过滤性更佳,磷含量<0.12%;保证1994年汽油机使用,适用于林肯、凯迪拉克、奔驰、宝马、别克等高级轿车
SJ GF-2	增加台架测试和模拟试验,并改善挥发性,磷含量<0.1%;保证1998年汽油机使用,适用于克莱斯勒、凯迪拉克等高级轿车

柴油机机油的性能及适用场合 表1-3-2

代号	性能及适用场合
CC	防高温沉积物形成,防锈蚀和腐蚀;中负荷涡轮增压四冲程柴油机
CD	抗高温沉积物形成,防腐蚀;用于重负荷涡轮增压四冲程柴油机
CF	防高温沉积物形成,耐腐蚀;重负荷涡轮增压四冲程柴油机
CF-4	高效控制高、低温沉积物形成,降低油耗;用于1994年机型,重负荷涡轮增压四冲程柴油机,适用于公路重型卡车发动机和工程机械发动机
CH-4	严格控制高、低温沉积物和磨损,更好的高温抗氧性能、洁净性能及良好的分散性能;重负荷涡轮增压四冲程柴油机
CI-4	2002年10月推出,专为带有EGR系统的高级柴油机,符合欧Ⅲ标准

2. 传动用润滑油(俗称齿轮油、黑油)

齿轮油的主要作用是在齿轮的齿与齿之间的接触面上形成牢固的油膜,以保证正常润滑和减少磨损。此外,还有冷却、清洗、密封、防锈和降噪等作用。齿轮油主要用于手动变速器、分动器、主减速器、差速器以及转向器等传动机件的润滑。

齿轮油的质量指标主要有黏度、倾点、闪点、机械杂质和水分等。黏度是齿轮油的重要质量指标。

我国车辆齿轮油按质量指标使用分 GL3、GL4 和 GL5 三级。按黏度分为 70W、75W、80W、85W、90、140 和 250 七个牌号,其中"W"代表冬用。

齿轮油应按车辆使用说明书的规定选择与该车型相适应的品种和牌号,或根据工作条件的苛刻程度选择齿轮油的品种——质量等级,再根据当地季节气温选择齿轮油的牌号——黏度等级。齿轮油的分类及适用场合参见表1-3-3。

齿轮油的分类及适用场合 表1-3-3

代号	适 用 场 合
GL3	用于中等速度和负荷比较苛刻的手动变速器和螺旋锥齿轮驱动桥
GL4	用于高速低转矩和低速高转矩条件下,双曲线齿轮传动和手动变速器的润滑
GL5	用于运转条件苛刻的高冲击负荷的双曲线齿轮传动和手动变速器的润滑

3. 润滑脂

润滑脂是由一种(或多种)稠化剂和一种(或几种)润滑液体所组成的不流动的半固体膏状润滑剂。它由润滑油、稠化剂、添加剂和填料等组成。

润滑脂的质量指标主要有滴点、锥入度、胶体安定性、水分和腐蚀性等。锥入度是表示润滑脂软硬程度的指标,是选用润滑脂的重要依据。

按国标 GB 7631.8—1990 的分类方法,常用润滑脂品种有:皂基润滑脂(钙基润滑脂、钠基润滑脂、钙钠基润滑脂、锂基润滑脂、复合钙基润滑脂、复合铝基润滑脂、复合锂基润滑脂、复合磺酸钙基润滑脂)、无机润滑脂和有机润滑脂等。

各品种润滑脂按锥入度分若干个牌号,例如钙基润滑脂按锥入度分为 1、2、3、4 四个牌号,号数越大,脂质越硬,滴点也越高。

选用润滑脂时,必须考虑机件的工作温度、运转速度、承受负荷条件以及环境(空气温度、尘埃及腐蚀气体等)的影响,然后根据各类润滑脂的性能来选定用脂。一般应根据机械设备使用说明书的规定,选用与用润滑脂部位工作条件相适应的润滑脂品种和牌号。

三、液力传动油(自动变速器油)

液力传动油主要用在液力变矩器、动力变速器等液压控制系统。它既作为传递动力的介质,又要作为润滑剂、冷却剂和抗磨剂,要求在 -40~170℃ 范围内工作。

目前,我国尚未制定液力传动油详细分类的国家标准。按中国石油化工总公司企业标准有 6 号和 8 号两种,另有一种拖拉机传动、液压两用油。

6 号普通液力传动油适用于内燃机车、载货汽车、工程机械的液力变矩器,接近于国外 PTF-2 级油。8 号液力传动油适用于各种具有自动变速器的汽车,接近于国外 PTF-1 级油。

拖拉机传动、液压两用油有 68、100 和 100D 三个牌号,适用于国产及进口拖拉机、工程机械和车辆作为液压系统的工作介质和齿轮传动机构的润滑油。100 号两用油适用于南方地区,68 和 100D 号适用于北方地区。人们一般按机械使用说明书的规定,来选用适当品种的液力传动油。

四、液压油

液压油广泛使用在汽车、工程机械的液压系统中,其作用为传力、润滑、冷却和防锈。黏度是液压油的重要使用性能之一,是选择液压油的首要因素。

国标 GB 11118.1—2011 液压油有 L-HL 抗氧防锈液压油、L-HM 抗磨液压油(高压)、L-HM 抗磨液压油(普通)、L-HV 低温液压油、L-HS 超低温液压油和 L-HG 液压导轨油等六个品种。每个品种又有各黏度等级,例如 L-HL 液压油有 15、22、32、46、68、100 六个黏度牌号。

液压油的选用应考虑液压系统的工作压力、环境温度和液压泵的形式,从而来选定品种和牌号。人们一般按机械使用说明书规定选用。

L-HL 液压油常用于低压液压系统,也可适用于要求换油期较长的轻负荷机械的油浴式非循环润滑系统。L-HM 液压油适用于低、中、高压液压系统,也可用于其他中等负荷的机械润滑部位。L-HV 液压油适用于环境温度变化较大和工作条件恶劣的(指野外工程和远洋船舶等)低、中、高压液压系统和其他中等负荷的机械润滑部位。L-HV 液压油中的低温液压油适用于野外作业的工程车辆、大型拖拉机等中高压系统在黄河以北地区使用。不同的环境温度和液压泵的形式,应选择适宜黏度牌号的液压油。

五、制动液

制动液是专用于液压制动系统的液体。对制动液的主要质量要求是,皮碗膨胀率小、腐蚀性合格、沸点高、以及适宜的黏度和良好的低温流动性。

机动车辆制动液最新国家标准为《机动车车辆制动液》(GB 12981—2012),目前,常用的制动液有醇型、矿物油型和合成型三类。醇型制动液由精制蓖麻油和醇配制而成,分 1 号和 3 号。矿物油型制动液由精制轻柴油馏分,加入各种添加剂调和而成,有 7 号制动液等。合成型制动液以合成油为基础,加入添加剂后制成。按合成油原料不同,目前有醚型和脂型两种。醚型制动液有 4603 号,脂型制动液有 4603-1 号和 4604 号。

醇型制动液用在各种液压制动的普通汽车上,不能满足严寒和炎热地区车辆使用的要求。1 号适于北方平原地区,3 号适于南方地区。

矿物油型制动液可在各种车辆上使用,但制动系统须换用耐油橡胶件。7 号在严寒地区能冬夏通用。

合成型制动液适用于高速、大功率、重负荷和制动频繁的车辆,在我国各地区冬夏都可使用。凡进口汽车规定用相当 SAEJ1703 制动液的,均可用 4604 号来代用。

六、防冻液

防冻液是用于发动机散热器内的一种防冻辅助用液体,冬夏通用,可几年不换。防冻液有较低的冰点、较高的沸点、良好的散热能力,以及不形成水垢、不腐蚀水套和散热系统的能力。

常用的防冻液有酒精-水型、甘油-水型和乙二醇-水型三种,它们可按一定比例混合而成。使用时,防冻液的冰点要比使用地区的最低气温低 5℃ 左右。防冻液的冰点与其成分比例关系见表 1-3-4。

三种防冻液的冰点与成分比重的关系 表 1-3-4

冰点 (℃)	酒精-水型 (酒精质量%)	甘油-水型 (甘油质量%)	乙二醇-水型 (乙二醇质量%)
-5	11.27	21	—
10	19.54	22	28.4
15	25.46	43	32.5
20	30.65	51	38.5
25	35.09	58	45.3
30	40.56	64	47.8
35	48.15	69	50.9
40	55.11	73	54.7
45	62.39	76	57.0
50	70.06	—	59.9

酒精-水型防冻液价格低、配制简单,使用时要注意安全,并定期测定酒精含量;甘油-水型防冻液因甘油防冰点效率很低,使用不经济;乙二醇-水型防冻液冷却效率高,有毒,对金属和橡胶零件有腐蚀,价格较高,应酌情选用。

本 章 小 结

内燃机的基本术语包括上止点、下止点、活塞行程、汽缸工作容积、燃烧室容积、汽缸总容积和压缩比。其中压缩比是内燃机的主要性能参数之一。

内燃机的工作原理包括进气、压缩、做功和排气 4 个连续工作过程,其中进气、压缩和排气为耗功过程。柴油机通常由曲柄连杆机构、配气机构、燃料供给系统、润滑系统、冷却系统和起动系统组成;汽油机与柴油机组成基本相同,因需要点燃做功而增加点火系统。

内燃机的主要性能指标有动力性指标(有效转矩、有效功率、转速等)、经济性指标(耗油率、有效热效率)、运行性指标(排放、噪声和起动性能)和可靠耐久性指标(可靠性和耐久性)。内燃机的外特性是评价内燃机动力性和经济性的主要性能指标之一,柴油机适用于低速大转矩工况下工作的工程机械,汽油机适用于中速区工作的各种机械。

工程机械底盘由传动系统、行驶系统、转向系统和制动系统组成。主要内容包括工程机械底盘的作用和组成;传动系统的作用、类型及主要组成;行驶系统的作用、类型、主要组成与行驶原理;转向系统的作用、类型及转向原理;制动系统的作用、类型及制动原理。

工程机械的运行材料包括燃料(汽油、柴油)、润滑油料、液力传动油、液压油、制动液、防冻液等。主要内容包括各种运行材料的主要性能、分类与应用。

复习思考题

1-1 内燃机的基本术语有哪些?
1-2 画简图说明单缸四冲程柴油机的工作原理。
1-3 说明内燃机的主要性能指标。
1-4 什么是内燃机的外特性?为什么工程机械内燃机普遍采用柴油机?
1-5 工程机械传动系统作用是什么?轮式机械动力是如何传递到车轮的?
1-6 说明离合器的作用。画简图说明常合式摩擦离合器的工作原理。
1-7 什么是传动比?变速器有何作用?
1-8 什么叫液力传动?液力传动的主要特点有哪些?
1-9 什么叫液压传动?液压传动的主要特点有哪些?
1-10 液压系统由哪几部分组成?各起什么作用?
1-11 画简图说明轮式机械行驶系统的主要组成和行驶原理。
1-12 工程机械转向系统的转向方式有哪几种?各有什么特点?
1-13 画简图说明蹄式制动器的制动原理。
1-14 汽油有几个牌号?如何选用?
1-15 轻柴油有几个牌号?各适用于什么场合?

第二章 土石方工程机械及其施工技术

重点内容和学习要求

本章重点描述土石方工程机械的合理选择与组合,工程机械台数的确定,推土机、铲运机、反铲挖掘机、平地机、装载机的施工技术与运用,以及石方工程机械与路基土石方爆破施工。论述土石方工程机械的生产率与产量定额,各土石方工程机械的主要总成与作业范围。

通过学习,要求懂得怎样选择土石方工程机械和各种土石方工程机械的施工技术,知道如何利用各种土石方工程机械进行施工;了解各种土石方工程机械的主要总成与作业范围。

第一节 土石方工程机械的施工组织

一、施工前的准备

土石方工程机械在施工前必须做好以下各项准备工作:
(1)熟悉设计文件,在开工前到现场调查核对。
(2)根据设计要求、合同、现场情况等,编制实施性施工组织设计。
(3)根据工程量、施工进度结合作业对象的不同,以及与其他土石方工程机械配套使用的情况,合理选择机械的类型、型号与数量。
(4)清理作业地段的垃圾、杂草、树根和腐殖质。清除作业地段直径超过25cm的树木及大体积障碍物。对超过Ⅲ级的土壤或多石地带,应预先进行爆破疏松。
(5)排除施工地段地面积水。在路基土石方施工中,施工前可在施工区域设置临时或永久性排水沟(盲沟),将地面积水排除。山坡地段,可在较高处(离边坡土沿5~6m)设截水沟,阻止地面水流入挖填区内,必要时可在需要地段修筑挡水坝。
(6)保护好控制性桩点,利用测量仪器(全站仪)放出路基中线、边线和高程,并设立明显标志(木桩、花杆或带色小旗等)。
(7)规划机械的行驶路线。根据作业对象和地形合理选择机械的作业方法,合理地进行施工组织。
(8)对使用的机械进行一次全面彻底的检查,消除事故的隐患。对有危险的工程作业机械必须配有落体和抗倾翻保护装置,以确保施工的安全性。
(9)试验路段施工。对二级及二级以上的路堤施工,在施工前,应选择在地质条件、断面形式等工程特点具有代表性的地段,进行试验路段施工,以检测材料、机械施工质量和评价等指标,优化施工组织方案和工艺。

二、土石方工程机械的合理选择与组合

土石方工程施工机械的种类、规格繁多,各种机械都有着自身独特的技术性能和作业范围,一种机械可能有多种用途。而某一土石方工程往往可以采用不同的机械去完成,或者需要若干机种联合工作。为了获得最佳的技术经济效果,对每一项土石方工程,必须根据工程作业内容、工程量、工程质量和施工进度的要求,结合具体的施工条件,对施工机械进行合理地选择与组合,使其发挥最大效能。

1. 土石方工程机械合理选择的原则

工程量和施工进度是合理选择机械的重要依据。为了保证施工进度和提高经济效益,工程量大时,一般采用大型机械;工程量小时,采用中小型机械。但这不是绝对的,因为影响机械施工的因素是多方面的。如一项大型工程,由于受道路、桥梁等条件的限制,大型机械不宜通行,若为了改善运输条件而再修道路,这便很不经济。如果改用相对小型的机械进行施工,反而较为经济合理。总而言之,选择施工机械应遵循以下原则:

1) 施工机械应与工程的具体情况相适应

在土石方工程中,施工范围非常广泛,施工条件千变万化,选用的施工机械一方面应适应工地的气候、地形、土质、施工场地大小、运输距离、施工断面形状尺寸、工程质量要求等;另一方面,机械的容量要与工程量和施工进度相符合,尽量避免因机械工作能力不足和过剩造成延缓工期或机械利用率太低的现象。因此,在条件允许的情况下,尽量选择最能满足施工内容的机种和机型。

2) 施工机械应有较好的经济性

施工机械经济性选择的基础是施工单价,主要与机械固定资产消耗及运行费用等因素有关。其中固定资产消耗与施工机械的投资成正比,包括折旧费、大修费及投资利息等费用;而机械运行费用与完成的工程量成正比,包括劳动工资、直接材料费、劳保设施费等。在选择机械时,除了权衡工程量与机械费用的关系外,还要考虑机械的先进性和可靠性。大型先进的机械,虽然一次投资大,但它可以分摊到较大的工程量中,对工程成本影响较小,并且技术性能优良,易于操纵,各种消耗也较低,施工质量好,经济效益高。

3) 施工机械应能确保施工质量

公路施工中,对技术要求高的作业项目,应考虑采用性能优良或专用的机械,以保证工程质量和较高的生产率。而对一般的作业项目,应注意不可片面追求高性能的专用化机械,在满足工程质量要求的前提下,要充分考虑到机械的通用性,以降低投资费用。

4) 施工机械应保证施工安全和环保

施工机械应具有可靠的安全性能,如行驶稳定,有翻车或落体保护装置,防尘、隔音,危险施工项目可遥控作业等。此外,在保证施工人员和机械设备安全的同时,应注意保护自然环境,施工现场及附近的各种设施,不会因机械施工而受到损害。

2. 土石方工程机械合理组合的原则

土石方工程机械的合理组合是充分发挥机械设备效能的重要因素,也是机械化施工的

一个基本要求,它包括技术性能、机械类型和数量的配置。

1) 主要机械和配套机械的组合

机械工作能力的配合应适宜,配套机械的工作容量、数量及生产率应稍有储备,以充分发挥主要机械的生产率。例如,挖掘机与运输汽车配合,挖掘机的斗容量与运输车辆的容量应协调,一般以 3~5 斗能装满一车厢为宜,以保证作业的连续性。

2) 牵引车与配套机具的组合

在土石方工程中,经常会有一些辅助性机具和拖式机械没有独立的动力行走装置,需要配以另外的牵引车牵引作业。两者要协调平衡,尽量避免动力过剩和动力不足的现象。

3) 配合作业机械组合数尽量少

组合数越多,总效率越低。配合作业机械的总效率是各机械效率的乘积。例如两台效率为 0.9 的机械组合时,其总效率为 $0.9 \times 0.9 = 0.81$。而且每一组合中,当其中一台机械发生故障时,组合中的其他机械便无法正常工作。因此,在能完成作业内容的前提下,应尽量减少机械的组合数。为了避免上述不利情况的发生,应尽可能地组织多个系列的组合,并列进行施工,从而减少因组合中一台机械无法正常工作,而引起工程全面停工的现象,减少配合机械工作能力的损失。

4) 尽量选用系列产品

在土石方工程机械化施工中,对同一机种的类型应力求统一,尽可能使用标准化、系列化产品,便于维修与管理。

总之,每个施工单位要结合其设备装备情况、完好率及新购机械的可能性等具体情况,因地制宜进行机械的组合,确实做到技术上合理,经济上有利。

3. 土石方工程机械的选择方法

在土石方工程中,选择机械考虑的因素很多。一般要根据机械的技术性能,针对各项作业的具体情况,进行合理的选择。

1) 根据作业内容选择

公路施工包括路基工程、路面工程、桥梁工程及其他工程等,其中路基土石方工程的施工作业内容包括:土石方的挖掘、装载、运输、填筑、压实、修整及开挖边沟等基本内容,以及伐树除根、松土、爆破及表层处理等辅助性作业。每种作业都要由相应的机械完成。各种作业内容供选择的机械见表 2-1-1。

根据作业内容选择施工机械　　　　　　　　　　　表 2-1-1

工程类别	作业内容	选择的机械与设备
准备工作	清基(树丛、草皮、淤泥黑土、岩基、废墟、冰雪等)和料场准备	伐木机、履带式拖拉机、推土机、挖掘机、装载机、水泵等
	松土、破冻土(<0.2m)	松土器、大犁、平地机
土方开挖	底宽>2.5m 的河渠、基坑、池塘、港口、码头、采石场等小型沟渠和基坑	推土机、挖掘机、铲运机、装载机、冲泥机、吸泥机、开沟机、清淤机等
石方开挖	砾石开采	挖掘机、装载机、推土机等
	岩石开采	空压机、凿岩机、挖掘机、推土机、爆破设备等
	石料破碎	破碎机、筛分机等

续上表

工程类别	作业内容	选择的机械与设备
冻土开挖	河渠、基坑、池塘、港口、码头等	推土机、冻土犁、冻土锯、冻土铲、冻土钻等
土石填筑	大中型堤坝、路基、场地、台阶等 小型堤坝、梯田等	推土机、铲运机、羊足碾、压路机、打夯机、洒水车、平地机、大犁等
运输	机械设备调运	火车、轮船、载货汽车、起重机等
	土石运输	载货汽车、推土机、铲运机、装载机等
整形	削坡	平地机、大犁、推土机、铲运机、挖掘机等
	平整	平地机、推土机、铲运机、大犁等

实践表明,对大型工程,一般根据作业内容选择机械;对中小型工程,则选择通用性好的机械。具体选择时,应首先选择主导机械,然后根据主导机械的生产能力、工作参数及施工条件选择辅助机械,确保工程连续均衡地进行。

2）根据土质条件选择

土石方是机械施工的主要对象,其性质和状态直接影响机械作业的质量、工效及成本,因此,土质条件是机械选择的一个主要依据。

（1）根据机械通行性选择。通行性是指车辆（特别是工程车辆）在土质等条件的限制下,在工地上行驶的可能程度。车辆在土壤上行驶,与土壤来回揉搓,使土壤的强度逐渐降低,承载能力也将随之降低,最终将不能行驶。相反,在干燥状态下的砂土上行驶,初期虽然比较困难,但一旦稳定,以后便能很容易地反复行驶。一定土质地面的车辆通行性,可通过对土壤性质变化的测定。

（2）根据土质的工程特性选择。土质条件不仅对机械的通用性有影响,而且也影响着各种施工机械施工作业的可能性和难易程度。土质的各种工程性质不同,施工时选择的机械也不同。

为了便于选择施工机械,一般把土壤分为两种:硬土和软土。其中把较为干燥的黏土、砂土、砂砾石、软岩、块石和岩石等称为硬土;把淤泥、流沙、沼泽土和湿陷性大的黄土、黑土及软黏土（含水率较大）等称为软土。对硬土开挖及运输机械的选择可参考表2-1-2。软土开挖机械的选择可参考表2-1-3。

硬土开挖和运输机械的选择　　　　表2-1-2

土 质	施 工 机 械											
	推土机	铲运机	正铲挖掘机	反铲挖掘机	装载机	松土器	开沟机	平地机	自卸汽车	底卸汽车	钻孔机	凿岩机
黏土和壤土	√	△	√	√	√		√	√	√	√		
砂土	√	√	√	√	√		√	√	√	√		
砂砾石	√	×	√	√	√	△	△	△	√	△		
软岩和块岩	△	×	√	△	△	√	×	×	√	×	√	√
岩石	×	×	×	×	×	√	△	×	√	×	√	√

注:√——适用;△——尚可用;×——不适用。

软土开挖机械的选择　　　　　表 2-1-3

水　分	施　工　机　械					
	通用推土机	低比压推土机接地比压(kPa)			水路两用挖掘机	挖泥船
		19.6~29.4	11.8~<19.6	<11.8		
湿　地	△	√	√	√	√	×
沼泽地	×	√	√	√	√	×
重沼泽地	×	×	△	√	√	△
水下泥地	×	×	×	√	√	√

注：√——适用；△——尚可用；×——不适用。

3) 根据运距选择

根据运距选择机械，主要针对铲土运输机械而言。一般根据土质及工程规模，结合现场条件，参考表 2-1-4 选用。

施工机械的经济运距　　　　　表 2-1-4

机械	履带推土机	履带装载机	轮胎装载机	拖式铲运机	自行式铲运机	轮式拖车	自卸汽车
经济运距(m)	<80	<100	>150	100~500	200~1000	>2000	>2000
道路条件	土路不平	土路不平	土路不平	土路不平	土路不平	平坦路面	一般路面

4) 根据气象条件选择

气象条件也是影响机械施工的因素之一，如在雨季和冬季施工时，应充分考虑其独特性。

雨水和积雪融水会直接影响土壤的状态，使工程性质变坏，从而导致机械通过性下降。在我国的大部分地区，都有程度不同的连续降雨天气，即雨季。在此期间，如不停工，就不得不考虑采用附着性和通过性好的履带式机械，代替机动灵活的轮胎式机械进行作业。

冬季施工，应首先考虑冻土的开挖、填筑和碾压等作业，是否达到设计规定的技术要求。施工时，应选用与破除冻土相适应的机械，如松土器、冻土犁等。

5) 根据作业效率选择

在计算施工机械的生产率时，都是在假定的标准工况下进行的，但在实际工程施工中，各种条件是千变万化的。因此，在特定的施工条件下，选择的施工机械，其工作能力（生产率）是要计入作业效率的。

此外，选择合适的施工机械，还要考虑与工程间接有关的各种因素，比如对规模较大的施工单位来说，可能要同时承担几个不同的施工任务，因此，应考虑机械设备相互之间的协调与配合。另外，诸如电力、燃油料供应及机械维修与管理等，都对机械的选择有着制约作用。要综合分析，抓住主要矛盾，从中选择最经济适用的机械。

4. 土石方工程机械的生产率和数量的确定

1) 施工机械的生产率与产量定额

一台施工机械单位时间（一小时或一台班）内完成的工作量称为生产率。它是编制施工计划、估算施工费用、进行机械合理组合的依据。

(1) 生产率的一般计算公式。一般在施工现场所配置的施工机械，由于作业的实际情况和生产事故等原因，作业时，并不是所有的机械都是在运行的。即使运行中的机械，其实际作业时间也不尽相同,作业效率也不一样。

设机械的运行效率为 K_n,作业时间利用率为 K_b,作业效率为 K_q,机械工作容量为 V,每小时循环次数 n,则生产率 $Q(m^3/h)$ 的一般计算公式为

$$Q = nVK_nK_bK_q \tag{2-1-1}$$

设运行效率 $K_n = 1$,则:

$$Q = nVK_bK_q \tag{2-1-2}$$

如以台班计算,则:

$$Q = \frac{T \times 60}{t}VK_bK_q \tag{2-1-3}$$

式中:t——机械每一个工作循环所用的时间,min;

T——台班,h,每 1 个台班工作 8h。

(2)生产率计算公式的其他形式。

①最大生产率 $Q_p(m^3/h)$。指在良好的工作条件下,施工机械在单位时间内所完成的最大工程量。此时机械的时间利用率为 $K_b = 1$,则:

$$Q_p = nVK_q \tag{2-1-4}$$

最大生产率相当于机械出厂说明书上的公称能力,也为理论生产率。

②正常生产率 Q_n。机械在作业过程中,因补充燃油料、维护、修理、待工及天气等的影响,实际上不可能连续不断地运行,总是有一定的时间损失。如在某一时期(一个星期或一个月)内测得其正常损失时间为 t_r,实际作业时间为 t_n,则正常作业时间效率 K_w:

$$K_w = \frac{t_n}{t_n + t_r} \tag{2-1-5}$$

K_w 一般取 0.8。

正常生产率 $Q_n(m^3/h)$ 是指用正常作业时间效率修正后的最大生产率 Q_p。Q_n 与 Q_p 的关系为

$$Q_n = K_wQ_p \tag{2-1-6}$$

③平均生产率 $Q_a(m^3/h)$。在良好条件下,按正常生产率进行施工,可持续一段时间,但这样的施工进度不能作为工程估价和编制施工计划的标准。实际上,从开工到竣工的整个施工期间,常常会出现一些不可预料的因素,如施工准备不足、机械故障、设计变更、气候变化及其他偶发事件等引起的时间损失。这些损失的时间称偶发损失时间 t_c,则偶发作业时间效率为 K_c:

$$K_c = \frac{t_n + t_r}{t_n + t_r + t_c} \tag{2-1-7}$$

考虑正常损失时间和偶发损失时间的生产率称平均生产率,则:

$$Q_a = K_wK_pQ_c = K_aQ_c \tag{2-1-8}$$

其中 $K_a = K_wK_c$,称平均作业时间效率,一般为 0.6~0.8。

综上所述,施工机械的生产率有最大、正常和平均生产率三种形式,通常在编制施工机械组合计划和平衡各项工程的施工机械的作业能力时,用最大和正常生产率;在编制施工计划和工程估价时,用平均生产率。

(3)产量定额。机械的产量定额是国家或某一基建部门按同类型机械的平均水平而制

定的统一标准。它是施工预算和竣工决算的依据,也是衡量施工生产率高低的尺度。

定额生产率分为单项和综合两种,前者作为对具体施工点选择机型和确定使用数量的依据,后者多用于施工预算和竣工决算。

2)机械数量的确定

根据工程量、工期、土质、气象等条件,按不同土质、运距的单项工程总量,算出机械台数。然后汇总整个工程的机械台数,就可得到全部工程所需总的机械台数。

(1)确定工期中能实际工作的天数 $N(d)$。根据施工进度计划,确定完成某一工程能实际工作的天数。工作天数和当地气候条件等因素有关,因此必须做好气象调查,弄清全年和每月能实际工作的天数:

$$N = N_0 - N_t \tag{2-1-9}$$

式中:N——工期中能实际工作的天数,d;

N_0——工期中的日历天数,d;

N_t——停工天数,d。停工天数包括下雨停工天数、雨后停工天数和其他停工天数。

在编制施工计划时,也可以采用运转日利用率来换算能实际工作的天数。

$$N = \rho N_0 \tag{2-1-10}$$

式中:ρ——运转日利用率,%。运转日利用率一般为50%~80%,非雨季节、硬土、大规模工程,其运转日利用率取高些,反之则取低些。

(2)确定台班总土方量 $G_T(m^3)$。根据某一土方工程总量结合能实际工作的时间,确定台班总土方量,可用式(2-1-11)计算:

$$G_T = \frac{G}{N \times T} \tag{2-1-11}$$

式中:G_T——台班总土方量,m^3;

G——某一土方工程总土方量,m^3;

T——每天台班数,一般8h为1个台班。

(3)计算机械台班产量 $Q_T(m^3)$。根据选定施工机械的生产率,确定机械台班产量 Q_T,可按式(2-1-12)计算:

$$Q_T = Q h_T K_T \tag{2-1-12}$$

式中:Q_T——机械台班产量,m^3;

Q——机械台时生产率,m^3/h;

h_T——台班时间,h,一般为8h;

K_T——台班时间利用率,一般为0.35~0.85,标准为0.7。

在工作中,要做好机械的管理、配置和协调,以提高台班时间利用率。

(4)计算选定施工机械的台数。根据确定的台班总土方量 G_T 和选定施工机械的机械台班产量 Q_T,按式(2-1-13)计算选定施工机械的台数:

$$n = \frac{G_T}{Q_T} \tag{2-1-13}$$

式中：n——选定施工机械的台数。

（5）计算配套辅助机械的数量。当主要机械台数确定后，即可确定配套辅助机械的数量。如拖式铲运机台数确定后，牵引用拖拉机的台数即可确定，为其助铲的推土机的台数也可确定（一般3台铲运机配1台助铲用推土机），配合挖掘机运土的自卸汽车的数量，既可以按前述方法算出，也可以根据已确定的挖掘机的装车工作时间来计算：

$$n_q = \frac{t_q}{t_w} \tag{2-1-14}$$

式中：n_q——自卸汽车的数量，辆；

t_q——汽车装运一次的循环时间；

t_w——挖掘机装满一车的时间。

汽车装运一次的循环时间等于挖掘机装满一车的时间和重载运输时间、空载返程时间、卸土时间，以及等待与延误时间之和。

汽车的需要量，除与挖掘机、汽车的性能有关外，同时与运土距离、道路状况、驾驶员的素质有关，也与平整和压实机械的工作能力有关。

（6）机械台数的调整。当计算结果不为整数时，可根据实际情况适当调整。例如 $n=2.3$。

①采用3台拟定型号机械施工，可以提早完成工期；

②前期采用3台拟定型号机械施工，后期逐渐调离1台或2台，在规定的时间内完成；

③采用2台拟定型号机械施工，适当增加作业时间，在规定的时间内完成；

④改用2台比拟定型号作业能力大的机械施工，在规定的时间内完成；

⑤采用2台拟定型号机械，调配1台小型机械联合施工，在规定的时间内完成；

⑥采用2台拟定型号机械施工，适当延长工期。

在计算机械台数时，一般使用预算产量定额。若使用施工产量定额时，由于机械保修、搬运、故障排除、施工前后的准备和收尾工作及其他原因，实际需用机械台数要比上述计算台数略多些。

第二节　推土机及其施工技术

一、概述

推土机是路基土石方工程中最常使用的机械之一，具有所需作业面小，机动灵活，转移方便，短距离推运土石方效率高，干湿地都可独立作业，同时也可配合其他土石方工程机械施工的特点。因此，在路基土石方工程中被广泛运用，一般适用于季节性强、工程量集中、施工条件较差的施工环境，主要用于填筑路堤、开挖路堑、平整场地、回填基坑、物料堆集和压实等工作。

由于推刀的容量不大，在运土过程中，土壤易于从推刀两侧流失，因此，运距不宜过大，一般不超过100m。根据作业要求，推土机还可以配装松土器（破碎Ⅲ、Ⅳ级土壤）、除根器（拔除直径在45cm以下的树根）和除荆器（切断直径在30cm以下的树木）等。

1.推土机的主要组成

推土机(图2-2-1)由发动机、底盘、工作装置、液压系统和电气系统等组成。

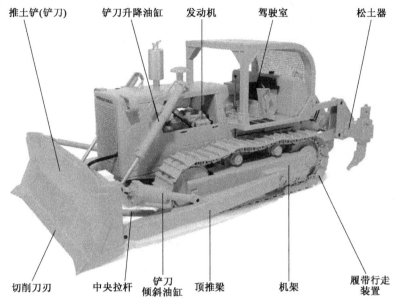

图2-2-1 推土机的总体组成

推土机工作装置是指悬挂于整机前部的推土铲(铲刀)和后部的松土器,分别用来推土和松土。在施工中铲刀的空间位置可随土壤的性质和作业要求的变化而改变,见表2-2-1。

铲刀工作角与土壤性质和施工作业的关系　　　　表2-2-1

工作角(°)	Ⅰ、Ⅱ级土	Ⅲ级土	Ⅳ级土	推土	平土	填土	斜坡工作
γ	60~65	52~57	45	—	—	—	—
α	60	45	45	90	60	40	—
β	—	—	4~8	—	—	—	7~10

铲土角 γ 是铲刀刃口与地面的夹角;水平角 α 是刀身轴线与机架纵轴线的夹角;倾角 β 是刀口与地面的夹角,如图2-2-2所示。

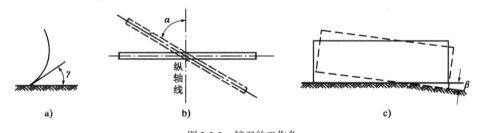

图2-2-2 铲刀的工作角
γ-铲土角;α-水平角;β-倾角

2.推土机的分类

推土机在路基土石方工程中可根据作业项目选择不同的机种与机型,常用的有以下类型。

(1)按行走方式分:履带式和轮式;

(2)按推土刀的操纵分:绳索式操纵和液压操纵;

(3)按铲刀形式分:直铲式(固定式)和角铲式(回转式);

(4)按传动方式分:机械传动式、液力机械传动式、全液压传动式和电力传动式;

(5)按功率等级分:小型($<74kW$)、中型($74\sim235kW$)和大型($>235kW$);

(6)按接地比压的大小分:高比压($>0.1MPa$)、中比压($0.05\sim0.1MPa$)和低比压($<0.015MPa$)三类。

二、推土机的应用

1. 推土机的作业方法

推土机在推运路基土石方时,应根据现场的地形、土质和施工技术要求,结合推土机本身的技术性能,合理地选择适宜的作业方法。

1)波浪起伏铲土法

推土机开始铲土时,应将铲刀最大可能地切入土中。当发动机稍有超负荷现象时(此时发动机转速变慢),应将铲刀缓缓提起,直至发动机恢复正常运转,然后再将铲刀下降切土。如此反复,直至铲刀前堆满土壤为止,如图2-2-3所示。

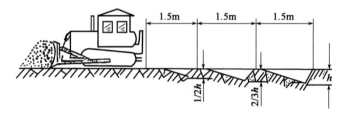

图2-2-3 波浪起伏铲土法

该法可使发动机功率得到发挥,缩短铲土时间和距离,提高作业效率。但由于驾驶员频繁操作容易疲劳,且回程时因地面不平使推土机产生颠簸,因此,一般只适用于土质较厚、工程量大的土石方工程。

2)分段推土法

若取土场较长、土壤较硬,推土机一次铲土很难达到满铲时,推土机可由近至远,分段将土壤推成数堆。当各堆土壤的堆积量达到满铲时,再由远而近,将数堆土壤一次推送到填土处,如图2-2-4所示。

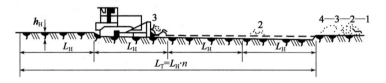

图2-2-4 分段推土法

L_H-每段铲土长度;h_H-铲土深度;L_T-工作地段长度;n-分段数;1、2、3、4-每一次堆积的土堆

分段推土可结合下坡作业一起使用,这样不仅可提高推土机铲土的能力,减少运土距离,节约时间,而且可为后序作业创造一个有利的地形。

3)下坡推土法

推土机在作业时应尽量利用地形下坡作业,这样可充分利用推土机机重的下坡分力助铲,缩短铲土时间;同时,因土壤本身具有向前翻滚的趋势,可减少土壤散失,增大推运土方量。下坡作业坡度不宜过大,以Ⅱ挡能顺利倒退为宜(一般<25°),否则,推土机后退爬坡困难,反而降低了作业效率。

4)槽式推土法

推土机在推运土壤时,为了尽可能地减少土壤的散失,可沿某一固定作业路线往复推运,使之形成一条土槽,或者利用铲刀两端外漏的土壤形成土埂进行运土。土槽深度一般不大于铲刀高度,如图2-2-5所示。

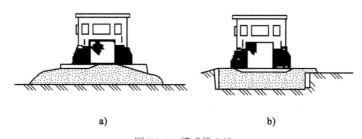

图 2-2-5 槽式推土法
a)利用铲刀两端外漏的土壤形成土埂;b)沿某一固定路线往复推运形成土槽

这种方法推土机在推运初始阶段,土壤散失较多,但随着往返次数的增多,土壤从铲刀两侧外漏的数量会越来越少,从而可提高工效。该法适用于土质比较厚或运距较远的场合。

5)并列推土法

若作业场地较宽,运距较长时,可采用两台或两台以上同类型的推土机同步、同速前进推运土壤,这样可减少土壤的散失,提高作业效率。采用该法作业时,两台推土机铲刀的间隙一般保持在15~30cm之间,如图2-2-6所示。砂性土应小些,黏性土可大些。

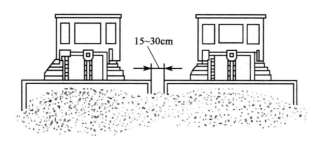

图 2-2-6 并列推土法

采用这种方法时,要求驾驶员有熟练的操作技能,保证两台推土机同步运行。另外,运距不应<50m,否则,因频繁配合,反而降低了作业效率。其适用于作业场地较宽、平坦及运距较远的场合。

以上各种方法在施工中应根据土质、地形及施工技术要求灵活运用。既可单独使用,也可根据现场情况联合使用。

2. 推土机的施工作业

在路基土石方工程中,推土机主要用于填筑路基和开挖路堑。图2-2-7为推土机现场施工图。

图 2-2-7　推土机现场施工图

1）填筑路堤

利用推土机直接填筑路堤的施工组织方法有两种：横向填筑和纵向填筑。在平地上常采用横向填筑；在山区、丘陵及傍山地段多采用纵向填筑。

（1）横向填筑路堤。推土机自路堤的一侧或两侧取土坑取土，向路堤中心线推土。施工时，可采用一台推土机或多台推土机分段填筑，分段的距离一般为 20～40m，宜采用穿梭式作业路线。

当一侧取土时，推土机铲土后，可向路堤直送至路基坡脚，卸土后仍按原路线退回到取土始点（槽式推土法），在同一地点连续推送两三次。当取土坑达到一定深度后，推土机后退向一侧移位，仍按同法挖取侧邻的土壤。如此类推，直到一段路堤填筑完毕为止。然后推土机反向移位，推平取土坑内遗留的各条小土埂，如图 2-2-8 所示。

当两侧取土时，每段最好用两台推土机并以同样的作业方法，面对路基的中心线推土，但双方一定要推过中心线一些，并注意对路堤中心的压实，确保路基的质量，如图 2-2-9 所示。

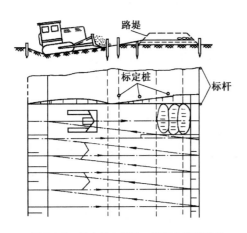
图 2-2-8　单台推土机从一侧取土填筑路堤

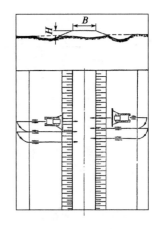
图 2-2-9　两台推土机从两侧取土填筑路堤
B-路堤顶面宽度；H-路堤填土高度

利用推土机横向填筑路堤，堆高在 1.5m 以下为宜。施工中应不时地检查路堤中桩、边桩和高程，以确定取土、运土的位置和推土机运行的路线。填筑路堤时，必须按施工要求分层填筑，分层压实。每层的厚度，根据压实机械的压实能力确定，一般为 30～50cm（静作用压实机械≤30cm；振动式压实机械≤50cm）。

当推土机单机推土填筑路堤的高度超过 1m 时，应设置推土机上下坡出入的通道，如图 2-2-10 所示。坡度 $i≤1:2.5$，宽度与工作面同宽，长度一般为 5～6m。在采用全机械化施工时，填筑高度超过 1m 后，可采用铲运机来完成后续填筑工程。

（2）纵向填筑路堤。纵向填筑路堤常用于移挖作填工程，即将高处开挖的土壤直接推送到低处填筑路堤，如图 2-2-11 所示。

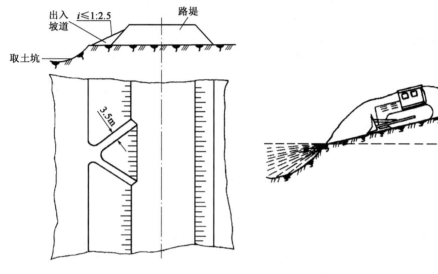

图 2-2-10　推土机出入通道　　　图 2-2-11　推土机纵向移挖作填

这种移挖作填的方法最经济，但开挖部分的坡度不能大于 1:2，开挖时应随时复核路基的高程和宽度，避免超挖或欠挖。在填筑过程中，推土机沿道路中线从坡顶向坡底开挖推土，纵向将土分层铺平，用压实机械分层压实。施工中应注意将推送到坡面的土尽快铺平压实，此时含水率一般处最佳值，不但可提高路基土壤的密实度，而且可使各层能良好的结合成一体。千万不要在填土层上堆高，以免在交界处的填土得不到很好的压实。

2）开挖路堑

推土机开挖路堑的施工组织方法有横向开挖和纵向开挖。横向开挖常用于在平地上开挖浅路堑；纵向开挖适用于在山坡开挖半路堑和移挖作填路堑。

（1）横向开挖浅路堑。在平地上开挖浅路堑时，深度在 2m 以内为宜。推土机以路堑中心为界，向两边用横向推土，采用环形或穿梭运行路线，将土壤推送到两边的弃土堆，如图 2-2-12 所示。开挖深度超过 2m 时，常

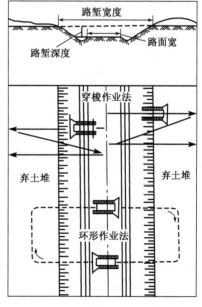

图 2-2-12　推土机横向开挖浅路堑

用挖掘机进行开挖作业。

（2）纵向开挖深路堑。纵向开挖深路堑一般与堆填路堤相结合施工。施工前，要在开挖的原地面线顶端各点和挖填相间的零点处，都设立醒目的标志。推土机从路堑的顶点开始，逐层下挖并推送到需填筑路堤的部位。开挖时，可用1~2台推土机平行路堑中线纵向分层开挖（图2-2-13a），当把路堑挖到一半深度后，另用1~2台推土机横向分层切削路堑斜坡（图2-2-13b）。从斜坡上挖下的土壤送到下面，再由下面的推土机纵向推送到填土区。这样多台推土机联合施工，直到路堑与路堤全面完工为止。

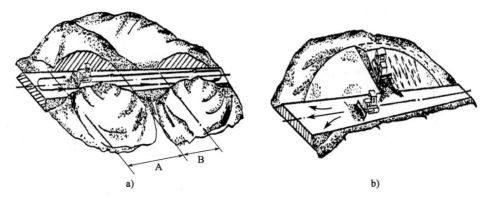

图 2-2-13　推土机纵向开挖深路堑
a) 纵向挖填；b) 纵向、横向协作挖填
A-挖方；B-填方

（3）纵向开挖傍山半路堑。开挖傍山半路堑（半挖半堆），一般用斜铲推土机，如山坡不大，也可采用直铲推土机。用斜铲开挖时，首先调整好铲刀的水平角和倾角。开挖工作宜由路堑的上部开始，沿路中线方向行驶，由上而下、分段分层，逐步将土壤推送下坡至填筑路堤处。由于推土机沿山边施工，为确保安全，在施工过程中，推土机要始终在坚实稳固的土壤上行驶，并要保持道路靠山的一侧低于外侧，行驶的纵坡不应超过推土机的最大爬坡角度（<25°），如图2-2-14所示。在山腹或崖下作业时，应注意做好预防崖壁坍塌的工作，发现险情应及时排除。在岸边或陡壁边作业时，应考虑地势情况，保证推土机具有一定的安全作业距离，以防止滑陷、跌落等恶性事故的发生。

用直铲推土机开挖时，推土机沿垂直于路中线的方向行驶，将上坡的土壤推送到填筑路堤处。在推送土壤时，为保证安全，推土机的铲刀应离边坡边缘1~2m，不准将铲刀抵靠边坡的边缘。

以上3种开挖路堑的方法，都必须注意排水问题。开挖路段的表面应作成排水方向的缓坡，以利于路基排水。在挖至接近规定断面时，应随时复核路基高程和宽度，以免超挖或欠挖。现代公路工程，一般在挖出路堑的粗略外形后，由平地机修刷边坡和修整路拱。

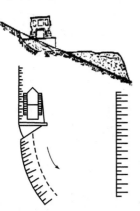

图2-2-14　推土机开挖傍山半路堑

上述移挖作填、半堆半挖路堑、单面填土、拓宽填土，其填土与原地基的连接往往发生变形，从而造成铺砌层的龟裂，严重时发生滑坡。这是由于填土部分与原地基的承载力无连续

性;连接坡面填土压实不充分,填土与原地基结合不牢,发生滑移;连接坡面处的涌水、渗透水等积集而使填土软化等原因造成的。因此,在施工中除做好排水处理以外,还应用下述方法处理:

①坡面挖成台阶形。首先要对原地基坡面的草皮、杂物、积水和淤泥等清除干净,当坡面的横坡≥1:4时,还应将坡面挖成台阶形,其宽度不小于1m(或为推土机宽度),高度为20~30cm(砂土地基≥50cm),台阶顶面为排水而放坡3%~5%。

②设置缓冲区段。在挖土与填土纵向连接部位设置缓冲区,以免路床承载力不连续。缓冲区的长度视土质而定,一般铲成约4%的坡度,并用同一土质的填土材料充填、压实,使之和原地基成为一体,如图2-2-15所示。

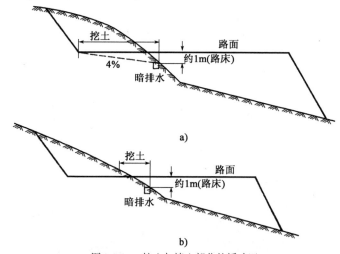

图2-2-15 挖土与填土部分的缓冲区
a)砂土地基的缓冲区段;b)岩石地基的缓冲地段

推土机除了填筑路堤和开挖路堑以外,在公路土石方工程中还可完成其他各项任务,例如土方回填、平整场地等。但是无论推土机在公路工程中承担任何一项作业任务,都必须根据工程的实际情况,因地制宜,做好施工前的准备工作,选择最佳的作业方法,进行合理的施工组织。

第三节 铲运机及其施工技术

一、概述

铲运机是一种利用装在前后轮轴之间的铲运斗,在行进中依次进行铲装、运载和铺卸等作业的工程机械。主要用于公路、铁路、港口等大规模土方工程。其经济运距在100~1500m,最大运距可达几千米。拖式铲运机的最佳经济运距为200~400m;自行式铲运机为500~5000m;当运距小于100m时,采用推土机施工较有利;运距大于1500m时,采用挖掘机或装载机与自卸汽车相配合的施工方法较经济。

1. 铲运机的组成

铲运机由发动机、底盘、工作装置、液压系统和电气系统等组成,整机外貌如图2-3-1所示。

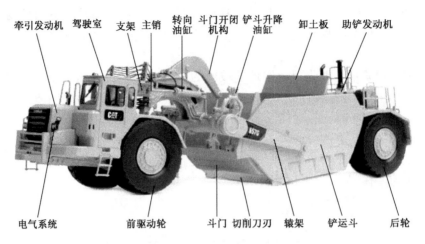

图 2-3-1 液压操纵自行式铲运机

2. 铲运机的工作过程

(1) 铲装。铲运机驶至装土处,挂上低速挡,放下铲运斗,同时提起斗门;铲运斗靠自重或油压力切入土壤;铲运斗充满后,提起铲运斗离开地面,关闭斗门,铲装结束。铲装时铲运斗的充填大致可分为三个阶段(图 2-3-2),即充填铲运斗后部(图 2-3-2a)、充填铲运斗中部(图 2-3-2b)和充填结束(图 2-3-2c)。

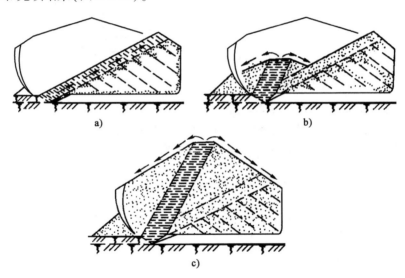

图 2-3-2 铲运斗充填过程
a)充填开始阶段;b)充填中间阶段;c)充填结束阶段

(2) 运输。关闭斗门,提升铲运斗至运输位置,挂高速挡驶向卸土处。

(3) 卸铺。驶至卸土处,挂低速挡,将铲运斗体置于某一高度,按铺设厚度要求,边走边卸。

(4) 回驶。卸完土后,挂高速挡驶回装土处。

3. 铲运机的分类

铲运机按铲运斗容量分为小型（<5m³）、中型（5～<15m³）、大型（15～30m³）、特大型（>30m³）；按行走方式分为拖式和自行式；按行走装置分为轮式和履带式；按装土方式分为开斗装载普通式和链板装载升运式；按卸土方式分为自落卸土式、半强制卸土式和强制卸土式。

二、铲运机的应用

1. 铲运机的基本作业

（1）起伏式铲土法。开始铲土时，切土较深以充分利用发动机的功率，随着铲土前进，发动机负荷的增大，其转速渐趋降低，这时逐渐提斗减少切土深度，使发动机转速复原，然后再降斗切土（深度比第一次要浅些），如此反复进行几次直至装满铲斗。此法可缩短铲土长度和铲土时间，对铲装砂土尤为有效。铲装过程中刀刃切削深度变化情况，如图2-3-3所示。

（2）跨铲法。即交替错开铲土法（图2-3-4）。铲土时先在取土场的第一排铲土道取土，在两铲土道之间留出铲运机一半宽度的一条土埂；第二排铲土道的起点与第一排铲土道的起点相距约半个铲土长度，其铲土方向对准第一排取土后留下的土埂。以后每排取土的方法，比照第一、二排的关系进行。这种铲装法，从第二排起，每次铲土的前半段铲土阻力将随着进斗土量的增加而减小，发动机的负荷比较均衡，所以在发动机功率不变的情况下，既缩短了铲装时间，又提高了铲装效率。在硬土中采用此法，可提高功效约10%。

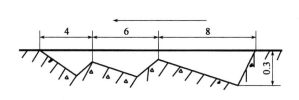

图2-3-3　铲装过程切削深度的变化（尺寸单位：m）

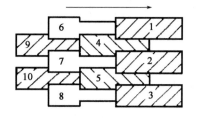

图2-3-4　跨铲法铲土次序示意图
1～10—铲土次序号

（3）快速铲土法。当铲运机以较高速度返回而进入铲土位置时，立即放斗切土，利用惯性铲装一部分土，待发动机负荷激增而转速降低时，再换一挡继续铲装，这样也可缩短铲装时间。

（4）硬土预松法。对于坚硬的土壤，用松土机预先进行疏松，松土机必须配合铲运机的铲装作业逐层疏松，并使松土层深度与铲运机切土深度相一致，以免因疏松过深而影响铲运机的牵引力。

（5）下坡铲土法。利用铲运机向下行驶的重力作用，加大切土深度，缩短铲土时间。此法不仅适用于有坡度的地形，就是在平坦地段也可铲成下坡地形，铲土坡度一般为3°～15°。

(6)助铲法。在工程施工中,由于土质多变,地形多变,铲运机的机况也难于一致,往往由于铲运机自身的动力满足不了铲土的需要致使效率严重受到影响,尤其在硬土地段刀片往往不易切入土层,常造成铲斗装不满的"刮地皮"现象。因此,施工中往往用一台或多台机械采用前拖或后推或两者兼而有之的方法来帮助铲运机进行铲土作业。

用推土机为铲运机助铲,常见的方法有折回助铲法、穿梭助铲法和并列助铲法三种,如图 2-3-5 所示。

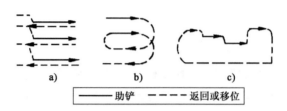

图 2-3-5　推土机助铲的三种方法
a)折回助铲法;b)穿梭助铲法;c)并列助铲法

2. 铲运机的施工作业

1)铲运机的运行线路

在土方工程中,铲运机在施工中的运行路线根据施工对象而不同,常用的有环形、"8"字形、"之"字形、穿梭式和螺旋形等。

(1)环形运行路线(图 2-3-6a)。铲运机自路线外的单侧或两侧取土坑取土填筑路堤时、挖掘路堑弃土于路堑两侧时,可按环形路线运行,完成一个循环有两次180°急转弯。这种运行路线,大多用于工作地段狭小,运距短而高度不大的填堤或挖堑工作,目前现场施工常用。

(2)"8"字形运行路线(图 2-3-6b)。"8"字形运行路线为两个环形连接,省去了两个180°急转弯,在交叉处可不降速行驶。其重载上坡的坡道较缓,重载与空载行驶路程较短,一次循环可完成两次铲土和卸土,功效较高。机械左右交替转弯,可减少机械的单边磨损。其缺点是要有较大的施工工作面,地形要平坦,多机同时施工时容易互相干扰。其一般用于填筑高度 >2m 的工程。

(3)"之"字形运行路线(图 2-3-6c)。其路线呈锯齿状,无急转弯,功率高。这种运行线适用于工作地段较长的施工对象,并适宜在机群工作。其主要缺点在于循环太大(填挖到尽头后再转弯反向运行),松碎泥土的距离较长;遇雨季难以施工,因而停工时间多,必须要有周密的施工组织才行。

(4)穿梭式运行路线(图 2-3-6d)。其路线较上述几种运行路线的优点是全程长度短,空载路程少,一个循环运行中有两次装土和卸土作业,功率高。其缺点是只适用于两侧取土,转弯时间多。

(5)螺旋形运行路线(图 2-3-6e)。它是穿梭式的变形。按此路线运行一圈有两次铲土与卸土,运距短,功效高。

铲运机在施工中应根据具体条件合理选择适宜的运行路线。在布置运行路线时,应考虑"挖近填远,挖远填近"的施工方法,这样施工可创造下坡取土的条件,并可保持一般较平坦的运土路线,以利铲运机的等速行驶。

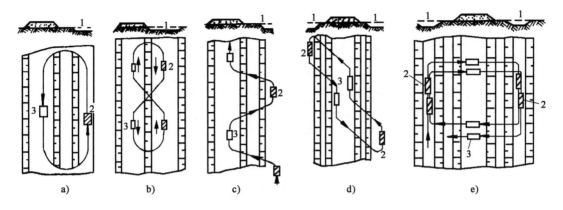

图 2-3-6 铲运机运行路线
a)环形;b)"8"字形;c)"之"字形;d)穿梭式;e)螺旋形
1-取土坑;2-装土;3-卸土

2)铲运机的施工作业方法

(1)平整场地。平整场地作业应先在挖填区高差大的地段进行,铲高填低,待整个区域高程与设计高程高差在 20~30cm 以后,先沿平整区域中部(或一侧)平整出一条标准带,然后由此向外逐步扩展,直到整个区域达标为止。施工面较大时,可分块进行平整。

(2)填筑路堤。其包括纵向填筑路堤和横向填筑路堤。

①纵向填筑路堤。纵向填筑应从路堤两侧开始,铺卸成层,逐渐向路堤中线靠近,并经常保持两侧高于中部,以保证作业质量和安全。

当填筑路堤高度在 2m 以下时,应采用环形运行路线;当运行地段较长时也可采用"之"字形路线;当填筑高度 >2m 时,应采用"8"字形作业路线,这样可使进出口的坡道平缓些。

填筑路堤两侧边缘时,应使铲斗尽量放低,使卸下的土向边线推挤,从而保证两侧高、中间低的状况,如图 2-3-7 所示。

卸土时应将土均匀地分布于路堤上,并使轮胎均能压到所卸土方,以保证中路基的压实质量。

当路基填筑到 >1m 时,应修筑进出口上、下坡通道,进出口间距一般在 100m 以下,一般上坡道坡度为 1∶6~1∶5,下坡道极限坡度为 1∶2,宽度不小于工地最宽工程机械行驶宽度。

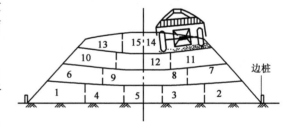

图 2-3-7 纵向填筑路堤时由两侧向中间填筑
注:1~15 表示填筑次序号。

②横向填筑路堤。可选用螺旋形运行路线施工,作业方法同纵向填筑路堤的施工方法。

(3)开挖路堑。开挖路堑的作业方式有移挖作填、挖土弃掉式综合施工等。图 2-3-8 为综合作业方式的运行路线。

铲运机开挖路堑,应先从路堑两边开始,如图 2-3-9 所示,以保证边坡的质量,防止超挖和欠挖。否则,将增加边坡修整作业量。

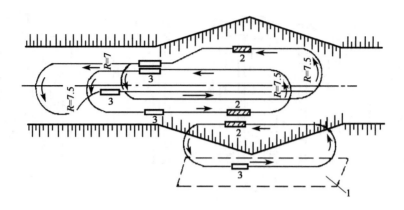

图 2-3-8　综合作业方式的运行路线(尺寸单位:m)
1-弃土堆;2-铲土;3-卸土

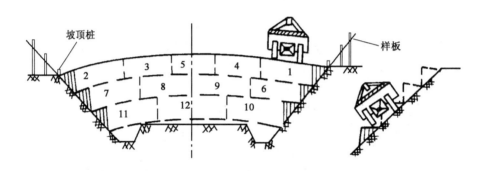

图 2-3-9　铲运机开挖路堑的顺序

（4）傍山挖土。如图 2-3-10 所示,它是修筑山区道路的挖土方法。施工前先用推土机将坡顶线推出,并修出铲运机作业的上下坡道,作业应按边坡线分层进行,保持内低外高的作业断面,如图 2-3-10a)所示。若施工作业断面内高外低时,可先在里面铲装几斗,形成一土坎,并使一侧轮胎位于土坎上,使铲运机向里倾斜,然后铲装几斗后,便可形成内高外低工作面,如图 2-3-10b)所示。

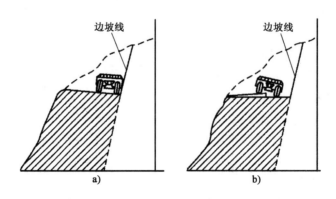

图 2-3-10　铲运机傍山挖土法
a)内低外高作业断面;b)内高外低作业面

第四节　装载机及其施工技术

一、概述

装载机是一种用途十分广泛的工程机械,可以用来铲装、搬运、卸载、平整散装物料,也可以对岩石、硬土等进行轻度的铲掘工作。如果换装相应的工作装置,其可以进行推土、起重、装卸木料及钢管等作业。因此,它被广泛地应用于建筑、公路、铁路、水电、港口、矿山,及国防等工程中。

1. 装载机的组成与工作原理

装载机一般由车架、动力装置、工作装置、传动系统、行走系统、转向系统、制动系统、液压系统、操作系统和电气系统组成。图2-4-1为轮式装载机总体外貌示意图。图2-4-2为装载机不同类型的工作装置示意图。

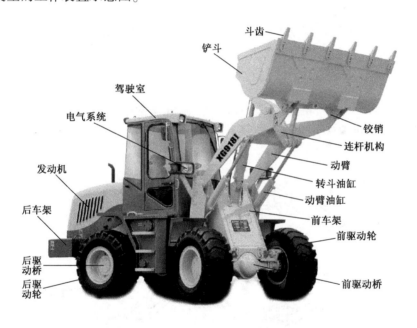

图2-4-1　轮式装载机总体外貌示意图

2. 装载机的工作过程

装载机的工作过程由铲装、转运、卸料和返回4个过程构成一个工作循环。

(1) 铲装过程。首先将铲斗的斗口朝前平放到地面上(图2-4-3a),机械慢速前进,铲斗插入料堆,当铲斗装满物料后将收斗,斗口朝上(图2-4-3b),完成铲装过程。

(2) 转运过程。用动臂将斗升起(图2-4-3c),机械倒退,转驶至卸料处。

(3) 卸料过程。使铲头对准运料车厢的上空,然后将斗向前倾翻,物料卸于车厢内(图2-4-3d)。

(4) 返回过程。将铲斗翻转成水平位置,机械驶至装料处,放下铲斗,准备再次铲装。

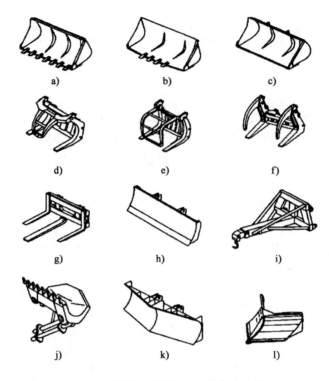

图 2-4-2 装载机不同类型的工作装置示意图
a)通用铲斗;b)V型铲斗;c)直边无齿铲斗;d)通用抓具;e)大容量圆木抓具;f)圆木抓具;g)叉架;h)推土板;i)吊臂;j)侧卸铲斗;k)V型推雪犁;l)V型开路犁

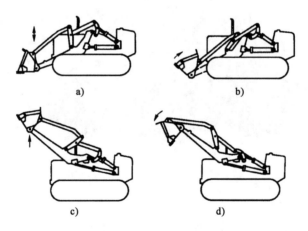

图 2-4-3 单斗装载机的工作过程
a)铲装;b)收斗;c)升斗;d)卸料

3. 装载机的分类

装载机有单斗和多斗两种,各项工程广泛使用单斗装载机。单斗装载机的形式较多,按发动机功率不同分为小型(<74kW)、中型(74~<147kW)、大型(147~515kW)、特大型(>515kW)四种;按传动形式不同分为机械传动、液力机械传动(常用)、液压传动和电传动四种;按行走系统不同分为轮胎式和履带式两种;按装载方式不同分为前卸式、回转式、后卸式和侧卸式四种。

目前使用最多的是铰接式机架、液力机械传动、前卸式单斗轮式装载机。

二、装载机的应用

1. 装载机的基本作业

1) 铲装松散材料(一次铲装法)

首先将铲斗放于地面,处水平位置,斗口朝前,机械以Ⅰ、Ⅱ挡前进,使铲斗斗齿插入料堆,直至铲斗的后斗壁与料堆接触后停止(图2-4-4a);然后收斗,使斗口朝上(图2-4-4b)。用动臂将铲斗升起离地面约50cm的转运位置(图2-4-4c),机械倒退,转驶至卸料处。

 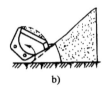 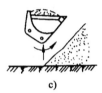

图2-4-4 装载机铲装松散物料
a)斗口超前;b)收斗;c)举升铲斗离地面约50cm

一次铲装法是最简单的铲装方法,对驾驶员操作水平要求不高,但其作业阻力大,需要把铲斗很深地插入料堆,因而要求装载机有较大的插入力,同时需要较大的功率来克服铲斗上翻的转斗阻力,常用在铲装质量轻的松散物料,如砂、煤、焦炭等。

2) 铲装停机面以下的物料

铲装时先放下铲斗,并转动使其与地面呈一定的铲土角(10°~30°),对Ⅰ、Ⅱ级土壤铲土角可大些,Ⅲ级以上的土壤铲土角要小些(图2-4-5a);然后机械以Ⅰ挡前进,使铲斗切入物料内,切土深度一般保持在15~20cm。对于难铲的物料,为了减小铲装的阻力,可操纵动臂使铲斗上下颤动,或稍改变一下铲土角,直至铲斗装满为止(图2-4-5b);装满物料后收斗将铲斗举升到运输位置,驶离工作面,运至卸料处(图2-4-5c)。

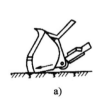 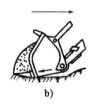 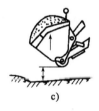

图2-4-5 装载机铲装停机面以下的物料
a)铲斗与地面呈一定铲土角;b)铲斗前推颤动切土;c)举升铲斗到运输位置

装载机铲装停机面以下的物料类似于推土机作业,若铲填物料距离较近,装载机可自铲自运,这种作业方法常用于平整作业。

3)装载机铲装土丘

装载机铲装土丘时,可采用分层铲装法、分段铲装法及配合铲装法。

(1)分层铲装法。将铲斗下放贴近坡底,面向土丘低速前进(图2-4-6a);当铲斗插入土堆一定深度时,配合动臂提升铲斗(图2-4-6b);在斗齿离开土堆后,将铲斗转至运输位置(图2-4-6c)。

 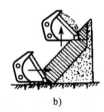 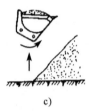

图2-4-6 装载机分层铲装土丘
a)铲斗贴近坡底;b)铲斗插入土丘,配合动臂提升;c)铲斗转斗到运输位置

这种作业方法由于插入不深,而且插入后又有提升动作的配合,所以插入阻力小,作业比较平稳。另外,由于铲装面较长,可以得到较高的充满系数。因其特点类似于正铲挖掘机作业的方法,因此又称为挖掘机铲装法。

图2-4-7 装载机分段铲装土丘

(2)分段铲装法。作业时,铲斗稍稍前倾,从坡角插入,待插入一定深度后,提升铲斗,当发动机转速降低时,切断离合器,使发动机恢复转速。在恢复转速过程中,铲斗将继续上升并装入一部分土。转速恢复后,接着进行第二次插入。这样反复,直至装满铲斗或升到高处工作面为止(图2-4-7)。有时将铲斗装满后还使铲斗继续向工作面稍稍顶进,将土顶松以利于下一次铲装。

这种方法适用于土质较硬的场合,其特点是铲斗依次进行插入和提升动作,从而可得到较高的充满系数,但操作比较复杂,离合器易磨损。

(3)配合铲装法。首先将铲斗下放至坡底(图2-4-8a);装载机在前进的同时,配合转斗或动臂提升的动作进行铲装作业,即当铲斗插入料堆0.2~0.5斗深时,在装载机前进的同时,间断地操纵铲斗上翻,并配合动臂提升,直至装满铲斗(图2-4-8b);在斗齿离开土堆后,将铲斗转至运输位置(图2-4-8c)。

 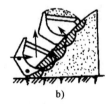 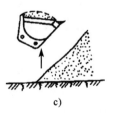

图2-4-8 装载机配合铲装土丘
a)铲斗贴近坡底;b)铲斗前推、间断上翻配合动臂提升;c)铲斗转斗到运输位置

采用配合铲装方法,铲斗不需要插得很深,靠插入运动、斗齿转动和提升运动的配合,使插入阻力大大减小,铲斗也容易装满,要求驾驶员有较高的操作水平。

2. 装载机的施工作业

装载机施工作业,主要与自卸汽车配合。在施工中装载机的转移、卸料与车辆位置配合的好坏,对生产率影响很大,因此必须合理地组织施工。施工组织时应根据料堆的情况,估算作业量的大小,结合施工进度的要求安排每天的工作台班数;根据堆场的大小及周围环境,制定最有利的运行路线,尽可能做到来回行驶距离短,转弯次数少。常采用的施工作业方法有以下几种(图2-4-9)。

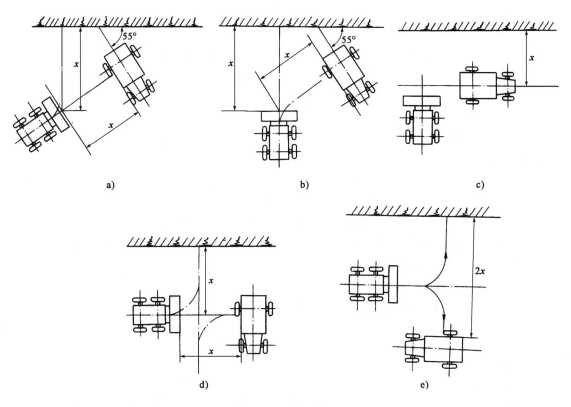

图 2-4-9 装载机施工作业方法
a)"V"形作业法(刚性车架);b)"V"形作业法(铰接车架);c)"I"形作业法;d)"L"形作业法;e)"T"形作业法

1)"V"形作业法

自卸汽车与工作面布置成50°～55°角度,而装载机的工作过程则根据本身结构和形式而有所不同。履带式装载机和刚性车架后轮转向的轮胎式装载机(图2-4-9a),装载机装满铲斗后,在倒车驶离工作面的过程中,掉头50°～55°,使装载机垂直于自卸汽车,然后驶向自卸汽车卸载;卸载后,装载机倒车驶离自卸汽车,再掉头驶向料堆,进行下一个作业循环。铰接车架的轮胎式装载机(图2-4-9b)装载机装满铲斗后,可直线倒车后退3～5m,然后使前车架转动50°～55°,再驶向自卸汽车进行卸载。"V"形作业法,工作循环时间短,作业效率高,在许多场合得到广泛的应用。

2)"Ⅰ"形作业法

自卸汽车平行于工作面适时地前进和倒退,而装载机则垂直于工作面穿梭地前进和后退,所以亦称之为穿梭作业法(图2-4-9c)。

装载机装满铲斗后,直线后退,在装载机后退一定距离并把铲斗举升到卸载位置的过程中,自卸汽车后退到与装载机相垂直的位置,装载机驶向自卸汽车卸载;卸载后自卸汽车前驶一段距离,以保证装载机可以自由地驶向工作面,进行下一个作业循环,直到自卸汽车装满为止。这种作业方式省去了装载机的调车时间,对于不易转向的履带式和整体车架装载机而言比较有利;但由于自卸汽车要频繁地前进和后退,机械间容易相互干扰,增加了装载机的作业循环时间。因此,采用这种方法,装载机和自卸汽车的驾驶员必须有熟练的驾驶技能。

3)"L"形作业法

自卸汽车垂直于工作面,装载机铲装物料后,倒退并调转90°;然后驶向自卸汽车卸载。卸载后倒退并调转90°,驶向料堆,进行下次铲装(图2-4-9d)。这种作业方法在运距小、作业场地比较宽广时,装载机可同时与两台自卸汽车配合作业。

4)"T"形作业法

自卸汽车平行于工作面,但距离工作面较远,装载机铲装物料后,倒退并调转90°;再反方向调转90°,驶向自卸汽车卸料(图2-4-9e)。

以上4种作业方法各有其优缺点,具体选用哪种方法,施工中必须具体问题具体分析,从中选取最经济有效的施工方法。

装载机推土和平整作业时,根据待测量订出高程,设置标桩,按设计高程在每个桩上标出挖填高度。修筑路堤及一些填方工程,需根据路堤顶面宽度、回填土高度以及边坡度大小放出坡底线并用白灰做出标志。

第五节　挖掘机及其施工技术

一、概述

挖掘机械是进行土石方开挖的一种主要施工机械,是工程机械中的主要机种。各种类型及功能的挖掘机械,在国民经济建设中起着非常重要的作用。据统计,工程施工中有60%以上的土石方量是靠挖掘机来完成的。在各类工程施工中,挖掘机主要用于完成下列工作:开挖建筑物或厂房基础;挖掘土料,剥离采矿物覆盖层;采石场、隧道内、地下厂房和堆料场中的装载作业;开挖沟渠、运河和疏通水道;更换工作装置后可进行浇筑、起重、安装、打桩、夯实等作业。广泛用于建筑、筑路、水利、电力、采矿、石油等工程,以及天然气管道铺设和现代军事工程中。

1. 挖掘机的组成

液压式单斗反铲挖掘机主要由工作装置、回转机构、动力装置、传动操纵机构、行走装置和辅助设备等组成,如图2-5-1所示。

第二章 土石方工程机械及其施工技术

图 2-5-1 液压单斗反铲挖掘机外貌示意图

2. 挖掘机的分类

挖掘机的种类繁多,按使用的动力装置分有内燃机驱动式、电动机驱动式和复合驱动式;按传动系统分有机械传动、半液压传动、全液压传动和电传动 4 种;按行走装置分有履带式、轮胎式、汽车式和悬挂式;按回转台回转角度分有全回转式(360°)和非全回转式(<270°);按操纵机构分有机械-钢索式、机械-气压式、机械-液压式、全液压式和电力式;按工作装置分有正铲、反铲、拉铲和抓斗等多种形式,如图 2-5-2 所示。目前在公路工程中主要采用全液压反铲挖掘机。

3. 各种挖掘机的特点

1) 反铲

反铲主要用来挖掘停机平面以下的土壤,如开挖基坑、路堑、沟渠和水下挖掘。这种作业装置不受地下水位高低的限制,对于Ⅰ~Ⅲ级土壤的开挖深度,一般不大于 4m,挖下的土壤可直接甩在作业面的两侧,也可以配备自卸汽车运土。图 2-5-3 为反铲挖掘机施工图。

由于开挖部位对挖土斗的挖掘阻力和挖土斗挖运土壤的堆尖容量不同,在相同的条件下,反铲作业装置的挖掘力和挖掘效率都要稍低于正铲开挖。

2) 正铲

正铲挖掘机常用挖掘停机平面以上的土方工程或土方量比较集中的工程。一般适合挖掘含水率不大于 27% 的Ⅰ~Ⅳ类土壤,其挖掘高度(掌子面)在 1.5m 以上,能修出 1:5 ~ 1:7 上下坡道供车辆通行;挖掘集中的土堆和松散料堆;大于正铲最小回转半径的地面以下的桥基、管沟和路堑工程等(液压);配合运输车辆进行填筑路堤或回填土方工程。图 2-5-4 为钢索操纵正铲挖掘机配合自卸汽车施工作业。

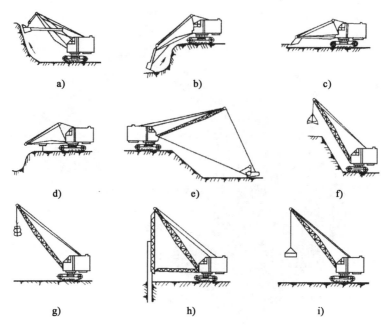

图 2-5-2 单斗挖掘机各种工作装置示意图

a)正铲;b)反铲;c)刨铲;d)刮铲;e)拉铲;f)抓斗;g)吊钩;h)桩锤;i)夯板

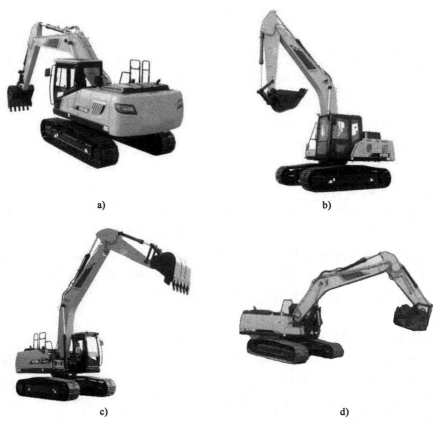

图 2-5-3 反铲挖掘机施工图

3）拉铲

拉铲作业装置由桁架式动臂、绳轮系统和拉铲斗三部分组成，拉铲挖掘机如图2-5-5所示。

图2-5-4　钢索操纵正铲挖掘机配合自卸汽车施工作业

图2-5-5　拉铲挖掘机

拉铲作业装置动臂较长（>10m），开挖半径比反铲大，但不如反铲作业灵活，要求操作技术高。其用于Ⅰ～Ⅲ级土壤的基坑、带状沟槽等地面以下的挖土工程，不论其土壤含水率大小，即使在水下，也可以进行拉铲开挖。用于填筑路堤等回填土工程时，可以直接将回填土甩在旁边，简化了运输设备的运输。

4）抓斗

机械传动的抓斗挖掘机（图2-5-6a）主要由动臂、绳轮系统和抓土斗等组成。由于抓斗的生产效率低，所以在应用上也就受到限制，其主要用于开挖土质较为松软的、截面尺寸小而深度深的桥基、柱基类工程；也可以用于停机平面以上的散粒材料的装卸。

液压传动的抓斗挖掘机（图2-5-6b），其工作装置可以更换，可进行抓土、起重、装卸木料及钢管等作业。

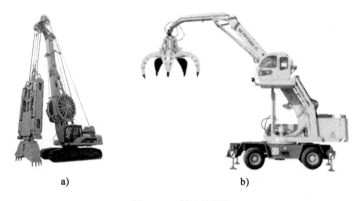

图2-5-6　抓斗挖掘机
a）机械传动抓斗挖掘机；b）液压传动抓斗挖掘机

二、反铲挖掘机的应用

1. 反铲挖掘机的基本作业

反铲挖掘机在公路施工中主要用于开挖土石方，其基本作业有沟端开挖和沟侧开挖。

1) 沟端开挖

开挖时，反铲挖掘机沿着沟端逐渐倒退，向后开挖（图2-5-7a）。自卸汽车停在沟侧，动臂只要回转40°～45°即可卸料。如果所挖沟宽为反铲挖掘机最大挖掘半径的二倍时（即反铲挖掘机每停置一处，在180°的回转范围挖掘），自卸汽车只能停在反铲挖掘机侧面，动臂做90°回转才能卸料。若所挖沟宽超过最大挖掘半径的二倍时，可分段开挖（图2-5-7b），反铲挖掘机倒退挖到尽头后，在该端转换位置反向开挖毗邻一段。此法每段的挖掘宽度不宜过大，以自卸汽车能在沟侧行驶为原则，以减少每一工作循环的时间，提高机械的作业效率。

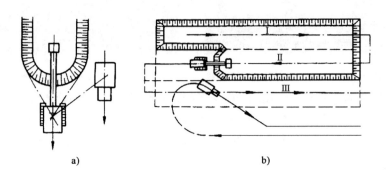

图2-5-7　反铲挖掘机沟端开挖
a）沟端开挖；b）沟端分段开挖

2) 沟侧开挖

反铲挖掘机在沟侧开挖，汽车在沟端受料，动臂做小于90°回转卸料（图2-5-8）。此法每次挖掘宽度（沟宽）只能在其挖掘半径范围以内，缺点是所挖沟的边坡较大。

2. 反铲挖掘机的施工作业

反铲挖掘机在公路工程中常用来开挖路堑和填筑路堤，一般均需与自卸汽车配合。在路基土石方施工时，首先应根据现场的施工条件（如地形、取送土位置、土壤等级、石料的块度）、土石方量、施工进度等要求，选择适宜的反铲挖掘机的类型（斗形、斗容量），然后根据选定的反铲挖掘机性能（动臂和斗柄长度、挖掘半径、挖掘深度）设计施工方案。

1) 开挖路堑

在开挖路堑时，应严格按照路堑纵、横断面图取土，不超挖或欠挖。为了正确地做出路堑开挖的施工方案，首先，应根据选定反铲挖掘机的性能按比例设计好挖掘机的工作断面图；然后，用其同一比例的路堑断面图上套绘出各种布置方案的工作断面图，从中确定最佳施工方案。该最佳施工方案应使掘进道数、运输道路的转移次数和所留土角最少；每一掘进道工作断面（掌子面）的最大深度不应超出该类土壤和该型挖掘机所容许的深度；掘进道应具有较大的缓坡以利于自卸汽车的运输和雨季的排水。反铲挖掘机的工作断面图上应标明各掘进道（开挖层次）、桩号、自卸汽车的位置，以及工作断面的曲线轮廓等，并且在路堑纵断面图的若干个里程桩号处也应有工作断面图，以精确定出挖掘的位置、工作道路和计算挖掘土方量，如图2-5-9所示。

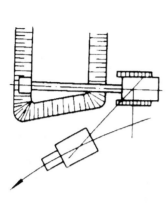

图 2-5-8 反铲挖掘机沟侧开挖

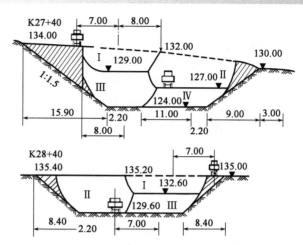

图 2-5-9 挖掘机的工作断面图(尺寸单位:m)
Ⅰ、Ⅱ、Ⅲ、Ⅳ-掘进道

图中,Ⅰ掘进道,反铲挖掘机沿路堑顶面纵向倒退沟端开挖,自卸汽车位于沟侧受料、运行;Ⅱ掘进道,反铲挖掘机沿路堑顶面纵向(反向)倒退沟端开挖,自卸汽车位于沟侧或Ⅰ掘进道顶面边侧受料、运行;Ⅲ掘进道,反铲挖掘机沿Ⅰ掘进道顶面纵向倒退沟端开挖,自卸汽车位于Ⅱ掘进道顶面边侧受料、运行;以此类推,直至整段路堑全部开挖完毕为止。在开挖将至设计深度时,工程技术人员要不时地复核路堑高程,避免超挖或欠挖,并在路堑的底面两侧设置边沟和缓坡,以利于路堑的排水,最后由平地机按规定的坡度修刷边坡。

2) 填筑路堤

为了加快施工进度,节约施工成本,反铲挖掘机开挖路堑一般结合填筑路堤一起进行,即利用反铲挖掘机开挖出的土石方来填筑路堤(简称移挖作填)。若路堑开挖出的土石方不利于填筑路堤(例如:腐质土和含水率较大的黏性土等)或不足于路堤填筑所需的土石方量时,则利用反铲挖掘机由取土场取土填筑路堤。即在选定的取土场开辟有利的地形,以经济合理的施工方法,由反铲挖掘机挖出所需求的土壤,自卸汽车运土,结合其他土石方工程机械(推土机、平地机、压实机械等)一起填筑路堤。但是,反铲挖掘机与自卸汽车及其他土石方工程机械配合施工,必须预先设计好施工方案。

图 2-5-10 为反铲挖掘机配合自卸汽车填筑路堤的施工布置图。图中反铲挖掘机在取土场按4个掘进道掘进取土,并在自卸汽车装载后按土壤性质及好坏,分两路运送,不适用的卸往弃土场,适用的填筑路堤。自卸汽车卸土时应卸在边坡桩界内,分层铺垫,每层厚度 30~60cm。卸完后应立即用推土机整平初压,压路机进一步碾压,以达到所需的压实度。

为了提高施工质量,加快施工进度,反铲挖掘机与自卸汽车及其他土石方工程机

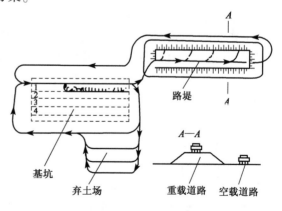

图 2-5-10 反铲挖掘机配合自卸汽车填筑路堤的施工布置图

械配合施工,常组织流水作业。设计流水作业时,应根据工程总量、路段长度、流水方向和速度以及施工期限等合理组织。流水作业是以反铲挖掘机为主导机械,首先,要根据工程总量和施工期限确定反铲挖掘机的生产率和数量;然后,根据反铲挖掘机的生产率来估算其他配合机械(自卸汽车、推土机、平地机、压路机)的生产率和数量。配合作业机械的生产率要稍有储备,以充分发挥出反铲挖掘机的生产能力。图 2-5-11 为反铲挖掘机开挖路堑配合自卸汽车运土填筑路堤流水作业平面图。

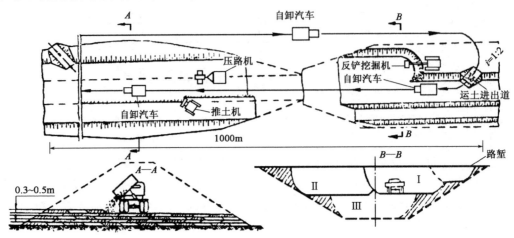

图 2-5-11 反铲挖掘机开挖路堑配合自卸汽车运土填筑路堤流水作业平面图

图中流水作业长度一般为 1000~2000m,反铲挖掘机以 3 个掘进道开挖路堑,自卸汽车以环形运行路线运土,推土机将自卸汽车卸下的土方整平初压,压路机按照要求的技术规范进行碾压。在填筑过程中,工程技术人员要不时地复核高程、平整度和压实度,以满足路堤填筑技术规范的要求。

第六节 平地机及其施工技术

一、概述

平地机是一种装有以铲土刮刀为主,配有其他多种辅助作业装置,进行土的切削、刮送和整平作业的工程机械。其可以进行砂、砾石路面及路基面层的整形和维修,表层土或草皮的剥离,开挖边沟,修刮边坡,从路线两侧取土填筑高度小于 1m 的路堤,在路基上拌和、摊铺路面基层材料等作业。平地机配以辅助装置,可以进一步提高其工作能力,扩大其使用范围,因此,平地机是一种效能高、作业精度好、用途广泛的施工机械,被广泛用于公路、铁路、机场、停车场等大面积场地的整平作业。

1. 平地机的组成

平地机主要由发动机、传动系统、制动系统、车架、行走转向装置、工作装置、操纵及电气系统等组成。如图 2-6-1 所示为平地机整机外貌示意图。其中工作装置主要包括刮刀和松土器,图 2-6-2 为刮土工作装置示意图。刮刀的工作角(铲土角 γ、平面角 α 和倾斜角 β)可以根据作业内容结合土壤情况调整,如图 2-6-3 所示。

第二章　土石方工程机械及其施工技术

图 2-6-1　平地机整机外貌示意图

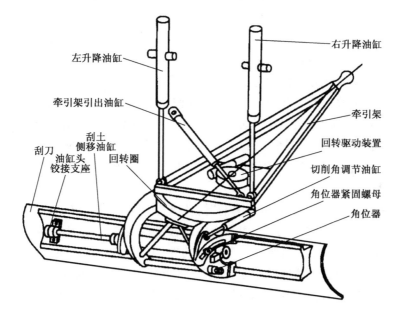

图 2-6-2　刮土工作装置

图 2-6-3　平地机刮刀的工作角
α-平面角；β-倾斜角；γ-铲土角

2. 平地机的分类

平地机按转向轮对数×驱动轮对数×车轮总对数来分，有1×1×2、2×2×2、1×2×3、1×3×3、3×2×3和3×3×3六种形式。转向轮越多则转弯半径越小，转向越易；驱动轮越多，则牵引力越大，机械行走越有力。平地机按行走系统分为整体式车架和铰接式车架；按刮刀长度或发动机功率分为轻、中、重型三种。

二、平地机的应用

1. 平地机的基本作业

平地机是一种铲土、移土、卸土可连续进行的土方工程机械，其主要工作装置是一把带转盘的长刮刀。刮刀能完成6个自由度的动作，且这6种动作可单独进行，也可组合进行。在公路工程中可完成4种基本作业，即铲土侧移、刮土侧移、刮土直移、机外刮土。

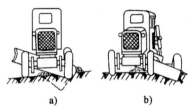

图2-6-4 平地机铲土侧移
a) 刮刀一端倾斜于前轮正后方；b) 刮刀侧伸下倾

1) 铲土侧移

作业时，先根据土壤的性质调整好刮刀的铲土角和平面角。平地机低挡前进，将刮刀的前置端下降，后置端抬起，形成较大的倾斜角（图2-6-4a）。被铲起的土壤沿刮刀侧移，卸于左右两轮之间。

在铲土过程中，根据刮刀阻力的大小，可适当调整切土深度，但每次调整量不宜过大，以免开挖后的边沟产生波浪形纵断面，给下一行程作业造成困难。为了便于掌握平地机的方向，刮刀的前置端应正对前轮之后，当遇有特殊情况，可将刮刀前置端置于机身以外，但刮出的土壤应卸于前轮的内侧（图2-6-4b），避免后轮压过，影响平地机的牵引力。

在公路工程中，铲土侧移主要用于开挖边沟、修整路形等作业。

2) 刮土侧移

作业前应根据施工技术要求和土壤情况，调整好刮刀的铲土角和平面角。作业时，平地机Ⅱ挡前进，将刮刀两端同时放下切入土中。被刮起的土壤沿刀身侧移，卸于一端形成土埂。根据刮刀侧伸的位置，土埂可位于机身的外侧或两轮之间。但回填土时，必须卸于机身外侧。无论将土壤卸于内侧或外侧，都不许将土壤卸于平地机后轮行驶的轮迹上，否则不但影响平地机的牵引力，又会因后轮的抬升而影响作业面的平整度。为了达到侧移的目的，作业时应根据现场的情况，将平地机车轮偏转情况和刮刀位置做适当的调整，如图2-6-5所示。

图2-6-5a) 为平地机斜身直行移土卸于机身以外；图2-6-5b) 为平地机斜身直行移土卸于两轮之间；图2-6-5c) 为平地机在狭窄地带刮刀全回转退行移土；图2-6-5d) 为平地机全轮转向在弯道移土。

在公路工程中，刮土侧移适用于修整路形、平整场地、回填土方等作业。

3) 刮土直移

作业前首先调整刮刀的铲土角，为了增大刀身的高度，一般铲土角为60°~70°。再将刮刀平置(平面角为90°),两端等量下降,使之少量切土。平地机Ⅱ挡前进,被刮起的土大部分随刮刀向前推送,少量的土从刮刀的两端溢出。在最后阶段,溢出的土用刮刀切入标准高度,快速前进将其全部铺散,如图2-6-5e)所示。

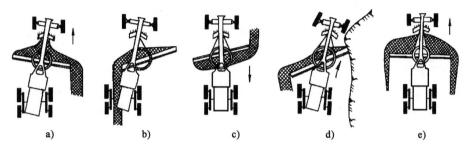

图 2-6-5 平地机平整作业行驶方式

a)斜身移土(卸于机身以外);b)斜身移土(卸于两轮之间);c)刮刀全回转退行移土;d)全轮转向平地机在弯道移土;e)刮土直移

在公路工程中,刮土直移适用于修整平整度较小的场地和路形。

4)机外刮土

作业时,首先将刮刀倾斜于机外,将刮刀上端向前倾,平地机Ⅰ挡前进;放下刮刀切入土中;被刮下的土壤沿刀身侧移卸于两轮之间,然后再用刮刀将土移走,如图2-6-6所示。

在公路工程中,机外刮土主要用于修刷路堤、路堑边坡及开挖边沟等作业。在修刷路堑边坡时,平面角应大些(图2-6-6b);修刷边沟边坡时,平面角应小些(图2-6-6a)。

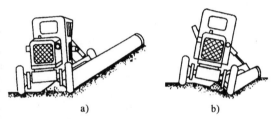

图 2-6-6 平地机修刷路堑边坡和边沟边坡

a)刷边沟边坡;b)刷路堑边坡

若要修刷90°陡坡时,应将平地机刮刀倾角调整90°。为此达到目的,首先,要改变刮刀升降机构的支承位置;然后,靠刮刀的倾斜、侧伸和升降这三个机构的协调工作来实现。

2. 平地机的施工作业

平地机在公路工程中主要用于平整、整形、刷坡、开挖边沟作业,也可用于开挖路槽、移土填堤和路拌路面材料。

1)平整作业

路基及场地的平整是平地机的主要作业项目。在作业之前,除由施工技术人员进行高度标定和竖立标杆等工作以外,机械人员应根据地形、排水或横断面、路线线形等情况,决定刮土和移土方向(刮土角的大小、刮刀侧伸程度、车轮偏转方向等)以及平整方法,然后进行平整工作。

平地机平整作业的方法一般有纵向、横向、斜向和蜗形四种,如图2-6-7所示。

平整路基顶面时,一般用纵向作业法,沿路边向路中线推进,平地机进退运行或环形运行。平整大面积场地时,根据排水要求,可采用不同的平整方法。一般首先进行纵向作业,然后进行横向作业,必要时还可采用斜向作业,使地面更加平整。采用蜗形作业,能使广场中央高四周低,利于排水。斜坡地的平整由低到高,刮刀的刮土角方向应使土埂由低处向高处推送。

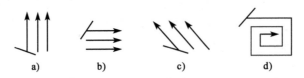

图 2-6-7 平地机平整作业的方法
a) 纵向；b) 横向；c) 斜向；d) 蜗形

在平整工作中，对于凹凸不平的地面，应多重复平整几次；为了缩短土埂的移距，各行程的刮刀重叠度应为刮刀长度的一半；如果平整场地的作业方向已确定，平整过程中不应从反方向进行作业；根据平整面积的大小，可以考虑装延长刀，以增加刮刀的有效长度，从而提高平地机的生产效率。

目前，装有自动找平装置的平地机被广泛运用在路基或场地的平整工作中，其能按照施工作业对象的要求，通过一条准线自动调整刮刀位置，迅速高效地完成平整作业。

2）刷坡作业

刷坡是一种对斜坡表面的平整作业。采用机外刮土的作业方法，为使平地机行驶稳定，前轮应向反刮刀侧伸方向倾斜。路堤边坡的修刷，如图 2-6-8 所示。

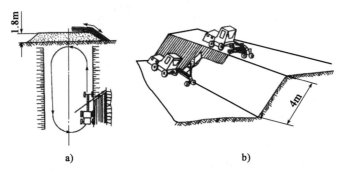

图 2-6-8 平地机修刷路堤边坡
a) 单机刷坡；b) 双机刷坡

当路堤边坡高于平地机刮刀所能修刷的范围时（坡面长度应小于刮刀长度），可用一台平地机在路堤上沿路堤边缘环形行驶（图 2-6-8a）。如果路堤较高，一台平地机无法修刷全坡时，则可用两台平地机联合作业（图 2-6-8b）。一台平地机在路堤上向下刮土，另一台平地机在路基边缘沿取土坑向上刮土。开始时，在路堤上的平地机应先行一步（先行 10m 以上），然后堤下的平地机再开始工作。这样不会因堤上平地机工作时所刮下的土壤散落而影响在堤下的平地机的工作，同时也便于堤下平地机驾驶员按照堤上平地机所刮成的边坡斜度为标准，把两个平面连成一个斜面。若修刷边坡与修整路形结合进行时，可装用下弯的刷坡刀，平地机沿路堤边驶过，即可同时修整路堤和修刷坡面。

3）修整路形

平地机修整路形的施工作业内容就是按路基路堑规定的横断面图的要求开挖边沟，并将边沟内所挖出的土壤移送到路基上，然后修成路拱。在施工之前，应由技术人员根据路基宽度、边沟的大小、土壤性质以及机械类型，绘制出施工图，说明平地机所需各工序的行程数和施工程序，并规定刮刀的调整位置及车轮的位置等。平地机驾驶员必须按施工图施工。

平地机修整路形施工程序,如图 2-6-9 所示。

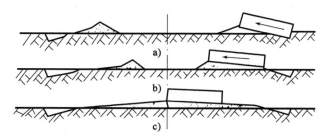

图 2-6-9 平地机修整路形施工程序示意图
a) 开挖边沟; b) 移土填堤; c) 平整路堤顶面

4) 开挖边沟

平地机开挖边沟时可视施工条件,采用一侧开挖或两侧开挖,如图 2-6-10 所示。一侧开挖时,边沟的边坡可做成不同的坡度,但此法有空驶回程,工效低(图 2-6-10a)。两侧开挖时,边沟两侧边坡坡度相同,平地机环形运行,工效高(图 2-6-10b)。

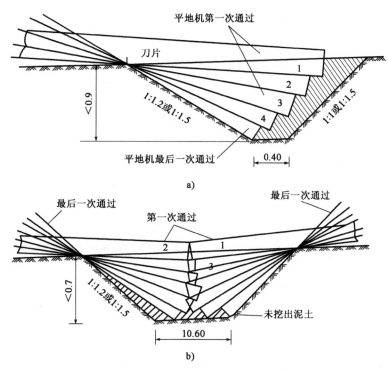

图 2-6-10 平地机开挖边沟方法(尺寸单位:m)
a) 一侧开挖法; b) 两侧开挖法;
1、2、3、4—开挖顺序

平地机开挖边沟的作业方法如图 2-6-11 所示。第一行程为标定行程。刮刀回转使其前端正对前轮(一般为右前轮)的后方,刮刀后端升起,使沟内挖出的土壤恰好卸在左右两轮之间(挖深较浅),机械匀速直线前进。第二行程重复一次,但要调整后轮位置,使其右轮能正确地在沟内行驶(图 2-6-11a),当挖出土壤在沟侧形成一列土埂时,应将土埂侧移,以免妨碍继续开挖。侧移土壤时,前轮应置于土埂外侧,后右轮仍在沟内行驶(此时机架斜置),前后轮转向沟内的方向,刮刀适当侧伸并调好刮土角,这样机械前进就可将土埂侧移(图2-6-11c)。重复上述开挖和移土过程,即可挖出所需的边沟。最后将刮刀降到沟底,刮平沟底(图2-6-11d)。

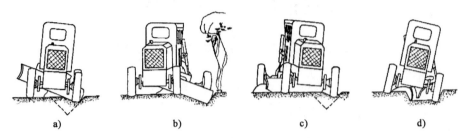

图 2-6-11 平地机开挖边沟施工程序图
a)第二次开挖行程;b)刮刀侧伸开挖以避开障碍物;c)侧移土壤;d)刮平底沟

3. 提高平地机生产率的措施

影响平地机生产率的因素有工作地段的长度、刮刀的工作角度、刮刀的长度、平地机工作速度、工作行程次数、机械掉头时间,以及时间利用率等。除了加强工地管理,制订合理的施工计划等外,一般可针对性地采取措施,以提高其生产效率。

平地机工作地段宽度,拟以一个台班中能完成的工作量来考虑,一般应不少于1km。刮刀的工作角度因作业不同,经常需要停机调整,费时较多。若能采用多台(2~3台)平地机联合作业,合理分工,可使每台班中尽量不调或少调刮刀的工作角度。刮刀长度影响移土距离,若能装用延长刀,将减少移土和平整行程次数,对生产率的提高十分有利。在铲土作业时,预先疏松土壤,同时按四边形断面铲土,以获得最大铲土截面积和最少的铲土行程次数,可大大提高作业效率。平地机铲土作业方法如图2-6-12所示。

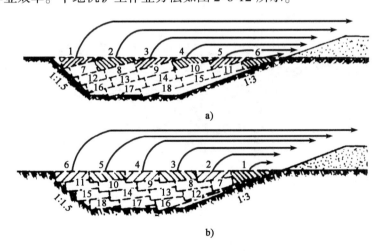

图 2-6-12 平地机铲土作业方法
a)从取土坑外边缘开始铲土;b)从取土坑内边缘开始铲土
注:图中数字表示开挖顺序。

图2-6-12a)从取土坑外边缘开始铲土,表层1~6行程铲出的土层断面为三角形,第二

层及第三层土层断面为四边形,但取土坑的底部也是一些不平整的三角形,因此对底部就需额外加工修正,因此工效低。

图 2-6-12b)从取土坑内边缘开始铲土,只有第一行程所挖的土层断面为三角形,此后各行程渐趋四边形断面,且底部较平整,可以不再修整。由于此法各层底部较平整,遇到硬土时,需先用齿耙疏松。

第七节 石方工程机械及路基土石方爆破施工

在路基工程施工中,除了需要修筑路堤和开挖路堑外,当线路通过山区、丘陵以及傍山沿溪路段时,还会遇到集中或分散的岩土地区,这样就必须进行石方施工。此外,在路面和其他附属工程中,还需要大量的块石、片石和碎石,而这些石料都需要开采与加工。目前,石方工程多采用机械化施工,利用各种机具进行钻孔、爆破、清理与加工,这不但降低了人工的劳动强度,而且加快了施工进度,提高了作业效率。

一、石方工程机械

1. 空气压缩机

空气压缩机(简称空压机)是一种以内燃机或电动机作为动力,将自由空气压缩成高压空气的机械。由其制配的压缩空气是各种风动机具的动力来源,可驱动凿岩机穿凿爆破眼孔,驱动气镐和气锹疏松硬土、冻土和破除冰块,驱动带锯和圆锯进行木材的开采和加工以及驱动混凝土振动器捣固混凝土等。因此,有时又将空压机称为动力机械。

空气压缩机的分类方法较多,一般按其工作原理的不同,可分为往复式和旋转式两大基本类型。

往复式(活塞式)空压机是依靠活塞在汽缸中的往复运动来制配压缩空气的。往复式空压机优点是使用成本低,耐久性和使用寿命长,制造较容易,操作和维修方便;缺点是结构复杂,工作效率低,排出的压缩空气是间隔脉动的,滑片磨损快,要有足够的润滑油来润滑滑片与汽缸,其排出的压缩空气混有油污,必须有专门的分离措施才能使用。其外形如图 2-7-1a)所示。

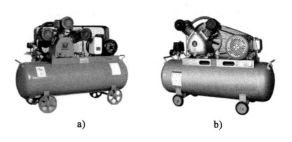

图 2-7-1 空压机外貌示意图
a)往复活塞式;b)旋转螺杆式

旋转式(螺杆式)空压机是利用旋转的滑片或螺杆通过容积的变化将自由空气不断地吸入、压缩和排出。螺杆式空压机优点是结构简单,可以高速旋转,效率高,运转平稳,体积小,具有强制输气的特点,排气量几乎不随排气压力而变化;缺点是工作时噪声大,必须设有良好的消音设备。其外形如图 2-7-1b)所示。

另外,按空气在一个循环内被压缩次数的不同,空压机可分为单级式、双级式和多级式三种类型;按活塞工作面的不同,可分为单作用式和双作用式两种类型。双作用式空压机的活塞在汽缸中的往复运动都对气体起作用,故压气量高于单作用式空压机。空压机按压缩机安装方式的不同,可分为移动式、半固定式和固定式三种类型。

2. 凿岩机

凿岩机是用来直接开采石料的工具。其在岩层上钻凿出炮眼，以便放入炸药去炸开岩石，从而完成开采石料或其他石方工程。此外，凿岩机也可改作破坏器，用来破碎混凝土之类的坚硬层。

凿岩机按其动力来源可分为风动式、内燃式、电动式和液压式四类。

风动式凿岩机(图2-7-2a、b)以压缩空气驱使活塞在汽缸中向前冲击，使钢钎凿击岩石，应用最广；内燃式凿岩机(图2-7-2c)利用内燃机原理，通过汽油的燃爆力驱使活塞冲击钢钎，凿击岩石，适用于无电源、无气源的施工场地；电动式凿岩机(图2-7-2d)由电动机通过曲柄连杆机构带动锤头冲击钢钎，凿击岩石，并利用排粉机构排出石屑；液压式凿岩机(图2-7-2e、f)依靠液压通过惰性气体和冲击体冲击钢钎，凿击岩石。

其中，风动凿岩机按其使用条件的不同，又分为手持式、气腿式和柱架导轨式三种形式。

手持式风动凿岩机(图2-7-2b)是由人工手持操作的，主要是钻凿垂直向下的炮眼。这种凿岩机质量轻、搬运方便，故目前使用较广泛。其缺点是在操作时有剧烈的振动，工人劳动强度大，工效也较低。

气腿式风动凿岩机(图2-7-2a)是将其机体安置在气腿上，利用气腿的气力来取代人工手持操作，因此，大大减轻了工人的劳动强度。其可钻凿向下、水平、倾斜以及向上的炮眼。其缺点是需要配备较大的空压机，故搬移困难。

柱架导轨式风动凿岩机是将一台导轨式凿岩机放在柱架上，依靠气动马达使其沿导轨推进而进行凿岩。

凿岩台车(图2-7-2e、f)是隧道及地下工程采用钻爆法施工的一种凿岩设备，能移动并支持多台凿岩机同时进行钻眼作业。其主要由凿岩机、钻臂(凿岩机的承托、定位和推进机构)、钢结构的车架、走行机构和其他必要的附属设备，以及根据工程需要添加的设备所组成。应用钻爆法开挖隧道时，凿岩台车和装渣设备的组合可加快施工速度、提高劳动生产率，并改善劳动条件。

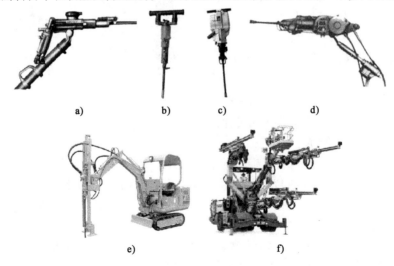

图2-7-2　各种凿岩机外貌示意图

a)气腿式风动凿岩机；b)手持式风动凿岩机；c)手持式内燃凿岩机；d)气腿式电动凿岩机；e)挖掘机改装的凿岩机；f)全液压三臂凿岩台车

3. 破碎机

用凿岩机在岩层上凿出炮眼,放进炸药,经爆破后所得的是一些大小不等的石块,不能用来铺筑路面和制配混凝土材料。为了获得各种规格的碎石,还必须将大的块石破碎成碎石。破碎机就是一种用来破碎石块的机械。图 2-7-3 是砂石生产线及破碎机械。

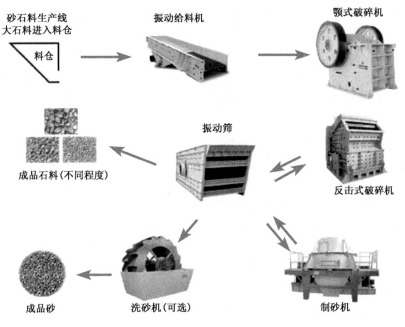

图 2-7-3　砂石生产线及破碎机械

石块的破碎方法有压碎、冲碎、碾碎、击碎和折碎五种,如图 2-7-4 所示。在实际破碎过程中,通常是几种方法的综合使用。

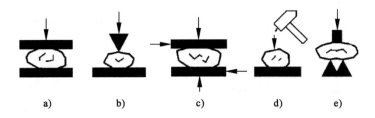

图 2-7-4　石块的破碎方法
a)压碎;b)冲碎;c)碾碎;d)击碎;e)折碎

破碎前的块石尺寸 D 与最后加工成成品的碎石尺寸 d 之比,称为破碎比 i,即

$$i = \frac{D}{d} \tag{2-7-1}$$

破碎比 i 用来衡量对石块的加工程度。当所供石料和所需成品石料尺寸一定时,若选用的 i 值大,则破碎次数就多,反之,破碎次数就少。

破碎机按其结构的不同可分为颚式、反击式、锥式、锤式和滚筒式等类型。

颚式破碎机是利用一个置定固定颚板通过往复摆动来对石块进行破碎,这种破碎机可用于粗碎和中碎,其优点是结构简单、外部尺寸小、破碎比较大($i=6\sim8$)、操作方便,因此目前使用很广泛。

反击式破碎机石料由机器上部直接落入高速旋转的转盘。在高速离心力的作用下,石料与另一部分以伞形方式分流在转盘四周的飞石产生高速碰撞与高密度的粉碎,石料在互相打击后,又会在转盘和机壳之间形成涡流运动而造成多次的互相打击、摩擦、粉碎,从下部直通排出。反击式破碎机能处理边长 $100\sim500mm$ 的物料,抗压强最高可达 $350MPa$,具有破碎比大,破碎后物料呈立方体颗粒等优点。

锥式破碎机是利用一个置于固定锥孔体内的偏心旋转锥体的转动,使石块受挤压、碾磨和弯折。这种破碎机可用于中碎和细碎,由于其没有空回行程,故生产率高,动力消耗小;并且其结构较复杂、体积大、移动不方便,所以只宜用于固定的大型采石场,而筑路工程中很少采用。

锤式破碎机是利用破碎锤来破碎石块的。破碎锤交错地安装在壳体内的一根横轴上,当原动机带动横轴旋转时,加入壳体内的石块就被各个破碎锤轮流地锤击而破碎。石块从壳体上口加入,被击碎后的石料成品从壳体的卸料隙口卸出。这种破碎机的结构较为简单、质量轻、体积小、能破碎硬度较大的石块;但由于其生产率不高,且石料成品的规格大小不一,且含有很多的石屑和石粉等废品,故仅适用于养路工作的备料。

滚筒式破碎机是利用两个反向转动的平衡滚筒通用相对运动将石料进行破碎的。其结构较简单,石料成品细而均匀;但因其进料尺寸不能过大、破碎比较小,因此很少单独使用,一般用来配合颚式破碎机做次碎工作。

二、路基土石方爆破施工

1. 概述

1)爆破的基本概念

所谓爆破就是利用炸药爆炸时产生的热量和高压,使岩体和周围介质受到破坏和移位。

为了爆破某一岩体,可在岩体内或表面放置一定数量的炸药,这种炸药称为药包。药包在均质的岩体内爆炸时,其爆炸力是向四周扩散的,紧靠药包部分的岩石,受到的冲击挤压力最大,随着离药包距离的增大,其作用力也逐渐减弱,按照岩体受爆炸波冲击的破坏程度不同,可把爆炸作用范围由近而远划成四个作用圈:压缩圈、抛掷圈、松动圈和振动圈。其中,压缩圈范围内的岩石受到极度压缩而粉碎。抛掷圈内的岩石由于受爆炸波的冲击较大,岩石被压缩成小块,如果岩体的抵抗力不足,就会被抛掷出去。松动圈内的岩石由于受爆炸波影响较小,岩体破裂而产生松动现象。振动圈内由于受爆炸波影响很小,所以岩体只受振动。这些作用圈的半径分别被称为压缩半径、抛掷半径、松动半径和振动半径。前三个圈统称为破坏圈,其半径称破坏半径。

在一个岩体性质相同的地面下,不同的位置和不同的深度上,放置药量相等的药包,如图 2-7-5 所示,这时的地面是一个自由面(或称临空面)。药包到自由面的垂直距离称最小抵抗线 W,它是岩体抵抗力最弱的位置。当药包埋置较深,抵抗线 W 较大时,爆破后药包周围的岩石产生粉碎和裂隙,自由面只受到振动,并无破坏,这种爆破称为压缩爆破,如图 2-7-5a)所示。当最小抵抗线 W 减少到某一临界值时,爆破后,药包以上直到表面岩石都受到破坏而松动,但无抛掷现象,这种爆破称为松动爆破,如图 2-7-5b)所示。当最小抵抗线 W 再减少时,爆破后岩石不但松动,而且有向四周抛出的现象,这种爆破称为抛掷爆破,如图 2-7-5c)所示。

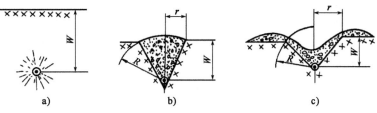

图 2-7-5 药包爆破效果图
a)压缩爆破;b)松动爆破;c)抛掷爆破

在松动爆破和抛掷爆破的情况下,从药包到临空面的上方形成一个漏斗状的爆坑,称为爆破漏斗。它是由以下几个尺寸构成,即最小抵抗线 W、漏斗半径 r 和漏斗可见深度 h。通常 r 和 W 的比值称为爆破作用指数 n,即

$$n = \frac{r}{W} \tag{2-7-2}$$

爆破作用指数 n 决定着爆破漏斗的基本形状,也反映了不同的爆破效果。为了进一步区别不同的爆破效果,可将爆破漏斗按爆破作用指数 n 的大小分为三种情况:当 $n=1$ 时称为标准爆破漏斗,爆破后只有部分岩石抛到漏斗外面,产生这种漏斗所用的炸药称标准抛掷药包;当 $n>1$ 时称为加强抛掷漏斗,爆破后绝大部分岩石抛掷到漏斗外部,所用药包称为加强抛掷药包;当 $n<1$ 时称为弱抛掷漏斗,此时只有一小部分岩石抛到漏斗外面,所用药包为弱抛掷药包。当 $n \approx 0.75$ 和 $n < 0.75$ 时,所用药包分别形成松动爆破和压缩爆破。

抛掷爆破多用于大爆破工程,其中定向爆破就是抛掷方向、距离、数量和时间都有所控制的一种抛掷爆破。松动爆破多用于开挖路堑、巷道掘进以及采石工程等。压缩爆破多用于扩大炮眼底部的烘膛,以增大药孔的装药量。

2)炸药

炸药的种类很多,在石方爆破中常用以下两种:起爆炸药和爆破炸药。

(1)起爆炸药。它是一种爆炸速度极快的烈性炸药,爆速可达 2000~8000m/s,主要用于制造雷管和速燃导火索。常用的有雷汞、叠氮铅等。

(2)爆破炸药。用以对岩石或其他介质进行爆破的炸药,要求其敏感性低,要在起爆炸药强力的冲击下才能爆炸,工程常用的有:黑色炸药、硝酸炸药、胶质炸药、TNT 等。

3)起爆器材

雷管是常用的起爆器材,按照引爆的方式不同,可分为火雷管和电雷管。电雷管又分即发、延期和毫秒雷管。工业上按雷管内起爆药量的多少分为 10 种号码的雷管,一般多使用 6~8 号。

2. 凿岩工程

钻凿爆破用的眼孔在整个爆破工作中所占的比例较大,因此,提高钻孔工作的效率对工程进度的影响是相当显著的。

目前凿岩工程常用的机械设备有:空气压缩机、凿岩机和穿孔机等。

根据使用的动力不同,凿岩机有风动、电动、液压,以及内燃凿岩机等。目前使用较多的是风动式。

空压机是风动凿岩机的动力源,空压机站容量的确定根据以下参数决定。

(1) 所用风动工具的空气总消耗量 Q_F(m^3/min):

$$Q_F = nqKB \tag{2-7-3}$$

式中:n——使用风动工具台数;
q——每台工具的空气消耗量,m^3/min;
K——同时工作系数,一般取 0.65~1;
B——磨损后空气漏损系数,一般取 1.10~1.15。

(2) 管路的漏风量 Q_L(m^3/min)。由于管路中接头、阀门等随管路的增长而增多,从而使风量漏损增加,漏风量 Q_L:

$$Q_L = L\beta \tag{2-7-4}$$

式中:L——风管长,m;
β——漏风量,m^3/min,一般每 1000m 漏损 1.5m^3/min。

(3) 海拔系数。

海拔较高的地区,空气稀薄,空压机的生产能力随海拔高度不同而变化。因此,应随海拔高度的增加而增加空压机的容量。海拔系数用 α 来表示,见表 2-7-1。

海 拔 系 数 α　　　　表 2-7-1

海拔高度(m)	0	500	1000	1500	2000	3000	4000	5000
α	1.00	1.05	1.11	1.16	1.21	1.31	1.41	1.51

(4) 空压机站的总供气量 Q(m^3/min):

$$Q = \alpha(Q_F + Q_L) = \alpha(nqKB + L\beta) \tag{2-7-5}$$

当总气量确定后,可根据这一需要量选定空压机。选定时,应尽量选择大容量的,但也要注意大小搭配,因为在某种情况下,工地只需少量凿岩机工作,这时若用大型空压机来供气,会造成很大浪费。

凿岩机与空压机是通过输气管道连接的,一般多用高压胶管。在工程量大而集中、施工期长的工地中应选用钢管作为输出主管。输气管的内径应根据通过的总气量和输送的长短而定,以保证最远的施工点有足够气压(不低于 600kPa),保证凿岩机正常工作。

在安装输气管道前,必须做好全工地管道的设计,根据工点的布置,选定主气管安装路线,并根据总流量选择合适直径的主管,并备好一切管道附件,在铺设管道时应尽量做到以下几点:

(1) 管道应短而直,尽可能少拐弯,尤其要避免带锐角的急拐弯。
(2) 在管路上除了储气筒、油水分离器和开关外,尽量减少附件,以免增大阻力。
(3) 在一条管路中,不允许直径大小不同的管子间隔交替连接。
(4) 管子架设要牢固,接头要严密,不允许漏气。同时应注意管路防晒、防冻,不允许管内产生局部积水。

(5)尽可能少用阻力大的橡胶管。

凿岩机在使用中一定要注意空气压力,正常使用压力为 0.5kPa。当使用压力高于此值时,虽然凿岩机的冲击能量和冲击频率会有所增加,钻孔速度也可加快些,但实际耗气量也要相应增加。此外,过高的气压会使凿岩机工作时的振动显著增加,零件的磨损也明显加快,使凿岩机的使用寿命大大降低。另一种情况是由于凿岩机的移位等原因,要增加送风管的长度,管阻增加,使压缩空气到达工作面的实际压力降低,从而使凿岩机的冲击能量和频率降低,凿岩效率降低,相应的耗气率增加。所以,气压高于或低于规定的正常值都是不经济的。

凿岩机采用的钻孔工具有两种:一种是钢钎,另一种是活动钻头。前者通过钻杆和钻头制成一体;后者是钻杆和钻头通过螺纹连接,一般钢钎和钻杆都是用六角形或圆形空心碳素钢制成的,因此只能用于硬度不大的岩石。钢钎磨钝后可用锻钎机修整。活动钻头在钻头的刃口处镶有硬质合金刀头(铬钨钢或铬钒钢),钻头磨钝后,可随时卸下更换,因此工作效率高,同时也减少锻钎过程所消耗的钢材。

钻头和钻杆在钻孔过程中是配套使用的。打眼时先用较短的钻杆和较大的钻头开眼,以后逐步加长钻杆,换用较小钻头,所以钻头应先大后小,钻杆应先短后长。

3. 爆破工程

石方爆破施工有炮孔位置的选择、凿孔、装药、药孔的堵塞引爆等工序。

1)炮孔位置的选择

炮孔位置的选择是十分重要的,因为炮孔的位置、方向和深度都会直接影响爆破效果。选择孔位时应注意岩石的结构,避免在层理和裂缝处凿孔,以免药包爆炸时气体由裂缝中泄出,导致爆破效果降低或完全失效。

炮孔应选在临空面较多的方位(图 2-7-6a),或者有意识地改造地形,使第一次爆破后,为第二次爆破创造较多的临空面(图 2-7-6b)。其他爆破参数应根据工点的具体情况和实践经验来确定,一般经验数值如下。

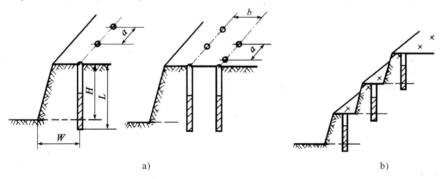

图 2-7-6 改造地形增加临空面
a)选临空面较多的方位;b)创造较多的临空面

(1)最小抵抗线 W 的确定。抵抗线过大,爆破后会使岩块过大,且容易残留炮根;过小会导致岩石飞散和炸药的消耗量增加。一般为梯段高度的 70% ~ 80%。

(2)炮孔深度。采用台阶式爆破时,炮孔的深度应使爆破后的地面尽量与原地面平齐。较硬的岩石易留炮根,因此,炮眼的深度应大于岩层厚度。软岩石可小于台阶高度,一般是坚石:

$$L = (1.0 \sim 1.15)H \tag{2-7-6}$$

次坚石:

$$L = (0.85 \sim 0.95)H \tag{2-7-7}$$

软石:

$$L = (0.7 \sim 0.9)H \tag{2-7-8}$$

式中:L——炮眼深度,m;

H——岩层厚度,m。

(3)炮孔距离和行距的确定。两孔之间的距离为孔距 a,其大小与起爆方法和最小抵抗线有关。

火花起爆时:

$$a = (1.4 \sim 2.0)W \tag{2-7-9}$$

电力起爆时:

$$a = (0.8 \sim 2.3)W \tag{2-7-10}$$

式中:a——炮眼孔距,m;

W——最小抵抗线,m。

采用多排炮孔时,炮孔应按梅花形交错布置(图 2-7-6a)。两排炮孔之间的行距 b 约为 $0.86a$。

2)凿孔

选孔工作完成后,即可进行凿孔。凿孔的技术要求与采用的爆破方法有关。目前使用的有浅孔爆破和深孔爆破两种。

(1)浅孔爆破。一般爆破的岩石数量不大,孔径在 75mm 以下,孔深不超过 5m,多用手提式凿岩机凿孔。孔呈一行或多行平行排列,可用电力或速燃引爆使各药包同时爆炸。这种爆破适用于工程量不大的路堑开挖,以及采石工程对大块岩石的再爆破等。其用药量多按炮孔深度和岩石性质而定。一般装药深度为孔深的 $1/3 \sim 1/2$。

(2)深孔爆破。对孔深大于 5m,孔径大于 75mm 的炮孔进行爆破时,通常称为深孔爆破。钻凿大型炮孔多采用冲击式钻机。因一次爆破的石方量大,从而加快施工进度,如果有适当的装运机械配合,则可以实现全面机械化快速施工,是今后石方开挖的发展方向。

3)装药

装药就是把炸药按照施工要求装入凿好的药孔内。装药的方式根据爆破方法和施工要求不同而各异,有以下几种。

(1)集中药包。炸药完全装在炮孔的底部,这种方式对于工作面较高的岩石,崩落效果较好,但不能保证岩石均匀破碎,如图 2-7-7a)、b)所示。

(2)分散药包。炸药沿孔的高度分散装置,这种方式可以使岩石均匀破碎,适用于高作业面的开挖段,如图 2-7-7c)所示。

(3)药壶药包。它是在炮孔的底部制成葫芦形的储药室,以增大装药量。这种方式适用于岩石量大而集中的石方施工,如图 2-7-7d)所示。

(4)坑道药包。药包装在竖井或平峒底部的特制的储药室内,如图 2-7-7e)所示。

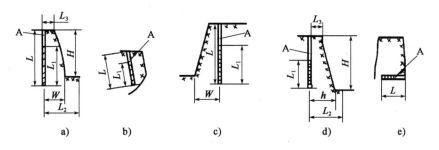

图 2-7-7　药包装置形式

a)、b)集中药包;c)分散药包;d)药壶药包;e)坑道药包

A-堵塞物;L-炮孔深度;L_1-药包高度;L_2-岩底面宽度;L_3-岩石顶面宽度;W-最小抵抗线;H-岩石厚度

4)药孔的堵塞

药孔堵塞一般可用干砂、滑石粉、黏土和碎石等。堵塞物的捣实,切勿使用铁棒,一般用木制或黄铜棒。棒的直径约为炮孔直径的 0.75 倍,下端稍粗,约为炮孔直径的 0.9 倍。在棒的下端开有供导火索穿过的纵向导槽。

5)引爆

引爆是利用起爆炸药制成的雷管,将引火剂或导火索从炮孔的外部引入炮孔的药室使炸药爆炸。目前工程中也有火花起爆、电力起爆等。

4. 清方工程

当石方爆破后,必须根据施工要求和石料的利用情况分次清理。如开挖路堑无填方工程时,可用挖掘机或装载机清理石料,由运输车辆运出施工现场,以利下一次爆破。如是傍山筑路半挖半填,则爆破的碎石可以作填方用,此时可用推土机或装载机清方。由于路基土石方爆破施工不同于采石场和矿山开挖,一方面场地狭小,机械设备的布置和使用受到限制,另一方面要求机械设备的能力大、效率高,又要机动灵活和一定的越野性能和爬坡能力,因此,在选择清方机械时要考虑以下技术经济条件。

(1)工程期限所要求的生产能力;

(2)工程单价;

(3)爆破岩石的块度和岩堆的大小;

(4)机械设备进入工地的运输条件,以及爆破时机械撤离和重新进入工作面的方便程度等。

对以上各条应综合考虑,不能孤立地只考虑某一方面。如果只考虑爆破的块度,便于正铲挖掘机的挖装,则对于某些结构的岩石来说,可能会大大增加爆破费用;反之,降低了爆破费用,又会使块度增大,使挖掘机无法铲装。因此,清方机械的选配是比较复杂的。

一般来说,正铲挖掘机的适应性比较强,但进出工点比较缓慢。轮式装载机机动灵活,另外相同功率的正铲挖掘机和装载机相比,装载机可以铲装较大块度的石块,而且可以用较少的斗数,装满载重量相等的运输工具,但装载机的卸载高度不如挖掘机。此外装载机可以自行铲运,挖掘机则不能。就经济性来说,运距在30~40m以内,用推土机推运较为经济;40~100m用装载机自铲自运;100m以上用挖掘机配合自卸汽车比较经济。

本 章 小 结

土石方工程机械的施工组织包括:施工前的准备,施工机械的合理选择与组合,土石方工程机械的生产率和数量的确定。其中,土石方工程机械合理选择的原则:施工机械应与工程的具体情况相适应、应有较好的经济性、确保施工质量和施工安全。土石方工程机械合理组合的原则:主要机械与配套机械的组合、牵引车与配套机械的组合、组合数不宜过多和尽量选用系列产品。土方工程机械的选择方法:根据作业内容、土质、运距、气象条件和作业效率等选择。

推土机是路基土石方工程中最常使用的机械之一,本章主要讲述了推土机的作业方法(波浪起伏铲土法、分段推土法、下坡推土法、槽式推土法和并列推土法等)和推土机的施工作业(填筑路堤和开挖路堑)。

铲运机是一种利用装在前后轮轴之间的铲运斗,在行进中依次进行铲装、运载和铺卸等作业的工程机械。铲运机的应用包括铲运机的基本作业(起伏铲土法、跨铲法、快速铲土法、硬土预松法、下坡作业法和助铲法)、铲运机的施工作业(运行路线、平整场地、填筑路堤、开挖路堑和傍山挖土等)。

装载机是铲装、转运、卸料和返回4个过程循环作业的土方工程机械,具有一机多用的特点。装载机的应用包括装载机的基本作业(铲装松散材料、铲装停机面以下物料和铲装土丘,其中铲装土丘有分层、分段和配合3种作业方法)、装载机配合自卸汽车施工作业("V"形、"I"形、"L"形和"T"形等)。

挖掘机械是进行土石方开挖的一种主要施工机械,在公路工程中主要采用全液压反铲挖掘机。反铲挖掘机的应用包括反铲挖掘机的基本作业(沟端开挖和沟侧开挖)、反铲挖掘机的施工作业(开挖路堑、填筑路堤和全机械化流水作业)。

平地机是一种装有以铲土刮刀为主,配有其他多种辅助作业装置,进行土的切削、刮送和整平作业的工程机械。平地机的应用包括平地机的基本作业(铲土侧移、刮土侧移、刮土直移和机外刮土)、平地机的施工作业(平整作业、刷坡作业、修整路形和开挖边沟)。

石方机械包括空压机、凿岩机和破碎机等,路基土石方爆破施工包括基本概念、炸药、凿岩工程、爆破工程和清方工程。

复 习 思 考 题

2-1 施工前要做好哪些准备工作?
2-2 简述施工机械合理选择、合理组合的原则。

2-3　选择机械的方法有哪些?

2-4　计算施工机械生产率的形式有哪些?编制施工机械组合计划和平衡作业能力时用什么形式?在编制施工计划和工程估价时用什么形式?

2-5　某挖方工程,总土方量 2 万 m^3,施工周期为 20d,根据气象部门统计资料,运转日利用率为 80%,每天工作 1.5 台班(1 台班 = 8h),采用反铲挖掘机施工,挖掘机台时生产率为 $75m^3/h$,时间利用率为 0.7,请问:施工单位需要准备多少台挖掘机?若计算结果不为整数时,施工时应采用什么措施?

2-6　推土机的基本作业方法有哪些?什么是槽式推土法?什么是下坡推土法?

2-7　利用推土机横向填筑路堤应怎样作业?

2-8　铲运机有几种运行路线?各有什么特点?

2-9　铲运机纵向填筑路堤应注意哪些问题?

2-10　装载机铲装土丘有几种方法?各有什么特点?

2-11　装载机与自卸汽车配合作业方法有几种?

2-12　反铲挖掘机的基本作业有几种方式?各有何特点?

2-13　利用反铲挖掘机开挖路堑应怎样组织?

2-14　说明平地机刷坡作业和修整路形作业的内容。

2-15　什么是最小抵抗线?什么是爆破作用指数?

2-16　敷设空压机输气管路应注意哪些问题?

2-17　怎样选择炮孔位置?

第三章 压实机械

重点内容和学习要求

本章重点描述压实机械的选用,压实机械压实作业参数的选择,压实机械在路基、路面工程中的运用;论述压实路基路面的方法,各种压实机械的主要组成及压实特点。

通过学习,要求学会压实机械的选用、压实作业参数的选择及路基、路面的压实方法;了解各种压实机械的主要组成及压实特点。

第一节 压实机械概述

压实机械是一种利用机械自重、振动或冲击的方法对被压实材料重复加载,排除其内部空气和水分,使之达到一定密实度和平整度的工程施工作业机械。

在道路、机场等修筑工程中,对新构筑的路基和路面均要根据不同情况用各种不同类型的压实机械加以压实,提高承载能力及平整度、增加稳定性、降低透水性,以抵抗机械行驶时的动力影响和风、雨水、雪水的侵蚀,从而保证各种机械及运输车辆高速度的行驶。

一、压实方法

铺筑材料的压实是向被压材料加载,克服松散多相材料颗粒间的摩擦力、黏着力,排除固体颗粒间的空气和水分,使各个颗粒发生位移,相互靠近的过程。对路基和路面铺筑材料的压实方法有静力压实、冲击压实和振动压实3种。

(1)静力压实(图3-1-1a)是利用一沉重的滚轮沿被压实材料表面往复滚动,靠滚轮自重所产生的静压作用,使被压材料产生永久变形,实现压实目的。静力压实由于仅仅依靠滚轮本身自重所产生的静压力,因此压实作用深度较浅,一般在30cm以内,压实作用效果也较差。若要提高压实能力,只有通过加大自身的质量和增加碾压遍数来实现,但是这样会造成大量金属材料的浪费与较大功率的消耗,非常不经济。目前在公路工程中,采用静力压实的压实机械主要有:静作用光轮压路机、轮胎式压路机、静力式凸块碾等,常用于路基土石方的分层压实或路面的表层压实。

(2)冲击压实(图3-1-1c)是利用一块质量为 M 的重物,从一定高度落下,冲击被压材料而使之压实的方法,其特点是使材料产生的应力变化速度加大,适用于作业量不大及狭小场地的黏性土壤、砂质黏土和灰土的压实,厚度可达 1~1.5m。常用的冲击压实机械有:振动平板夯实机、振动冲击夯实机、爆炸式夯实机和蛙式打夯机等。在路桥工程中,其可用于桥背、涵侧路基夯实,路面坑槽的振实及路面养护维修的夯实、平整等。

(3)振动压实(图3-1-1b)是利用具有一定质量 M 的滚轮在被压材料表面进行往复高频振动滚压,使被压材料产生位移,相互挤压,从而达到压实的目的。振动压实是依靠静压力和振动产生的激振力联合作用,因此压实效果好,力影响深度大。目前采用振动压实的压实机械主要有:组合式振动压路机(前轮为具有振动作用的光面钢轮,后轮为驱动胶轮)、双钢轮振动压路机、凸块振动压路机等。在公路工程中,其广泛用于黏性小的砂土、稳定土、沥青混合料和干硬性水泥混凝土等的压实。另外随着振动压实技术的发展,又出现了一种沿水平方向往复和交变转矩的振荡压路机,其减轻了机械对驾驶员的垂直冲击,改善了工作条件。

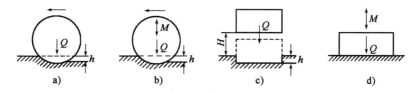

图 3-1-1 压实方法
a)滚压;b)振动滚压;c)冲压;d)振压

二、压实机械的分类

路面压实机械种类繁多,其分类情况如下。
(1)按滚轮性质不同分为钢轮压路机和轮胎压路机;
(2)按压实方法不同分为静作用压路机、冲击压路机和振动压路机;
(3)按滚轮形状不同分为光面滚轮压路机和凸爪滚轮压路机;
(4)按牵引方式不同分为拖式压路机和自行式压路机。
目前公路工程常用的不同类型的压实机械,如图 3-1-2 所示。

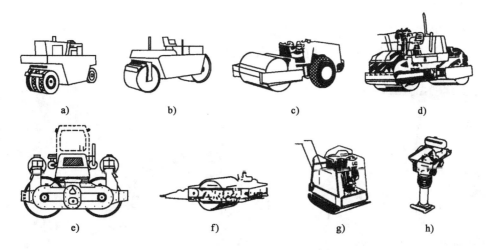

图 3-1-2 常用压实机械
a)轮胎压路机;b)静作用光轮压路机;c)轮胎驱动光轮振动压路机;d)两轮串联式振动压路机;e)四轮摆振式压路机;
f)拖式振动压路机;g)振动平板夯;h)快速冲击夯

第二节　常用的各种压路机

一、静作用光轮压路机

静作用光轮压路机是靠压路机本身的自重对被压材料进行压实的。在公路工程中主要用于压实路基、路面、广场和其他各类工程的地基等。

自行式静作用光轮压路机根据滚轮及轮轴数目不同分为二轮二轴式、三轮二轴和三轮三轴式三种；按整机质量不同分为轻型（质量为 5 ~ <8t）、中型（质量为 8 ~ <10t）、重型（质量为10 ~ <15t）和超重型（质量为 15 ~ 20t）四种。

静作用光轮压路机由内燃机、传动系统、操纵系统和行驶系统等部分组成。

1. 二轮二轴式压路机

图 3-2-1 为国产二轮二轴式压路机。这种压路机的工作装置是前后滚轮，前轮为从动轮，即方向轮；后轮为驱动轮。它们是由钢板卷焊成的轮圈与两端轮辐焊接而成。为了使机重可调，以满足压实的需要，滚轮是中空的，轮内可装砂或水。前后轮通过轴承支承。为了润滑轴承，在轮轴外装有油管，以便加注润滑脂。

由于前轮较宽，为了便于转向，一般都制成两个完全相同的滚轮，分别用轴承支承在方向轮轴上。后轮的结构和尺寸和前轮基本相同，所不同的是后轮是一个整体，并装有最终传动装置。

压路机压实是靠前后滚轮在被压材料表面前后往复滚动来实现的，为确保压路机迅速平稳的换向，在传动系统中增设了换向机构。

压路机转向时，因前轮质量较大，转向困难，故多采用液压转向或液压助力转向机构。

2. 三轮二轴式压路机

三轮二轴式压路机（图 3-2-2）与二轮二轴式压路机的主要区别：三轮二轴式具有两个装在同一根轴上直径较大的窄轮，其在传动系统中增加了一个带差速锁的差速器。

图 3-2-1　二轮二轴式压路机

图 3-2-2　三轮二轴式压路机

二、振动压路机

振动压路机与静作用压路机相比,在同等结构质量的条件下,压实效果好,压实厚度大,适应性强,而且可以根据需要调成不振、弱振和强振。

振动压路机的缺点是不宜压实黏性大的土壤,同时由于振动频率高,驾驶员容易产生疲劳,因此需要有良好的减振装置。

振动压路机的压实原理是利用振动轮的高频振动,迫使被压材料克服颗粒间的黏结力和摩擦力而产生运动。由于颗粒的质量不同,其运动速度也存在差异,材料颗粒相互挤紧,提高了被压实层的密度。

振动压路机型号规格繁多,但其工作原理是相同的。振动压路机(图 3-2-3)由内燃机、工作装置、传动系统和操纵机构等组成。

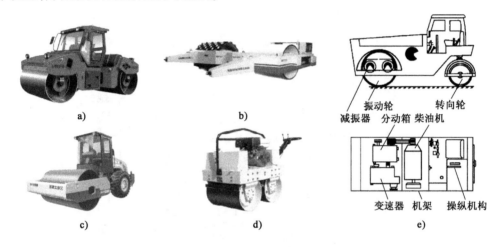

图 3-2-3 振动压路机

a)振荡压路机;b)拖式振动压路机;c)组合式振动压路机;d)手扶式振动压路机;e)压路机结构

振动压路机(图 3-2-3b、c、d)的振动轮按结构不同分为偏心块式和偏心轴式两种。偏心块式振动轮(图 3-2-4)工作时,内燃机通过传动系统使振动轮滚动,同时使振动轴带动偏心块旋转而产生振动。这两者是两个独立的系统,互不干扰,由各自操纵系统进行操纵。

振动压路机的主要技术参数如下。

(1)振动体质量 G_1:指参与振动部分的质量(包括振动机构和振动滚筒)。

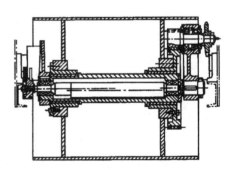

图 3-2-4 偏心块式振动轮

(2)附加质量 G_2:指通过减振装置附加在振动体上的非振动部分的质量。

(3)激振力 F(N):偏心振动器旋转时产生的离心力。

$$F = mr\omega^2 \tag{3-2-1}$$

式中：m——偏心块的质量，kg；

　　　r——偏心距，m；

　　　ω——偏心块角速度，rad/s。

(4) 振动频率f：单位时间内振动的次数，Hz。

(5) 振幅A：振动体振动时从静止位置向上或向下的最大位移，mm。

(6) 总作用力Q，kN。

$$Q = G_1 g + G_2 g + F \tag{3-2-2}$$

振荡压路机(图3-2-3a)其振动轮(图3-2-5)也是一种偏心块式结构。其主要由两根偏心轴、中间轴、振荡滚筒、减振器等组成。动力通过中间轴和同步齿轮驱动两根偏心轴同步旋转产生相互平行的偏心力，形成交变转矩，使滚筒产生水平方向的振动。振荡压路机工作时，其振动轮始终不离开地面，这样，既避免了铺筑材料被振碎，又改善了驾驶员的工作条件。

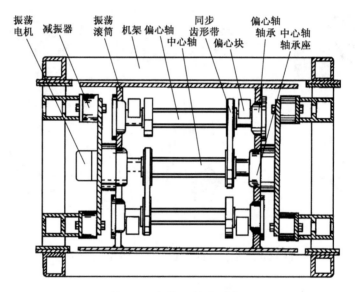

图3-2-5　振荡压路机振动轮

三、轮胎压路机

轮胎压路机的工作装置为光面充气胶轮。由于胶轮弹性所产生的揉搓作用，被压材料在同一地点力作用时间长，并且被压材料在各个方向均产生位移，除有垂直压实外，还有水平压实力，不但沿行驶方向有压实力作用，而且沿机械的横向也有压实力作用，因此压实效果均匀、密实和平整。另外，轮胎压路机还可增减配重，改变轮胎充气压力，以适应不同材料和不同压实要求。但轮胎压路机结构复杂，调整困难，制造与使用成本高。

图3-2-6为国产轮胎压路机，由内燃机、传动系统、操纵系统和行走部分等组成。其工作装置由5个驱动轮和4个转向轮组成，前后轮安装位置相互错开，由后轮压实前轮的漏压部分。轮胎是由耐热、耐油橡胶制成的无花纹(或细花纹)光面轮胎。前轮是转向轮，

它们通过转向立轴与转向机构相连,转向系统采用液压转向或液压助力转向。5个后轮分成2组,一组由3个车轮组成,另一组由2个车轮组成。分别安装在2个驱动轴上。

轮胎压路机还装有洒水装置和轮胎气压调整装置。

洒水装置是由汽油机带动水泵工作。其滚压路面时,可向前后轮面洒水,防止结合料黏附在胎面上。由于其水箱容积较大,加水后还可充当配重。

轮胎气压调整装置作用是根据工作的需要,及时调整轮胎气压,以获得不同的接地压力。轮胎气压调整是由制动系统中的储气筒接出一根软管来完成的。

四、冲击压路机

冲击压实机(图3-2-7)是一种集路面破碎和压实两种功能于一体的新型压实机械。目前在我国主要应用三边形和五边形的冲击轮,三边形冲击轮多用于路基的压实处理,五边形冲击轮多用于旧水泥混凝土路面的冲击压实。

图3-2-6　轮胎压路机　　　　　　　图3-2-7　冲击压实机

冲击压实机的压实功能来自两个方面(图3-2-8):一是冲击轮的自重,这与一般压路机的压实机理一致;二是冲击轮滚动时所产生的冲击动能。

五、凸块式压路机

凸块式压路机(图3-2-9)因凸块形状不同而名称各异,其滚轮可以振动或不振。

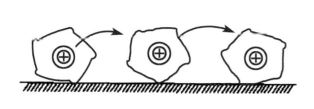

图3-2-8　冲击压实机破碎压实机理示意图　　　　图3-2-9　凸块式振动压路机示意图

凸块能集中荷载,并可深入土体的内部,对土体起破碎及压实作用,但其压实表面高低不平。也适用于路基填筑对大体积填土的初压,也适用于对水泥混凝土路面的破碎与碾压。其对砂性土不起作用;对含水率较大的黏性土,效果较差,因凸块将土体揉来滚去,反而会使其更加软化,施工中应特别注意。

六、振动夯实机具

振动夯实机具(图3-2-10a、b、c),适用于构造物的里填、回填、坡面、沟槽和沥青混凝土路面修补等压实。

挖掘机上安装的夯板(图3-2-10d),适用于松散的砾石或岩石类土壤,铺层厚度可在80cm以上。

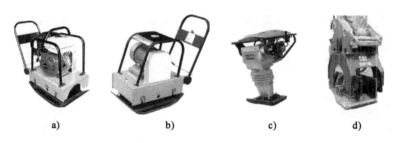

图3-2-10　振动夯实机具

a)内燃振动平板夯;b)电动振动平板夯;c)快速冲击夯;d)挖掘机安装的夯板

第三节　压实机械的施工组织

根据工程施工的要求,正确地选择压路机种类、规格、压实作业参数及运行路线是保证压实质量和压实效率的前提条件。

一、压路机类型的选用

1. 根据机械配套情况选用压路机

一般来说,机械化施工程度高,则应选用压实功能大、作业效率高的压路机;机械化施工程度低,则应选用相对经济的压路机。

在选用压路机时,还应考虑压路机与其他配套施工机械生产率之间的协调。压路机生产率一般是指单位时间内达到压实标准的土体体积。计算公式如下:

$$Q = \frac{3600(B-c)LhK_b}{(L/v+t)n} \tag{3-3-1}$$

式中:Q——压路机生产率,m^3/h;

B——碾压带的宽度,m;

c——相邻两碾压带的重叠宽度,m,一般为0.15~0.25m;

h——碾压带的厚度,m;

K_b——时间利用率,一般为0.85~0.95;

v——碾压速度,m/s;

t——掉头或换向时间,s;

n——碾压遍数。

2. 根据各种压路机的压实特点和压实作业项目选用压路机

根据压实作业项目不同,适用的压路机种类、规格也不尽相同。

光轮压路机主要用于碾压各种路面及路基垫层。在路基土石方填筑工程中,多用于碾压厚度≤30cm 的薄填层或路基床面,对黏性土的薄层碾压有效,不适用于厚垫层、含水率高的黏性土或粒径均一的砂质土等。光轮压路机的生产效率低于振动压路机。

轮胎压路机机动性好,适应各种材料,压实效果较好,影响深度较大。碾压路基土壤时,各层有良好的结合性,若土中夹有块石或片石,将影响机械行驶的稳定性,施工时应将过大粒径的石料清除;在碾压碎石基层时,不会破坏碎石的棱角,使碎石相互嵌合稳固;在碾压沥青混合料面层时,因轮胎弹性变形对表面产生的揉压作用,可消除沥青混合料表面的裂纹和热裂缝。另外,轮胎压路机的接地比压可通过改变轮胎气压和配重来调节,对不同的土质,其对铺筑层厚度有较好的适应性。轮胎气压与压实效能有关,一般情况,碾压碎石接地比压要高些,黏性土接地比压要低些。在作业前,应根据作业项目的差异,预先调节好轮胎的气压。轮胎压路机增加配重后,可使机重提高约200%,但配重的加载量必须经试验确定。

振动压路机采用静压和激振综合作用,压实效果好,作用深度大。试验表明:振动压路机与同机重的静作用式相比,碾压遍数可减少50%,生产率可提高40%～60%,并具有良好的水饱和指标,压出的路面经久耐用。因此,其广泛应用于路基填土、基层和各类铺砌层的压实,尤其对非黏性土(砂质土)或缺乏黏性的道碴碾压效果好,但不适用于含水率大的黏性土。使用振动压路机时,应根据作业项目不同选定适宜的振频和振幅。另外,振动压路机容易在混有块石或片石的土体中打滑,雨季施工应特别注意。

振动夯实机具(如内燃、风动和电动的小型夯锤或振动板等),适用于构造物的里填、回填、坡面和沟槽等压实。

凸块式压路机因凸块形状不同而名称各异。推土机、挖掘机等履带式工程机械,因其质量较大(一般≥30t),可适用于黏性(或非黏性)土的下层路基和坡面等的压实。

目前对高等级公路施工,路基填土常采用自重超过 16t 的振动压路机,路基床面常采用自重为 8/10t 的二轮二轴式静作用光轮压路机;路基边坡常采用拖式振动压路机;沥青混合料面层常采用自重为 12t 的双钢轮压路机和自重为 9/16t 的轮胎压路机等。压实机械机种的选用参照表 3-3-1。

压实机械机种的选用 表 3-3-1

填土构成部分	机种 土质	光轮压路机	轮胎压路机	振动压路机	夯撞压路机		推土机		振动压实机	蛙式打夯机	备 注
					自行式	牵引式	普通型	湿地型			
填土路基	岩石块,经过挖掘、压实也不易碎的石块			☆					△	大△	硬岩石
	风化岩、泥岩等已部分成细粒,组织紧密的岩石等	大○	☆	○	○				△	大△	软岩石

续上表

填土构成部分	机种 土质	光轮压路机	轮胎压路机	振动压路机	夯捣压路机 自行式	夯捣压路机 牵引式	推土机 普通型	推土机 湿地型	振动压实机	蛙式打夯机	备注
填土路基	单粒度砂,缺少细粒度的道碴,砂丘的砂等			○					△	△	砂、砾石混合砂
填土路基	适当含有细粒、粒度适中、容易压实的土细砂和山道碴等	大☆	○	○					△	△	砂质土,砾石混合砂质土
填土路基	细粒较多、但灵敏性低的土,含水率低的黏性土,容易碎的泥岩等	大○			☆	☆			△		黏性土,混有砾石的黏性土
填土路基	含水率调解困难、不易压实交通线的土,粉砂质土等						●				含水率过多的砂质土
填土路基	黏性土等含水率高、灵敏性高的土						●	●			灵敏的黏性土
路床	粒度分布好的土	○	大☆	☆					△	△	调粒材料
路床	单粒度砂及粒度差的砾石混合砂和碎砾石	○	大○	☆					△	△	砂、砾石混合砂
	里填	○	小☆						△	△	有时使用吊锤
坡面	砂质土			小☆					☆	△	
坡面	黏性土			○		○			○	△	
坡面	灵敏的黏土、黏性土						●			○	

注:☆-有效的;○-可用的;●-不得已而使用的;△-因现场条件,只能用的;大-大型机;小-小型机。

3. 根据被压材料的特性选用压路机

铺筑路基和路面所用材料的特性对压路机的选用有一定限制。

砂土和粉土的黏结性差,水易侵入,不易被压实。一般不单独作道路铺筑材料,需要掺入黏土或其他材料改善处理后使用。压实此类改善土铺筑的路基时,宜选用压实功能大的重型静作用压路机。

黏土的黏结性高,含水率大,一般选用凸块式压路机或轮胎压路机。

介于砂土和黏土之间的各种砂性土、混合土,有较好的压实特性,各类压路机均可选用。其中振动压路机的压实效果最佳。

对于级配、碎(砾)石铺筑层,可选用轮胎压路机或振动压路机。振动压路机压实效果好。

对于沥青混合料,各类压路机均可选用,目前常采用轮胎压路机和双钢轮振动压路机。

对废旧混凝土路面的破碎和稳固,可采用冲击式压路机。

二、压路机的压实作业参数的选择

根据上述原则选定压路机后,还应根据施工组织形式,工程质量和技术要求选定压路机的压实作业参数,以使压实质量和作业效率达到最佳。

压路机压实作业参数主要包括压实度 k、最佳含水率 w、单位线压力 p、碾压速度 v、碾压厚度 h、碾压遍数 n 及振动压路机的振幅 A 和频率 f 等。

1. 压实度 k

压实度是现场检测的干密度 ρ 与最大干密度 $\rho_{\max}$ 的比值(%),即

$$k = \frac{\rho}{\rho_{\max}} \times 100 \tag{3-3-2}$$

正确确定压实度 k,不但对保证压实质量十分重要,而且还关系到压实工作的经济性。我国公路路基压实标准见表 3-3-2。

公路路基压实标准 表 3-3-2

填挖类型	路面底面以下深度(m)	压实度(%)		
		高速公路、一级公路	二级公路	三、四级公路
填方路基	0~<0.3	≥96	≥95	≥94
	0.3~0.8	≥96	≥95	≥94
零填及挖方路基	0~<0.3	≥96	≥95	≥94
	0.3~0.8	≥96	≥95	—
路堤	0.8~1.5	≥94	≥94	≥93
	<1.5	≥93	≥92	≥90

确定压实度 k,需要根据公路所在地区的气候条件,土壤水文状况和路面类型等因素综合考虑,对冰冻、潮湿地区和受水影响大的路基,要求应提高,对干旱地区和水文良好地段要求可低些。路面等级高要求高,等级低要求可低些。

2. 含水率 w

含水率是指土体中含水的质量 m_W 与土颗粒(干土)质量 m_S 的比值(%),即

$$w = \frac{m_W}{m_S} \times 100 \tag{3-3-3}$$

对路基铺层,即便是同一种土壤,在相同的施压条件下,若含水率不同,压实的密实度也不相同。土壤含水率过高或过低,其密实度都达不到最大值。土壤最佳含水率时的最大干密度见表 3-3-3。

各种土壤的最佳含水率和最大干密度 表 3-3-3

土壤类别	最佳含水率(%)	最大干密度(g/cm³)	土壤类别	最佳含水率(%)	最大干密度(g/cm³)
砂土	8~12	1.80~1.88	亚黏土	12~15	1.85~1.95
亚砂土	9~15	1.85~2.08	重亚黏土	16~20	1.67~1.79
粉土	16~22	1.61~1.80	黏土	19~23	1.58~1.70
粉质亚黏土	18~21	1.65~1.74			

在施工过程中要及时地测定被压材料的含水率,当实际含水率低于最佳含水率时,应用洒水车补充洒水;当含水率超过最佳含水率时,应采用晾晒处理。一般情况,当含水率比最佳含水率低3%~5%,而施工中又不易补充水分,可选用重型振动式压路机;当含水率比最佳含水率高2%~3%时,不宜采用振动式压路机,否则易产生弹性变形。

3. 单位线压力 p

压路机在碾压路基土壤或路面铺砌层时,一般分三个阶段:初压、复压和终压。初压时,由于被压材料处松散状态,压路机与被压材料的接地面积比较大,单位压力比较小;复压时,随着碾压遍数的增加和压实功的增大,被压材料的密实度将逐渐提高,接地面积逐渐减小,单位压力逐渐增大,接近复压终了时,接地面积接近线接触,单位压力最大。

压路机压实单位线压力与压路机所能达到的碾压荷载有关,对静作用压路机而言为路基质量,对振动式压路机而言为激振力。在选定压路机机型时,其单位线压力 p 不应超过被压材料的极限强度,否则将引起土质基础的龟裂和石质基础石料的破碎。土的极限强度见表3-3-4。一般石料强度和压路机单位线压力的关系见表3-3-5。

碾压与夯实时土壤的极限强度 表3-3-4

土壤种类	土的极限强度					
	光轮碾		轮胎碾		夯板(直径70~100cm)	
	极限强度(kPa)	最大干密度(kg/cm²)	极限强度(kPa)	最大干密度(kg/cm²)	极限强度(kPa)	最大干密度(kg/cm²)
低黏性土 (砂土、低液限黏土、粉土)	294~<588	3~<6	294~<392	3~<4	294~<686	3~<7
中等黏性土 (粉质中液限黏土、中液限黏土)	588~<980	6~<10	392~<588	4~<6	686~<1176	7~<12
高黏性土 (高液限黏土)	980~<1470	10~<15	588~<784	6~<8	1176~<1960	12~<20
极黏性土 (很高液限黏土)	1470~1764	15~18	784~980	8~10	1960~2254	20~25

注:表中列值均针对最佳含水率下的土。

石料强度和压路机单位线压力的关系 表3-3-5

石料性质	软	中等	硬	极硬
石料名称	石灰岩砂岩	石灰岩砂岩 粗粒花岗岩	细粒花岗岩 正长岩、闪绿岩	辉绿岩、玄武岩 闪长岩、辉长岩
极限强度(MPa)	29.4~58.5	39.2~98	98~196	>196
压路机单位线压力(kPa)	5880~6860	6860~7800	7800~9800	9800~12250

4. 碾压速度 v

压路机碾压速度的选择,与土壤或被压材料的压实特性、压实层厚度、压路机的压实功、施工技术要求及作业效率等因素有关。对黏性土壤,因变形滞后现象明显,碾压速度不宜过高。对铺层初压时,由于铺层变形大,压路机滚动阻力大,碾压速度也不宜过快。复压终压时,被压材料已基本密实,为提高作业效率和表面平整度,碾压速度可适当提高。各种压路机碾压速度的选择参见表3-3-6。

压路机碾压速度的选择 表3-3-6

压路机的类型	碾压速度(km/h)		
	初压	复压	终压
静作用光轮压路机	1.5~2	2~3	3~4
轮胎式压路机	2.5~3	3~4	4~5
振动式压路机	3~4	3~5	5~6

一般情况,碾压速度应遵循先慢后快的原则。碾压速度高,作业效率高,但压实度效果差;碾压速度低,力作用时间长,影响深度大,压实度效果好,但作业效率低。

5. 碾压遍数 n

所谓碾压遍数是指相邻碾压轮迹重叠0.2~0.3m,依次将铺层全宽压完为一遍,而在同一地点如此往复碾压的次数。

碾压遍数与土质、含水率、铺层厚度、机种,及压实功等因素有关,为确定最佳机种、铺层厚度和碾压遍数,在施工前必须进行压实试验。

试验时,选用与施工用相同的堆填材料,堆宽约5.0m、长约20m的试验区段,就其15cm、20cm、25cm、30cm等四种铺层厚度进行各种压实机械的压实试验,在不同压实遍数如1、2、3、5、10和15次时,测量铺层的压实度和含水率,从而确定各机种的最佳碾压遍数。

一般情况,压实路基土壤和路面基层时,需要碾压6~8遍;压实石料铺筑层时,需要碾压6~10遍;压实沥青混凝土面层时,需要碾压8~12遍。采用振动式压路机,碾压遍数可适当减少。

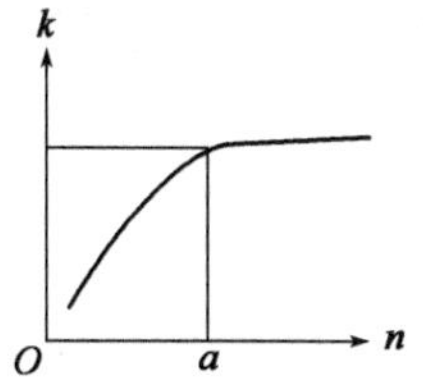

压实度 k 和碾压遍数 n 的关系如图3-3-1所示。

图3-3-1 压实度 k 与碾压遍数 n 的关系

如图所示,当碾压遍数 $n=a$ 时,压实度 k 趋近最大值,因此 a 为最佳碾压遍数。不同机种在不同土质和含水率时,a 值是不相同的。显然,小于 a 的碾压遍数达不到压实度的要求;大于 a 的碾压遍数则效果其微,应适当控制。对含水率高的黏性土,若 n 过多,将出现弹性变形,强度反而降低。

6. 压实厚度 h

根据压路机作用力最佳作用深度,各种类型压路机均规定有适宜的压实厚度。压实厚度小,施工效率低,压实层表面易产生裂纹;压实厚度大,则铺层深部不易被压实。

压实厚度是以铺筑层松铺厚度 h_S(cm)来保证的,它们之间的关系为

$$h_S = k_S h \tag{3-3-4}$$

式中，k_S 为松铺系数，它是指压实干密度与松铺干密度的比值，需要通过试验的方法确定。根据施工作业方式和土壤特性，土壤的松铺系数一般为 1.3～1.6。

7. 振幅 A 和频率 f

振幅和频率是振动压路机压实作业的重要性能参数。频率 f 指振动轮单位时间内振动的次数，单位为 Hz。振幅 A 是指振动时振动轮离开地面的高度，单位为 mm。振幅参数一般是指名义振幅，即假设在完全弹性的表面上振动，振动轮完全自由地悬离地面的高度。实际振动压实时，实际振幅稍大于名义振幅。

一般情况，振动频率高，被压层表面平整度好；振幅大，作用在压实层上的激振力大。因此，应根据作业对象不同，合理地选择振频与振幅，二者协调一致，才能获得较理想的压实效果。一般压实厚层路基时，应选择低频率（25～30Hz）、高振幅（1.4～2mm），以期获得较大的激振力和压实作用深度，提高作业效率；碾压粒料及稳定基层和底基层时，宜选择频率为 25～40Hz、振幅为 0.8～2mm；压实薄层路面时，应选择高频率（30～55Hz）、低振幅（0.4～0.8mm），以期获得单位面积内有较多的冲击次数，提高路面的质量。

三、压路机运行路线的选择

1. 压路机运行路线

压实质量一靠碾压遍数，二靠碾压的均匀度来保证，而碾压的均匀度必须以机械的正确的运行路线来保证。一般路基路面碾压的运行路线采用穿梭式（图3-3-2），大面积场地采用螺旋式（图3-3-3）。

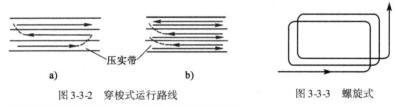

图3-3-2 穿梭式运行路线　　　　图3-3-3 螺旋式
a) 单碾压遍数的运行路线；b) 双碾压遍数的运行路线

机械在碾压过程中，压实轮经过的轮迹形成一条压实带。当机械由这一压实带转入另一压实带时，为保证碾压的均匀度，两带之间应有一定的重叠度。

对于路基填土碾压，两碾压带的重叠量为 15～20cm；在碾压路面时，两碾压带的重叠量对于两轮两轴压路机为 25～30cm，对于三轮两轴压路机为后轮宽度的 1/3～1/2。

2. 压路机的碾压程序

碾压程序一般遵循由边到中、由低到高的原则。由边到中，是指在碾压道路时，以道路中线为目标，从左右两边线开始，逐渐压向中心，以保证一定的横坡度，形成路拱，便于排水。由低到高，是指在碾压坡道时，应从坡底向坡上碾压，倒退时以原碾压带返回，在坡底转入新碾压带，以保证一定的纵坡度。在碾压设有超高弯道时，由低的一侧向高的一侧碾压，以便形成单向超高横坡。

碾压道路是一种线性作业，从某一始点开始碾压完一段道路，形成一碾压面积后逐段延伸。直至碾压完整条道路为止。在形成碾压面积过程中,为确保碾压的均匀度,必须注意碾压带的重叠量、碾压遍数和机械进退换向时停机点的变换。碾压面积推进的方法有矩形法和平行四边形法两种。

1) 矩形法(图3-3-4)

每一碾压区段的碾压面积(由于停机点的变换)近似矩形。在由碾压区段①转移到碾压区段②时,开始碾压的始点可以在同一边(图3-3-4a),亦可在另一边(图3-3-4b)。前者两次通过碾压宽度时,压够要求的遍数;后者一次通过碾压全宽即压够要求的遍数。

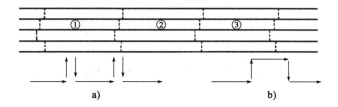

图3-3-4 碾压面矩形推进法
a)开压始点在同一边;b)开压始点在另一边

2) 平行四边形法(图3-3-5)

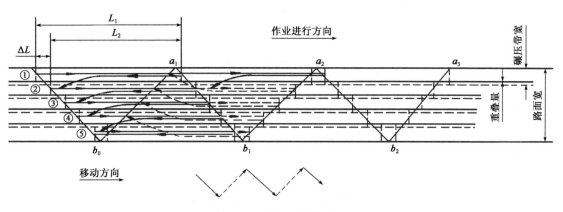

图3-3-5 平行四边形推进法

每一碾压区段的碾压面积呈平行四边形,在碾压区段的转换中,开始碾压的始点不在同一边。此法采用碾压遍数为双数的运行路线。为了实现平行四边形的碾压段,压路机前进距离 L_1 和后退的距离 L_2 之间的关系为

$$L_2 = \left(1 - \frac{2}{pn}\right)L_1 \tag{3-3-5}$$

式中:n——碾压遍数;

p——路宽碾压带分值。

平行四边形法碾压区段的形成和碾压遍数的关系如图3-3-6所示。只要适当选择 L_1 和 L_2 就可实现4的倍数的多遍压实:

$$n = \frac{2L_1}{p(L_1 - L_2)} \tag{3-3-6}$$

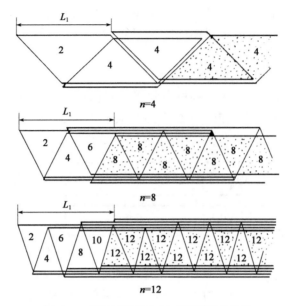

图 3-3-6 碾压区段的形成与碾压遍数的关系

此法碾压有规律,碾压遍数和均匀度易于控制,可利用自动控制装置辅助操纵压路机进行施工,压实质量高,适用于沥青混凝土路面的碾压。

第四节 路基压实施工技术

为了提高工程质量,延长道路使用寿命,路基与边坡等必须经过充分的压实。

一、路基的压实

1.压实前的准备工作

(1)根据路基土壤的特性和所要达到的压实度标准,正确地选择压路机的类型和压实功。

(2)根据压路机的压实功所能达到的最佳作用深度,确定最佳压实厚度。

(3)做试验路段或根据以往经验,测定最佳碾压遍数。

(4)测定土壤的最佳含水率,并使土壤的最佳含水率控制在最佳含水率的 ±2% 范围之内。表 3-4-1 为各类土壤的最佳含水率。

几种土壤的最佳含水率 表 3-4-1

土壤种类	砂土	亚砂土	粉土	亚黏土	黏土
最佳含水率(%)	8~12	9~15	16~22	12~15	19~23

土壤的含水率在施工现场由工程技术人员通过试验方法测定,并将测定的结果通知压路机驾驶员。施工人员也可以通过简易方法判断土壤的含水率。通常"手握成团,没有水痕,离地一米,落地散开",即说明土壤的含水率接近最佳含水率。另外,新挖土壤的含水率一般处最佳值。

(5)严格控制松铺层厚度,压实前可自路中线向路两边做2%~4%的横坡并整平,根据松铺厚度,正确选择振动压路机的频率和振幅。

(6)压路机驾驶员应在作业前,检查和调控压路机各部位及作业参数,保证压路机正常的技术状况和作业性能。

(7)正确选择压路机的运行路线,确保压实的均匀度。

(8)施工技术人员向压路机驾驶员做好各项技术交底。

2. 路基压实的基本原则

在压实作业时,压路机驾驶员应与工程技术人员紧密配合,工程技术人员应随时掌握压实层含水率和压实度的变化,并及时通知驾驶员。驾驶员应遵从技术人员的指导,严格按施工程序进行压实。在路基压实过程中,应遵循"先轻后重、先慢后快、先边后中、注意重叠"的原则。

(1)先轻后重是指开始时先使用轻型压路机进行初压,然后再换重型压路机进行复压。

(2)先慢后快是指压路机碾压速度随碾压遍数增加而逐渐加快。

(3)先边后中是指碾压作业中始终坚持从路基两侧开始,逐渐向路基中心移动,以保证路基设计拱形和防止路基两侧的塌落。

(4)注意重叠是指相邻两碾压带重叠一定的宽度,以防止漏压,使全路宽均匀密实。

3. 路基的压实作业

路基的压实作业一般按初压、复压和终压三个步骤进行。

1)初压

初压是指对铺筑层进行的最初1~2遍的碾压作业。初压的目的是使铺筑层表层形成较稳定、平整的承载层,以利压路机以较大的作用力进行进一步的压实作业。

一般,采用重型履带式拖拉机或羊足碾进行路基的初压,也可用中型静作用压路机或振动式压路机以静力碾压方式进行初压作业。

初压时,碾压速度应不超过1.5~2km/h。初压后,需要对铺筑层进行整平。

2)复压

复压是指继初压后的5~8遍的碾压。复压的目的是使铺筑层达到规定的压实度。复压是压实的主要作业阶段。

复压应尽可能发挥压路机的最大压实功能,以使铺筑层迅速达到规定的压实度。轮胎压路机可通过增加压路机配重、调节轮胎气压,使单位线载荷和平均接地比压达到最佳状况;振动压路机可通过调整频率和振幅,使振动压实功能达到最佳值。

复压碾压速度应逐渐增大,静作用光轮压路机为2~3km/h,轮胎式压路机为3~4km/h,振动压路机为3~6km/h。

复压作业中,应随时测定压实度,以便做到既达到压实度标准,又不过度碾压。

3)终压

终压是指继复压之后,对每一铺筑层竣工前所进行的1~2遍的碾压。终压的目的是使压实层表面密度平整。一般分层修筑路基时,只在最后一层实施终压作业。

终压作业,可采用中型静作用压路机或振动压路机以静力碾压方式进行碾压,碾压速度可适当高于复压时的速度。

采用振动压路机或羊足碾压路机进行分层压实时,由于表层会产生松散层(约10cm),在压实过程中,可将该厚度算作下一铺筑层之内进行压实,这样就可不进行终压压实。

二、边坡的碾压

路堤填土的坡面应该充分压实,而且要符合设计截面。如果边坡面层和路堤整体相比压得不够密实,下雨时,由于表层流水的洗刷和渗透,会发生滑坡、崩溃和路侧下沉等现象。因此,边坡亦必须给予充分压实,千万不可忽视。

边坡面施工有剥土坡面施工和堆土坡面施工两种方法。

剥土坡面施工,路堤堆土要加宽(一般超宽30~50cm),经正常的填土碾压后,再将坡面没有压实的土铲除后修整坡面,用液压挖掘机对坡面进行整形(图3-4-1)。

堆土坡面施工,采用碾压坡面的方法。碾压机械可用振动压路机、推土机或挖掘机等。

坡面的坡度约为1:1.8时,要先粗拉线放坡,用自重3t以上的拖式振动压路机,从填土的底部向上滚动振动压实(图3-4-2)。为防止土壤塌落,压路机下行时不要振动。压路机的上下运动,用装在推土机后的卷扬机来操纵。

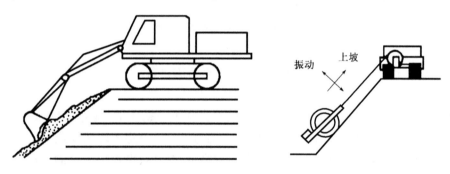

图3-4-1 用液压挖掘机对坡面整形　　图3-4-2 用振动压路机压实坡面

土质良好时,可以利用推土机在斜坡上下行驶碾压(图3-4-3)。对含水率高的黏性土使用湿地推土机进行碾压。

此外,坡面还可以利用装有夯板的挖掘机来拍实。若用人工拍实则应注意其压实度。

三、里填回填的压实

桥梁、箱形涵洞等构筑物和填土相连接部分(图3-4-4)一般在行车后会发生不同程度的沉陷,使路面产生高差导致损坏,影响正常交通。究其原因,除基础地基和填土下沉外,碾压不足亦为其一,因此,必须认真做好里填回填的压实工作。

里填回填用土最好采用容易压实的、压缩性小的土壤。当能用大型压实机械进行充分压实时,选用粒度分布良好者即可。

在压实施工中,应将路堤端挖成一定的坡面(1:1.0~1:2.0或更小),坡面呈台阶形,清理中间的废土,分层铺层厚度在20cm以下。压实时,里填回填底部用小型振动压实机(小型夯锤、振动夯板等),上部用轮胎压路机,充分压实。为使构筑物两侧受压均匀,在里填土时,要从构筑物两侧平均薄填施压,不要一侧施压。若用大型机械压实时,必须有大的里填场地,但构筑物侧仍应用小型机械。

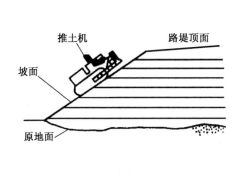

图 3-4-3　用推土机压实坡面　　　　图 3-4-4　里填构造

四、路基压实作业中的注意事项

(1) 碾压时,相邻碾压轮应相互重叠 20~30cm。

(2) 压实作业时,应随时掌握压实层的含水率,只有在最佳含水率时压实效果最好。当含水率不足时,应补充洒水。

(3) 保证当天铺筑,当天压实。

(4) 碾压过程中,若土体出现"弹簧"现象,应立即停止碾压,并采取相应措施,待含水率降低后再进行碾压。对于局部"弹簧"现象,也应及时处理,不然会造成路基强度不均,留下隐患。

(5) 碾压时,若压实层表层出现起皮、松散、裂纹等现象,应及时查明原因,采取措施处理后再继续碾压。一般土壤含水率低、压路机单位线压力高、碾压遍数过多,及土质不良等原因易造成上述不良现象。

(6) 碾压作业中,应随时注意路基边坡及铺筑层土体的变化情况,出现异常及时处理,以免发生陷车或翻车事故。一般碾压轮外侧面距路缘不小于 30~50cm,山区公路则距沟崖边缘不小于 100cm。

(7) 遇到死角或作业场地狭小的地段,应换用机动性好的小型压实机械给予压实,切不可漏压,以免路基强度不均匀,留下隐患。

(8) 每班作业结束后,应将压路机驶离新铺筑的路基,选择硬实平坦,易于排水的地段停放。

第五节　路面压实施工技术

路面主要有两大类,一是刚性路面,二是柔性路面。刚性路面主要是指水泥混凝土路面;柔性路面主要是指沥青混合料路面,但也包括由其他材料(如碎石、砾石等)修筑的路面。

路面一般是由面层、基层、垫层等结构层所构成的。

一、路面基层的压实

1. 下承层的碾压

在铺筑基层之前,应用静作用压路机对路基按"先边后中,先慢后快"的原则,碾压3~4遍。下承层压实作业不宜采用振动压路机,以免路基表层发生松散。

2. 基层的碾压

根据需要铺筑和压实垫层后,即可铺筑和压实基层。由于基层的种类和材料不同,压实作业方法也不尽相同。

1) 级配碎石和级配砾石基层的碾压

粗细碎石(砾石)与石屑或砂按比例配制的混合料,称为级配碎石(砾石)。

压实级配碎、砾石基层,应按"先边后中,先慢后快"的原则,碾压6~8遍。其中振动压路机压实效果较好,轮胎压路机次之,静作用压路机较差。

静作用压路机初压时,碾压速度应为1.5~2km/h,复压和终压时逐渐增大到3~5km/h。若采用振动压路机,则一般先以静力碾压1~2遍,再以30~50Hz的频率和0.6~0.8mm的振幅进行振动压实。振动压实时,应严格控制碾压遍数,达到压实度标准后立即停止振动压实。一般碾压遍数为3~5遍,然后再以静力碾压1~2遍,消除表层松散。振动压实的碾压速度为3~6km/h。

碾压时,应注意以下几点。

(1) 相邻碾压带应重叠20~30cm。

(2) 压路机的驱动轮或振动轮应超过两段铺筑层横向、纵向接缝50~100cm。

(3) 前段横向接缝处预留5~8m,纵向接缝处预留20~30cm可暂不碾压,待与下段铺筑层重新拌和后,再按第(2)条的要求压实。

(4) 路面两侧应多压2~3遍,以保证路边缘的稳定。

(5) 根据需要,碾压时可向铺筑层上少量洒水,以利压实和减少石料被压碎。

(6) 不允许压路机在刚刚压实或正在碾压的路段内掉头及紧急制动。

(7) 压路机应尽量避免在压实段同一位置换向。

2) 填隙碎石基层的碾压

用单一尺寸的粗粒碎石集料,摊铺压实后,再铺撒石屑充填石间孔隙并压实而形成的结构层,称为填隙碎石基层。

填隙碎石基层的施工方法有干法和湿法两种。

(1) 干法施工填隙碎石基层的碾压。按松铺系数为1.2~1.3摊铺的粗粒石料铺筑层,先选用静作用压路机或振动压路机以静压方式,碾压3~4遍,使粗粒石料稳定就位。然后,均匀地铺撒2.5~3cm厚的石屑。再选用振动压路机以高频率、低振幅和较低的碾压速度进行振动压实。当大部分石屑嵌入石间孔隙内时,再次铺撒2~2.5cm厚的石屑,继续振动压实,直至全部孔隙均被填满为止。复压时,应随压随扫布石屑。复压结束后,扫除多余的石屑。

最后,向铺筑层喷洒少量的水,再换用静作用压路机碾压1~2遍,使压实层无明显轮迹和蠕动现象。

(2)湿法施工填隙碎石基层的碾压。填隙碎石基层湿法施工在终压以前的施工程序和压实方法与干法施工相同。湿法施工是在终压作业开始之前,向铺筑层大量洒水,直至饱和。然后,采用静作用压路机紧随洒水车后面进行碾压。碾压中,边压边扫布和补充石屑。一般碾压到水与压碎的石粉形成足够的石粉浆,并且充满全部孔隙时为止。通常,若压路机碾压轮前的石粉浆形成微状波纹或是投入碾压轮下的粗粒石料能被压碎,而不能压入压实层,即说明达到压实标准。

3)稳定土基层的碾压

由石灰、水泥、工业废渣等材料分别与土按一定比例,加适量的水,充分拌和、铺筑及压实的结构层,称为稳定土基层。稳定土基层的压实方法与路基的压实方法相近。但是,由于基层表面的质量有较严格的要求,则在碾压时应注意以下几点。

(1)严格控制含水率,一般铺筑层含水率应比最佳含水率高1%,不可小于最佳含水率。碾压过程中,若表层发干,应及时补洒少量水。

(2)水泥稳定土铺筑的基层,从拌和到碾压之间的延迟时间应控制在3.5h之内,施工流水长度在200m以内,以免水泥凝固,影响压实质量。其他材料铺筑的基层,也应做到当天拌和、当天碾压。

(3)前一作业段横向接缝处应预留3~5m暂不碾压,待与下一作业段重新拌和后,再碾压,并要求压路机的驱动轮或振动轮压过横向接缝50~100cm。

(4)碾压作业时,应避免碾压轮黏带混合土。

(5)每班作业结束后,应使压路机驶离作业地段,选择平坦坚实地点停放。若需要临时在刚刚压实或正在碾压的路段内停放,则应使压路机与道路沿线呈40°~60°角斜向停放。

(6)压实终了,应及时整形,扫除多余的混合土,并铺盖麻片、草席或素土养护。

二、路面面层的压实

1.沥青表面处治面层的碾压

沥青表面处治面层是由沥青和石料按层铺法或拌和法施工,铺筑的厚度不大于3cm的一种薄层沥青路面。施工一般选在气候干燥且较热的季节。

层铺法施工的沥青表面处治面层,按设计要求有单层、双层和三层三种。各层的压实方法相同。

在清理后的基层或原有路面上喷洒沥青,并铺撒粒径为5~10mm大的石料后,立即用轻型压路机先沿路缘石或修整过的路肩往返碾压1~2遍。然后,按"先边后中、先慢后快"的原则碾压3~4遍,碾压速度可由2km/h逐渐提高到3~4km/h。

双层和三层沥青表面处治路面,最后一层应多碾压1~2遍。

2.沥青贯入式面层的碾压

沥青贯入式面层是在初步压实的碎石层上喷洒沥青后,再分层铺撒嵌缝石料和喷洒沥青,并以压实而形成的一种路面结构层。沥青贯入式面层厚度一般为4~8cm。施工时,也应选在气候干燥炎热的季节。

沥青贯入式面层的压实方法与填隙碎石基层相似。

沥青贯入式面层施工时,各作业程序应连续、不脱节,并做到当天铺筑,当天压实。通常,碾压作业路段以200m左右为宜。

3. 沥青碎石和沥青混凝土面层的碾压

沥青碎石和沥青混凝土面层均是用沥青作结合料,与一定级配的矿料均匀拌和成混合料,并经摊铺和压实而形成的一种沥青路面结构层。其主要区别在于矿料的级配不同。沥青碎石混合料中细矿料和矿粉较少,压实后表面较粗糙。沥青混凝土混合料,矿料级配严格,细矿料和矿粉较多,压实后表面均匀细密。

沥青碎石和沥青混凝土面层的施工方法主要有热拌热铺、热拌冷铺、冷拌冷铺等。图3-5-1为沥青路面施工图。我国目前多采用热拌热铺法施工,下面介绍热拌沥青混合料的压实。

图3-5-1 沥青路面施工图

1) 碾压温度

碾压时沥青混合料的温度对压实质量有很大的影响。因此,应按表3-5-1所列的温度值控制热拌沥青混合料的温度。若沥青混合料温度过低,则难以压实。

热拌沥青混合料的碾压温度(℃)　　　　表3-5-1

沥青种类		石油沥青				聚合物改性沥青	煤沥青
		50号	70号	90号	110号		
开始碾压的混合料内部温度,不低于	正常施工	135	130	125	120	150	80~110,不低于75
	低温施工	150	145	135	130		90~120,不低于85
碾压终了的表面温度,不低于	钢轮压路机	80	70	65	60	90	不低于50
	轮胎压路机	85	80	75	70		不低于60
	振动压路机	75	70	60	55		不低于50
开放交通的路表面温度,不高于		50	50	50	45	50	路面冷却后

2) 选择压路机的数量和组合方式

对热拌沥青混合料的碾压应配备足够数量的压路机,高速公路铺筑双车道沥青路面的压路机数量不宜少于5台。施工气温低、风大、碾压层薄时,压路机数量应适当增减。

选择合理的压路机组合方式及初压、复压、终压的碾压步骤,以达到最佳碾压效果。宜采用钢轮静作用压路机、轮胎压路机与双钢轮振动压路机的组合。一般,中、下面层碾压顺序是轮胎压路机—双钢轮振动压路机—轮胎压路机—钢轮静作用压路机;上面层碾压顺序是轮胎压路机—钢轮静作用压路机;当碾压厚度小于40mm时,可直接用钢轮静作用压路机碾压。对沥青玛蹄脂碎石混合料(Stone Mastic Asphavt,简称SMA)不宜采用轮胎压路机。

3) 碾压程序

沥青混合料路面压实应按初压、复压、终压(包括成型)三个阶段进行。压路机的碾压速度应符合表 3-5-2 要求。

压路机的碾压速度（km/h） 表 3-5-2

压路机类型	初 压		复 压		终 压	
	适宜	最大	适宜	最大	适宜	最大
钢轮式压路机	2~3	4	3~5	6	3~6	6
轮胎压路机	2~3	4	3~5	6	4~6	8
振动压路机	2~3（静压或振动）	3（静压或振动）	3~4.5（振动）	5（振动）	3~6（静压）	6（静压）

压实后的沥青混合料的压实度和平整度均应达到规定要求，沥青混凝土的压实层最大厚度不宜大于 100mm，沥青稳定碎石混合料的压实层厚度不宜大于 120mm，但当采用大功率压路机且试验证明能达到压实度时，允许增大到 150mm。

（1）初压。

①初压应紧跟摊铺机后碾压，在混合料摊铺后较高温度下进行，不得产生推移、发裂，压实温度应根据沥青稠度、压路机类型、气温、铺筑层厚度、混合料类型经试验确定。

②压路机应从外侧向中心碾压。相邻碾压带应重叠 1/3~1/2 轮宽。当边缘有挡板、路缘石、路肩等支挡时，应紧靠支挡碾压。边缘无支挡时，可用耙子将边缘的混合料稍稍耙高，然后将压路机的外侧轮伸出边缘 10cm 以上碾压。

③应采用轻型钢轮式压路机或停振的振动压路机碾压 2 遍，其线压力不宜小于 $350N/cm^2$。初压后检查平整度、路拱，必要时予以适当修整。

④碾压时应将驱动轮面向摊铺机。碾压路线及碾压方向不应突然改变而导致混合料产生推移，压路机起动、停止必须减速缓慢进行。

（2）复压。

①复压宜采用重型轮胎压路机，压路机碾压段的总长度应尽量缩短，通常不超过 60~80m。采用不同型号的压路机组合碾压时，宜安排每一台压路机做全幅碾压，防止不同部位的压实度不均匀。碾压遍数应经试验确定，不宜少于 4~6 遍，应达到要求的压实度，无显著轮迹。

②密级配沥青混凝土的复压宜优先采用重型的轮胎压路机进行搓揉碾压，以增加密水性，其总质量不宜小于 25t，吨位不足时宜附加重物，使每一个轮胎的压力不小于 15kN。冷态时的轮胎充气压力不小于 0.55MPa，轮胎发热后不小于 0.6MPa，且各个轮胎的气压大体相同，相邻碾压带应重叠 1/3~1/2 的碾压轮宽度，碾压至要求的压实度为止。

③对粗集料为主的较大粒径的混合料，尤其是大粒径沥青稳定碎石基层，宜优先采用振动压路机复压。厚度小于 30mm 的薄沥青层不宜采用振动压路机碾压。振动压路机的振动频率宜为 35~50Hz，振幅宜为 0.3~0.8mm。层厚较大时选用高频率大振幅，以产生较大的激振力，厚度较薄时采用高频率低振幅，以防止集料破碎。相邻碾压带重叠宽度为 10~20cm。振动压路机折返时应先停止振动，并在向另一方向运动后再开始振动，以免混合料形成鼓包。

④当采用三轮钢筒式压路机时,总质量不宜小于12t,相邻碾压带宜重叠后轮的1/2宽度,并不应少于20cm。

⑤对路面边缘、加宽及港湾式停车带等大型压路机难于碾压的部位,宜采用小型振动压路机或振动夯板作补充碾压。

(3)终压。

终压应紧接在复压后进行,可选用双轮钢轮式压路机或关闭振动的振动压路机碾压,不宜少于2遍,并无轮迹。路面压实成型的终了温度应符合规定要求。

4)碾压推进方式

以碾压段长度与摊铺速度平衡为原则选定,并保持大体稳定。压路机碾压推进方式宜采用平行四边形推进法,即每次由两端折回的位置阶梯形地随摊铺机向前推进,使折回处不在同一横断面上,并注意毗邻碾压带的重叠。在摊铺机连续摊铺的过程中,压路机不得随意停顿。压路机不得在未碾压成型并冷却的路段上转向、掉头或停车等。振动压路机在已成形的路面上行驶时应关闭振动。

5)接缝的碾压

(1)纵向接缝的碾压。

沥青混合料面层纵向接缝形成情况不同,所采取的碾压方法也不同。

①两台或两台以上的摊铺机阶梯组队进行全路幅摊铺时,由于相邻摊铺带的沥青混合料温度相近,纵向接缝无明显界线。此时,可使压路机正对接缝,往返碾压一遍即可。

②一台摊铺机在一定的作业路段内,铺完一条摊铺带后,立即返回摊铺相邻摊铺带,或两台摊铺机前后距离较远时,由于先摊铺的摊铺带内侧无侧向限位,沥青混合料容易在碾压轮的挤压下,产生侧向滑移。这时,压路机可先从距内侧边缘30~50cm处沿着纵向接缝沿线往返各碾压一遍。然后,将压路机调到路面外侧的路缘石或路肩处开始进行初压。当碾压到距路面内侧边缘30~50cm处的最初碾压带时,使压路机每行程只侧移10~15cm,依次碾压到距路面内侧边缘5~10cm处时,暂停对纵接缝的碾压。待相邻摊铺带铺好后,再从已碾压的一侧开始依次错轮碾压到越过纵向接缝50~80cm处为止。这种碾压纵向接缝的方法,要求前后摊铺带摊铺间隔时间不能过长,一般不大于一个作业路段的摊铺时间。

③由于受机械或其他条件的限制,相邻两条摊铺带和压实的间隔时间过长时,可先使压路机沿距无侧限一侧的边缘30~50cm处往返碾压各一遍,然后从路面有侧限的一侧开始进行初压。当碾压到最初碾压的轮迹时,依次错轮碾压到碾压轮越出无侧限边缘5~8cm处为止。由于待摊铺相邻车道时,已压实的摊铺带已冷却,需要进行接缝处理。一般是使新摊铺的混合料与已压实的摊铺带搭接3~5cm,待纵向接缝处加温后,将搭接的沥青混合料推回新铺的混合料上并整平。然后,立即使压路机碾压轮的大部分压在已压实的摊铺带上,仅留10~15cm宽压在新摊铺的沥青混合料上,并使压路机向新摊铺带方向依次侧移15~20cm进行碾压。直至碾压轮全部侧移过纵向接缝时为止。若是采用振动压路机进行振动碾压,则应将振动轮的大部分压在新摊铺带上,往返各碾压1~2遍,也能将纵向接缝压好,并能提高工效。

(2) 横接缝的碾压。

在摊铺下一作业路段前,应对前段的横接缝进行处理。为了处理好横向接缝,简易的方法就是准备好一根宽约15cm的木条,其厚度等于铺层压实后的厚度,长度比摊铺带宽略长些。当摊铺机铺到尽头时,停止供料和捣固,让余料铺完,尽头形成一条斜坡铺层,趁热在斜坡铺层的厚端挖出一条直槽,其宽度比木条略宽,但槽必须与摊铺带纵向边缘垂直。将木条嵌入槽内,并薄薄地撒一层混合料进行压实,然后取出木条,并铲除木条以后的斜坡层全部余料,这样便形成一条平整而垂直的接缝口。

接铺时,可以在前条摊铺带端头上面两侧放置两块薄木块,其厚度等于压实量。接铺应在接口以内开始,并在断面上涂上沥青。

碾压横向接缝时,应选用钢轮静作用压路机沿横向接缝方向进行横向碾压。开始碾压时,碾压轮的大部分应压在已压实的路段上,仅留15cm左右轮宽压在新摊铺的混合料上。然后,压路机依次向新摊铺路段侧移15~20cm,直至碾压轮全宽均侧移过横接缝为止。

如果相邻车道未摊铺,可在横接缝端头垫上供压路机驶出的木板或其他材料,以免压坏摊铺带边缘。

如果路缘石高于路面,靠路缘石处未碾压的混合料,可待纵向碾压时补压。

碾压横向接缝最好在碾压纵向接缝之前进行,以免碾压纵向接缝时造成横向接缝接合面分离。

在碾压接缝时,若出现接缝不平,可把不平处耙松2~3cm深,修整后再压实。

6) 沥青碎石和沥青混凝土面层碾压过程中的注意事项

(1) 实施压实前应检查和维护好压路机,不要让柴油、机油等滴洒在路面上。

(2) 在碾压过程中,压路机的碾压轮轮面上应抹一层特制的乳化剂或水,以免混合料黏附在轮面上。

(3) 压路机不得在刚刚压实和正在碾压的路段内停放。若需要在已压实的路段内停放,应使压路机与道路沿线保持一定角度,而且不允许停放时间过长。

(4) 压路机换向、变速、转向、起振、停振等操作动作应轻柔平顺,不得使压路机产生冲击。

(5) 雨季施工时(正在下雨时,不允许铺筑沥青路面,因为沥青在硬化前遇水,会大大降低其黏结性能),要做到及时摊铺,立即压实。若遇到作业中突然下雨,应尽量抢在雨水到来之前,将摊铺层压实。至少初压2~4遍,否则一旦混合料受到雨水浸润,就要将混合料铲除重铺,费时费工。

(6) 低温季节(日平均气温在5℃以下),应选择在气温较高的无风中午前后进行施工。可适当地缩短作业路段,并做到快铺快压,以保证碾压终了时,沥青混合料温度不低于50℃。

(7) 对压路机无法压实的桥梁、挡土墙等构造物接头、拐弯死角、加宽部分及某些路边缘等部位,应采用振动夯板压实。对雨水井与各种检查井的边缘还应用人工夯锤、热烙铁补充压实。

(8) 开级配抗滑磨耗层(Open Graded Friction Course,简称OGFC)宜采用小于12t的钢筒式压路机碾压。

(9) SMA路面宜采用振动压路机或钢筒式压路机碾压,除沥青用量较低,经试验证明采用轮胎压路机碾压有良好效果外，不宜采用轮胎压路机碾压，以防将沥青结合料搓揉挤压上浮。振动压路机应遵循"紧跟、慢压、高频、低幅"的原则，即紧跟在摊铺机后面，采取高频率、低振幅的方式慢速碾压。如发现 SMA 混合料高温碾压有推拥现象，应复查其级配是否合适。

（10）作业中应注意劳动保护，防止沥青污染。

本 章 小 结

压实机械是一种利用机械自重、振动或冲击等方法对被压实材料重复加载，排除其内部空气和水分，使之达到一定密实度和平整度的工程施工作业机械。压实的方法有静力压实、冲击压实和振动压实三种。

常用各种压路机有静作用光轮压路机、振动压路机、轮胎压路机、冲击式压路机和凸块式压路机等。其中静作用光轮压路机主要靠压路机本身的自重压实，适用于压实路基、路面、广场和建筑物地基等；振动压路机依靠自重和振动产生的激振力压实，压实效果好，压实厚度大，适应性强，但不适用于碾压黏性土；轮胎式压路机采用光面充气胶轮，具有揉压、作用时间长等特点，且轮胎气压和配重可调，主要适用于碾压碎石基层和沥青混凝土面层；冲击式压路机依靠自重和冲击动能压实，适用于压实路基土壤和破坏废旧的水泥混凝土路面；凸块式压路机表面凹凸不平，可以深入土壤下层压实，但压实表面高低不平。

压实机械的选用包括压路机类型的选用（根据机械配套情况选择、根据各种压路机特点选择和根据被压材料的特性选择）、压路机压实作业参数的选择（压实度、含水率、单位线压力、碾压速度、碾压遍数、压实厚度、振幅和频率等）、压路机运行路线的选择[压路机运行路线、压路机碾压程序（由边到中、由低到高）、矩形和平行四边形推进]。

路基的压实包括压实前的准备工作、路基压实的基本原则（先轻厚重、先慢后快、先边后中和注意重叠）、路基的压实作业（初压、复压和终压）；边坡的碾压（剥土坡面和堆土坡面）；里填回填的压实（采用压缩性小的材料，作台阶用小型机械充分压实）；路基压实作业中的注意事项。

路面的压实包括路面基层的压实和路面面层的压实。路面基层的压实包括下承层的压实和基层压实（级配碎石和级配砾石基层、填隙碎石基层和稳定土基层的碾压）；路面的压实包括沥青表面处治面层、沥青贯入式面层、沥青碎石和沥青混凝土面层的碾压（碾压温度、选择压路机的数量和组合方式、碾压程序、碾压推进方式、接缝的碾压和碾压注意事项等）。

复习思考题

3-1 路基压实方法有哪几种？各有什么特点？
3-2 说明常用各种压路机的工作特点。
3-3 公路施工时，如何正确选择压实机械？

3-4 如何正确选择压路机的作业参数?
3-5 路基压实应遵循哪些原则?应注意哪些事项?
3-6 说明沥青路面压实的程序。
3-7 说明各种路面压实应注意的事项。

第四章 路面工程机械

本章重点描述稳定材料路面、沥青混合料路面和水泥混凝土路面机械化施工技术,论述稳定土拌和设备、沥青洒布机、沥青混合料拌和机、沥青混合料摊铺机、水泥混凝土拌和机及水泥混凝土摊铺机的特点、组成、工作原理及使用。

通过学习,要求了解各种路面机械的特点、组成、工作原理及使用;掌握稳定材料路面、沥青混合料路面和水泥混凝土路面机械化施工技术的具体内容。

第一节 稳定材料路面机械及其施工技术

在公路施工中,为了满足交通量和车辆轴载日益增长的需要,对道路的整体强度、水稳定性以及平整度等质量要求越来越高。经过多年的研究和实践证明,稳定土可补强道路的基层和底基层,提高道路的整体强度和水稳定性,延长道路的使用寿命。因此,在我国的公路建设中,常采用稳定土材料补强高等级道路的基层、底基层以及低等级道路的面层。

稳定土是由土和稳定剂拌和而成。土包括细粒土、中粒土和粗粒土。稳定剂主要包括无机料(石灰、水泥、粉煤灰等)和有机料(液态沥青和其他化学剂)两大类。

用来把土和稳定剂进行破碎、撒铺、拌和及压实等工作的机械统称为稳定土路面机械。这些机械包括粉料撒布机、洒水车、稳定土拌和设备、稳定土再生设备、摊铺设备和压实机械等。本节主要介绍稳定土拌和设备及稳定土路面施工。

一、稳定土厂拌设备

1.稳定土厂拌设备的特点和用途

稳定土厂拌设备是专门用于拌制各种以水硬性材料为结合剂的稳定混合料的搅拌机组。其具有设备比较完善,可根据设计要求拌和各种不同配合比的稳定土材料,土壤和稳定剂的配合比准确,拌和均匀,成品料质量稳定,便于计算机自动控制和生产率高等优点,是修筑高等级公路基层和底基层的必备设备之一。其主要适用于集中拌和道路、机场和广场等基层和底基层的稳定土材料。但其需要较多的配套机械设备(如汽车、装载机、摊铺机等)，施工成本较高。

2.稳定土厂拌设备的组成和工作原理

现以WBC300型(图4-1-1、图4-1-2)为例，介绍其主要组成和工作原理。

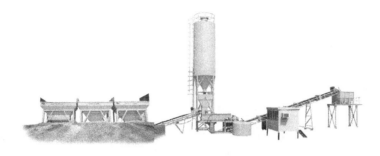

图4-1-1　WBC300型稳定土厂拌设备外貌示意图

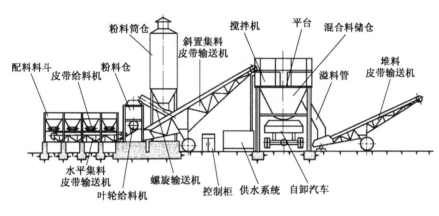

图4-1-2　WBC300型稳定土厂拌设备总布置图

1)集料配料机组

集料配料机组包括配料料斗、皮带给料机、水平皮带输送机和斗架等。

集料配料时，利用装载机或其他上料机具，将需要拌和的不同粒径的集料，分别装进不同的配料料斗内，每个配料料斗下都设有皮带给料机，皮带给料机由调速电动机驱动，按施工技术要求的配合比进行配料；配好的物料落到水平集料皮带输送机上，由其输送到斜置集料皮带输送机上。

2)结合料(稳定剂)供给系统

结合料供给系统主要包括粉料筒仓、螺旋输送机、粉料仓和叶轮给料机等。

结合料通过运输车上的气力输送装置输送到粉料筒仓中，粉料筒仓的出料口与螺旋输送机的进料口相连接，进入螺旋输送机的结合料被输送到粉料仓中；粉料仓的出口装有叶轮给料机，叶轮给料机由调速电动机驱动，按施工技术要求的配合比进行配料；配好的粉料落到斜置集料皮带输送机上。

3)斜置集料皮带输送机

斜置集料皮带输送机将配好的各种集料和结合料直接输送到搅拌机中。

4) 供水系统

供水系统的作用是向搅拌机中喷水，以控制和调节被拌和混合料的含水率。供水系统由水箱、水泵、三通阀、节流阀、流量计、管路和喷水管等组成。供水量由手动节流阀控制，用流量计显示。

5) 搅拌机

搅拌机采用双轴强制连续搅拌式搅拌机。当搅拌轴旋转时，由斜置集料皮带输送机输入搅拌机的各种物料，在旋转叶桨的作用下，一边被拌和，一边被推向出料方向，这样可保证连续进料、搅拌和出料。

6) 混合料储仓

拌和好的成品混合料从搅拌机的出料端直接卸入混合料储仓内暂时存放。混合料储仓主要由立柱、平台、料斗、溢料管和启闭斗门的液压传动机构等组成。当混合料储仓装满拌和好的成品混合料时，可用手动控制液压系统打开放料门，将混合料卸入自卸汽车运往施工工地。

7) 堆料皮带输送机

当自卸汽车不足或需要堆料时，放下混合料储仓内的液动导料槽，使搅拌机拌和好的成品混合料通过导料槽卸入溢料管，流进堆料皮带输送机中，由堆料皮带输送机进行堆料存放，使用时再运往施工工地。

整套设备各部分的运转采用电气控制系统在控制台集中控制。系统的动作分为单动和顺序动作两种。

3. 稳定土厂拌设备的使用

稳定土厂拌设备包括的总成比较多，是一种自动连续作业的大型设备，用于拌和各种类型的稳定土混合料，要求级配和配合比准确，拌和均匀。因此在使用中，除了按照设备使用说明书的要求进行严格操作、维修外，还应特别注意以下问题。

1) 保证各皮带输送机的正常运行

皮带输送机是稳定土厂拌设备中使用比较多的总成，其运行正常与否将直接影响设备是否能连续工作。因此，在工作过程中，必须加强对各皮带输送机的监控工作，当发现皮带跑偏时，应及时地给予调整，否则将可能造成撕裂皮带等严重事故。

2) 加强设备在工作中的全过程质量管理

稳定土混合料的制备过程包括原材料的堆存、称量配料、搅拌及混合料的运输等项工序，各工序的好坏都会影响到混合料的最终质量。因此，必须对拌和的全过程加强质量管理。

（1）原材料的管理。稳定土厂拌设备一般不带筛分装置，因而拌制混合料质量的好坏与所提供的原材料质量有很大的关系，所以，在施工过程中必须对进入厂拌设备的各种原材料加强质量管理。

稳定土厂拌设备拌和时所用的原材料包括粗集料、细集料、粉料、水和添加剂等。首先，应确认其质量是否符合施工规范的要求，对不符合质量要求的原材料坚决不予使用；其次，管理好原材料的储存，集料应储存在厂拌设备的现场，集料含水率的变化对混合料的质量有很大的影响,对来自不同产地的各种粒径的集料应分别储存在自然排水良好的料堆里,存放时间的长短取决于集料的级配和颗粒形状,一般以能将其内部的自由水分引出为准;同时还要考虑,在任何时候都应当储存有足够数量的集料,以保证厂拌设备能连续运转,不致因缺料而中断工作。在储存和配料的过程中,还应加强管理,避免不同粒径的集料混杂在一起。

所用的粉料(水泥、石灰和粉煤灰)最好是散装供应,运到施工现场后,应立即储存在干燥和通风良好的结构物内;现场应储存有足够数量的粉料,以保证厂拌设备能连续工作;储仓中的粉料每次工作结束时都应使用完,以防止粉料在储仓中结块,影响下次使用;对每种粉料的运输、卸料和储存等均应有分隔设施。

(2)拌制混合料的质量管理。拌制的目的是将各种形状不同、粒径不一的粗细集料、粉料与水拌制成成品混合料。成品混合料的质量可用均匀性来衡量,即从拌制好的混合料中随机取样进行均匀性试验,要求各个样品试验结果的差值均在规定的范围内。为了得到均质的混合料,除了对原材料进行严格的质量管理外,还应保证组成混合料的各种原材料的配料称量准确。因此,必须经常对设备的称量系统按其说明书要求的步骤和方法进行校定,当发现称量或配料的精确度不能满足要求时,都应立即停机检查,进行必要的调整或修理,直到确认配料精度能满足使用要求后,方可开机作业。

施工中对混合料的含水率有严格的要求。因此,供水系统应能准确地称量总的搅拌用水量。要做到这一点,除了把要加入的水量称量准确外,还要确切地知道集料(特别是砂料)在配料称量时的含水率,以及含水率的变化情况。对没有安装连续式含水率测定仪的厂拌设备,在使用时,应当经常检测集料,特别是细集料(砂)的含水率。细集料的含水率试验每天应做两次以上,至少上午一次,下午一次;同时,在设备开始拌和物料之前和发现含水率有变化时,应立即抽检,对检测的结果及时通知控制台,以便调节供水量。这样,可以保证设备拌制出的混合料始终处于最佳含水率状态。

二、稳定土拌和机

1. 稳定土拌和机(图4-1-3)的特点和用途

稳定土拌和机是一种在行驶过程中,以其工作装置对土壤就地破碎,并与稳定剂(石灰或水泥等)均匀拌和的施工机械,如图4-1-4所示。其拌和效率高,但土壤和稳定剂的配合比不够准确,污染较严重。目前常用于对稳定土质量要求相对较低的道路、广场、机场等基层或底基层施工中。

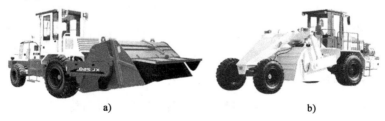

图4-1-3　稳定土拌和机外观图
a)后置式;b)中置式

图 4-1-4 稳定土拌和机现场施工图

2. 稳定土拌和机的分类

稳定土拌和机的类型较多,主要有以下几种。

(1) 按动力传动的形式分为机械式、液压式和混合式。

(2) 按行走方式分为履带式、轮胎式和混合式,如图 4-1-5a)、b)、c)所示。

(3) 按移动形式分为自行式、半拖式和悬挂式,如图 4-1-5d)、e)、f)所示。

(4) 按转子的数量分为单转子式和多转子式。

(5) 按转子的配置位置分为中置式和后置式,如图 4-1-5g)、h)所示。

(6) 按转子旋转的方向分有正转式和反转式。

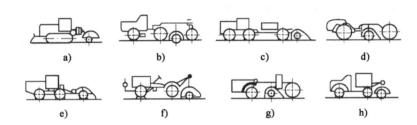

图 4-1-5 稳定土拌和机的分类

a)履带式;b)轮胎式;c)轮履结合式;d)自行式;e)半拖式;f)悬挂式;g)中置式;h)后置式

3. 稳定土拌和机的组成

路拌稳定土拌和机(图 4-1-3)一般由基础车、工作装置及操纵机构等部分组成。基础车一般为轮胎式,工作装置悬挂在机架中部或后部,拌和转子由径向柱塞油马达直接驱动,拌和转子可以正转或反转。

4. 稳定土拌和机的工作原理

稳定土拌和机的主要功能是对土壤进行破碎,并使土壤与稳定剂均匀拌和,这一过程是在由转子罩壳构成的工作室内,通过转子的高速旋转来完成的。根据作业对象(即土壤硬度)的不同,选用的转子旋转方向也不同:当在较松软的土层上进行拌和作业时,一般采用正转方式;当在坚硬的土层上进行拌和作业或铣削旧沥青混凝土路面时,多采用反转方式。下面分析将稳定剂铺撒在土层上时,稳定土拌和机的作业过程,如图4-1-6所示。

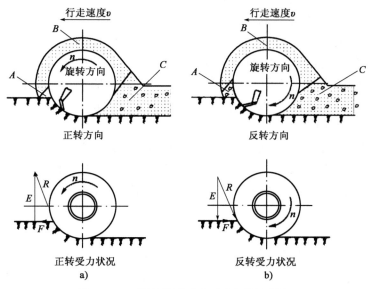

图 4-1-6 工作转子旋转方向及受力分析示意图
a)正转;b)反转

1)正转作业过程(图4-1-6a)

转子正转时,高速旋转的刀具从土层上切下一块很薄的月牙形土屑,并把其抛向罩壳,这就是切削过程。抛出的土壤以一定的力量碰撞罩壳壁,随后向四周飞散开,其中一部分土壤颗粒被粉碎,也有部分土壤颗粒再次与刀具相碰,或互相碰撞,这一过程称为二次破碎。另有部分与罩壳碰撞后飞散开的土壤颗粒和沉落下来的土壤颗粒,被刀具带起,并抛向转子上部的罩壳壁 B 区内,其中有部分土壤颗粒逐渐向前,置于 A 区并形成前长条土堆,位于 A 区的土壤将再次受到转子刀具的冲击、切削。以上过程反复进行多次,土壤颗粒被破碎得很细,并与稳定剂均匀拌和,最后大部分土壤颗粒因失去速度而沉落在地面上,此时土壤因疏松而体积增大,并在罩壳后壁下面 C 区形成圆形土堆,经罩壳拖板下缘刮平、整形,形成一条具有一定厚度且表面平坦的稳定土带层。

2)反转作业过程(图4-1-6b)

转子反转时,高速旋转的刀具从沟底向上切削土壤。并将切下来的土壤沿机械前进方向向前抛,在转子前面形成前长条形土堆。在同一作业状态下,长条土堆的尺寸将基本保持不变,并沿土壤处理路段连续延伸。被切下来的土壤有相当大的一部分被抛入 C 区,一部分被向上抛并撞击前壁,和罩壳相碰的土壤颗粒将向四周飞散,而且和刀具相碰的土壤颗粒将沿转子旋转方向抛向罩壳的后壁。可以看出,被处理的土壤基本上都被拌刀从转子上方抛到 C 区,经罩壳拖板下缘刮平、整形,形成稳定土层带。

从上述的工作原理分析可知,整个拌和过程分为切削和拌和两个阶段,但这两个阶段不是绝对分开的,而是相互交织在一起,且往往是同时发生的。

现代的稳定土拌和机几乎都是单转子工作装置,一般在同一作业带上要拌和两遍,有的甚至要拌和三四遍,这是由机械的性能和工程的性质决定。

5.稳定土拌和机的使用

现代公路基层施工是采用大规模、连续性的机械化施工。稳定土拌和机是基层路拌法施工的核心机械,为了充分发挥其作业能力,应注意以下事项。

1)确保配套机械的完好率

与稳定土拌和机配套的施工机械有:挖掘机、推土机、装载机、自卸汽车、粉料撒布机、平地机、洒水车、压路机等多种机械。在机械化施工作业时,除应确保稳定土拌和机无故障外,还要确保其配套机械的完好率,以保证机械化施工的连续作业。

2)选择合理的施工路段

从理论上讲施工路段越长,其生产率越高。但从施工的综合因素考虑,则存在一个最经济的施工路段。根据施工单位的实践经验证明,施工路段一般以500~1000m为宜。在决定施工路段时,应选择各种施工机械掉头较方便的地方较好,因为机械掉头困难,掉头时间过长等都会影响生产率。

3)选择合理的拌幅

稳定土拌和机性能参数中的拌和宽度,是综合施工规范中各级公路基层宽度而优化选定的。在施工时要根据具体的工程条件决定实际的拌幅数,式(4-1-1)可供参考:

$$n = \frac{B-X}{b-X} \tag{4-1-1}$$

式中:n——拌幅数;

B——施工路面基层宽度,m;

b——稳定土拌和宽度,m;

X——相邻拌幅的重叠量,一般为0.1~0.2m。

实际的拌幅数应为整数倍,这样既可充分发挥机械的能力,又可以提高生产率。

三、稳定土路面施工

在公路施工中,使用的稳定土种类很多。二灰土作为一种半刚性材料,广泛应用于高等级公路路面的基层(或底基层)中。二灰土是石灰、粉煤灰按一定的比例与土混合,掺入适量的水,经拌和、碾压、整平及在一定的温度、湿度下养护成型后,得到一定抗压强度的新型筑路材料。现以修筑二灰土基层为例介绍路拌稳定土路面施工。

1.路拌稳定土路面施工

1)施工前的准备工作

在施工前,应做好技术、人员、材料和机械设备等方面的准备工作,主要内容如下。

(1)认真熟悉设计文件,确定施工组织形式和工艺流程。

(2)合理地进行人员配置,在质量上要有专人把关。

(3)做好混合料中的二灰(石灰、粉煤灰)最佳配合比试验和二灰与土的最佳配合比试验;根据配合比备好所需的各种工程材料。

(4)确保机械的完好率,保证零配件的供应,使运输、拌和、碾压形成良好的生产流水线,确保施工顺利进行。

(5)在全面开工前至少一个月,进行二灰土基层(底基层)试验施工。试验段的面积为 400~800m^2。试验路段要求使用与主体工程一致的材料、配合比、拌和机械、压实机械及施工工艺,以检验施工方案的适宜性。具体应包括采用不同的撒铺厚度进行拌和、碾压,测量其干密度、含水率,检验二灰土的拌和均匀程度,以确定拌和机械的性能、碾压遍数和施工工艺等。

2)施工程序

(1)现场清理和测量放线。清理现场的垃圾、杂草,修补小冲沟。使用测量仪器校核各控制桩,进行高程放样,确保线形准确,保证全线高程贯通。用石灰线画出边线及行车道与路肩的分界线。

(2)路床修整。根据高程测量数据,做填方、挖方和路床高程,并根据高程指挥倒土,用推土机推平,平地机整形,压实机械稳压。对整形后的路床报监理人员验收。

(3)路拌二灰土基层(底基层)施工。

①原材料摊铺。首先测试整形后路床铺土层的干密度和松散系数,计算出铺层厚度。按此厚度进行排料、打网格、倒土、摊铺、整平、稳压。铺土层应包括路肩和中央隔离带用土。在此基础上就可以摊铺粉煤灰。

粉煤灰的摊铺,也应测试出摊平、整形、稳压一遍后的干密度和松散系数,计算出摊铺厚度。按此厚度进行排料、打网格、倒料、摊平、整形、稳压、洒水,使其含水率在33%~36%之间。挖验厚度,做高程。最后用平地机精平一遍,压实机械通压一遍后,即可摊铺石灰。

石灰的摊铺,摊铺前先计算出石灰的用量。计算时应考虑石灰等级折减、含水率折减、质量湿度折减等。再由运输车辆的装载容量,除以折减后单位面积的用量,得出每一运输车辆所能摊铺的面积。再根据计算面积打网格、运灰、摊灰。

②混合料拌和。拌和前,应首先检查稳定土拌和机的轮压,拌和刀具的磨损程度,以及拌和深度指针是否归零等。然后进行试拌,拌和深度应控制在下层松铺土恰好能拌到为止,误差要求±2cm。拌和由两侧向中间进行,控制拌和速度在6m/min。若拌和后大块较多,要拌和第二遍。每次拌和应由专人随机检查,挖验拌和深度。

③现场取样。拌和完毕后,按取样频率取样,测定混合料的石灰剂量、含水率,并做抗压强度试验。

④洒水碾压。取样石灰剂量合格后,先用凸块压路机振压一遍,然后洒水,洒水时夏季含水率可适当大于施工最佳含水率,只要不积水,不翻浆即可;其他季节应达到最佳含水率。然后用平地机整平,用光轮压路机碾压一遍(每次重叠1/2轮宽),再用振动压路机振压三遍。振压之后,进行复中线、断面找平,做高程,并预留1cm作为碾压下沿预留量。最后,根据高程用平地机精平,用光轮压路机碾压一遍。

⑤洒水养护。洒水时应均匀。洒水量和养护时间要根据气候条件来决定。养护期间应封闭交通。

上述工序全部完成后,进行自检,将不合格的高程点用平地机及时修正、刮平。交监理工程师验收。

2. 厂拌稳定土路面施工

随着公路等级的提高,对路面质量的要求越来越严格。目前高等级公路的修建必须采用稳定土厂拌设备进行机械化施工。利用稳定土厂拌设备拌制混合料,由运输车辆将拌和好的混合料运送到施工现场,按照一定的技术要求由摊铺机进行摊铺,压实机械进行压实。其施工要点如下。

1)施工前的准备工作

(1)熟悉设计文件,确定施工组织形式。

(2)确定拌和场的位置,选定拌和设备的型号和运输车辆的数量。

(3)选定施工机械,包括摊铺机、压实机械及其他机械设备的数量、型号和生产能力等。

(4)选择路用原材料,并进行混合料配比试验。

(5)铺筑试验路段。

2)施工过程

(1)拌和与运输。拌和时,水泥、石灰、粉煤灰与集料应准确称量,按质量比例掺配,并以质量比例加水。拌和过程中加水时间和加水量要有记录。同时要严格保证拌和时间,确保拌和的均匀性。成品料要进行配比、击实、抗压试验。

当拌和好的成品料经监理工程师检验合格后,由运输车辆将成品料运送到施工现场。运输车辆在通过已铺筑好的路面时,应低速行驶,车辙应均匀错开,以便使铺筑层得到均匀的压实。当拌和场距摊铺现场较远时,混合料应加以覆盖,以防止水分的蒸发;同时应保证装载高度均匀,以防止混合料发生离析。

(2)摊铺和整形。摊铺时应按照要求的松铺厚度,均匀地摊铺在要求的宽度上。摊铺时混合料的含水率宜高于最佳含水率0.5%~1.0%,以补偿摊铺及碾压时水分的损失。当摊铺厚度超过20cm时,应分层摊铺,最小压实厚度为10cm。先摊铺的一层经过整形压实,经监理工程师批准后,将先摊铺的一层表面翻松后再进行上层的摊铺,以便使前后摊铺层能够很好地结合成一体。摊铺完后,由平地机按照规定的拱度进行整形。

(3)碾压。混合料经摊铺和整形后,应立即在全宽范围内进行碾压,使混合料从加水拌和到碾压终了时间不超过规定范围。直线段,由两侧向中心碾压;超高段,由内侧向外侧碾压,以确保路拱符合技术要求。相邻两碾压带应重叠一定的宽度,以便使全路宽都得到均匀地压实。在碾压过程中,混合料表面应始终保持湿润,如表面水分蒸发较快,应及时补充少量水分。为了保证表面平整无轮迹和隆起,严禁压路机在碾压路段上掉头和紧急制动。

(4)养护。碾压完成后应立即进行养护。养护时间不少于7d。养护材料可视具体情况,采用水或沥青乳液等。养护期间应封闭交通,不能封闭时,车速应控制在30km/h以内,禁止重型车辆通行。

(5)取样和试验。混合料应在施工现场每天或每拌和250t混合料取样一次,并进行含水率、稳定剂用量和无侧限抗压强度试验。在已完成的基层上每1000m^2随机取样一次,并进行压实度试验。

(6)气候条件。工地气温低于5℃时,不应进行施工。雨季施工,应特别注意天气变化,勿使水泥和混合料受雨淋。降雨时应停止施工,但已摊铺的混合料应尽快压实。

第二节　沥青混合料路面机械及其施工技术

人们常见的黑色路面大多为沥青混凝土路面。所谓沥青混凝土是按一定的配合比将经烘干加热的碎石、砂等热集料和热沥青(加入一定的石粉)均匀拌制而成。用来完成沥青混凝土的拌制、运输、铺筑和压实的机械统称为黑色路面机械。其主要有沥青加热设备、沥青洒布机、沥青混凝土拌和机、沥青混凝土摊铺机、运输车辆和压实机械等。本节主要介绍沥青加热设备、沥青洒布机、沥青混凝土拌和机、沥青混凝土摊铺机和沥青混凝土路面机械化施工等。

一、沥青加热设备

沥青在常温下为固态,沥青加热设备的作用是将沥青储仓中的固体沥青加热,使其熔化、脱水并达到要求的工作温度。

储仓内沥青的加热方式有蒸气加热、火力加热、电加热、导热油加热、太阳能加热和远红外线加热等几种。目前,国内外广泛使用导热油加热。

导热油加热是用经加热至较高温度的高闪火点矿物油作为热介质,使其在导管和蛇形管中循环流动来加热管外的沥青。其优点是导热油加热器结构紧凑,使用方便,加热柔和,热效率高,易于自动控温,对沥青加热升温均匀且速度快。但是,在加热器中导热油有可能焦化变质,甚至引起火灾,且使用成本较高。

1. 导热油加热沥青的工作原理(图 4-2-1)

在导热油加热炉中,加热到300℃的导热油由热油泵送入沥青储仓的蛇形管中,导热油以自身的热量去加热沥青,以使沥青升温,降温后的导热油又流回到加热炉中的蛇形管中再次被加热而不断循环。

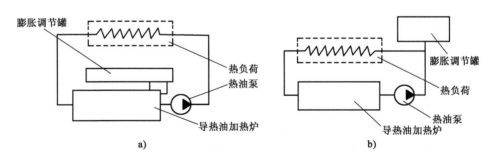

图 4-2-1　导热油加热沥青的工作原理
a)常压式;b)压力式

导热油加热炉一般为卧式可搬移的,用途较广,可设置于沥青混凝土厂拌设备中,同时可加热沥青罐与沥青输送管中的沥青、燃油箱中的燃油等,并可根据需要对沥青混凝土搅拌器及成品料仓起保温作用。

2. 桶装沥青熔化装置的组成和原理

桶装沥青熔化装置是用来将固态桶装沥青从桶中脱出并加热至泵吸温度。其可实现沥青的脱桶、脱水、加热和保温。

导热油加热式桶装沥青熔化装置(图4-2-2)由上桶机构、沥青脱桶室、沥青加热室、导热油加热管道、沥青脱水器、沥青泵、沥青管路与阀门等组成,可完成对桶装沥青的脱桶、脱水、加热和保温作业。

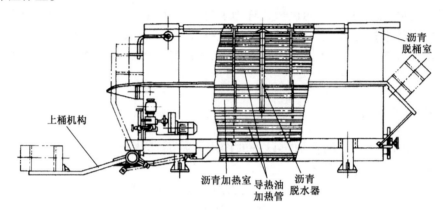

图4-2-2 导热油加热式桶装沥青熔化装置结构简图

将沥青桶装入上桶机构,卸去口盖,桶口朝下,用液压缸起升臂架将沥青桶推入脱桶室,至室内将桶装满。导热油被泵压入脱桶装置后,先进入沥青加热室的加热管道,后进入脱桶室的加热管道,当脱桶室里的温度达到沥青熔化流动的温度时,沥青从桶内流入加热室。待沥青充满加热室后,拨动三通阀,接通内循环管道,含水的温度为95℃以上的沥青通过泵压至脱桶室顶部的平板上,沥青以薄层状态在流动中将水分迅速蒸发,水蒸气由顶部的孔口排出。当沥青中的水分排出干净,并被继续加热到所需的工作温度(130~160℃)以后,便可被压入其他保温罐中或直接被沥青混凝土搅拌设备使用。在循环作业中,已脱沥青的空桶由上桶机构上新桶时,靠其推力由沥青脱桶室的后部推出。

二、沥青洒布机

1. 沥青洒布机的用途和分类

沥青洒布机是在以贯入法、表面处治法修筑路面,稳定土壤以及路拌沥青混合料等工程中,用以运输、洒布液态沥青和煤焦油的一种专用机械。沥青洒布机的分类如下。

(1)按其用途分有养护用和筑路用两种。养护用沥青洒布机的储料箱(储存液态沥青)的容量较小,一般≤400L;筑路用沥青洒布机的储料箱的容量为3000~20000L。

(2)按运行方式分有自行式(图4-2-3a)、拖式(图4-2-3b)和半拖式三种。自行式沥青洒布机安装在汽车底盘上,拖式和半拖式用汽车或单轴牵引车牵引。

(3)按沥青泵的驱动方式分有汽车发动机驱动和专用发动机驱动两种。后者可在较大范围内调节沥青的洒布量。

(4)按喷洒方式分有泵压洒布和气压洒布两种。

图 4-2-3 沥青洒布机外观图
a)自行式；b)拖式

2. 自行式沥青洒布机的结构

自行式沥青洒布机是在汽车底盘上装有储料箱、加热系统、传动系统、循环-洒布系统、操纵机构等。

1）储料箱

储料箱（图 4-2-4）的作用是储存高温液态沥青并具有一定的保温效果。储料箱是由钢板焊制而成的椭圆形长筒，箱体外包以 50mm 厚的玻璃绒或石棉组成，用以保温和隔热，可使箱内的热态沥青在外界温度为 12～15℃时，冷却速度保持每小时 2℃左右。隔热层外用金属薄皮套包住。在运输过程中，为了减轻沥青对箱壁的冲击，在箱内设有底部带有缺口的隔板。在箱顶的中部有一个带滤网的大圆口，可以直接加料，也可供维修人员进出之用。箱内还装有进油管和测定液量的浮标等。

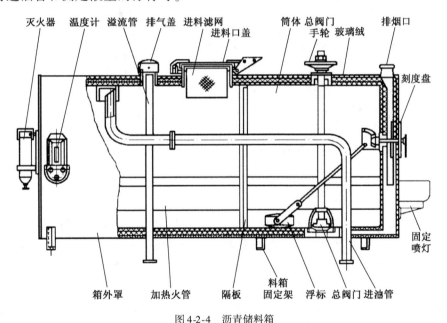

图 4-2-4 沥青储料箱

2）加热系统

加热系统的作用是加热沥青，使储料箱中的沥青温度保持在 150～170℃，以确保工作的需要。它由燃油箱、两只固定喷灯、一只手提喷灯、两根 U 形火管、滤清器、油管和仪表等组成。

两根 U 形火管安装在储料箱的底部，两只固定喷灯向 U 形火管内喷入火焰，加热储料箱内沥青;一只手提喷灯用于施工前加热沥青泵与管路,熔化凝固的沥青,使各运动部件灵活运转。

3)传动系统

传动系统的作用是使车辆行走,驱动沥青泵进行工作。

4)循环-洒布系统

循环-洒布系统(图4-2-5)的作用是完成向储料箱内吸入热态沥青;转输热态沥青;通过循环使储料箱内沥青的温度保持均衡;完成热态沥青的各种洒布(全洒布、少量全洒布、左洒布、右洒布、手提洒布);抽空洒布管中余料及出空储料箱中沥青等。循环-洒布系统主要由沥青泵、全部循环-洒布管路和大小三通阀等部分组成。

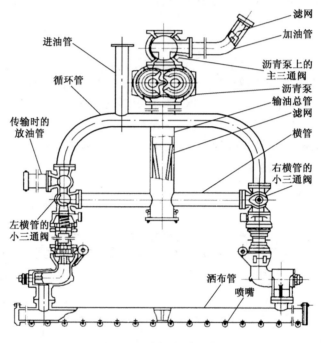

图4-2-5 循环-洒布系统

5)操纵机构

(1)人工操纵机构。沥青洒布机的操纵机构(图4-2-6)包括三通阀的拨动,洒布管的提升、下降、水平移动和回转,以及驱动沥青泵的发动机和减速器(对后置专用发动机驱动而言)等操纵控制。这些操纵机构都集中在车后的操纵台上,通过手轮和操纵杆进行。

(2)智能控制系统。智能控制系统采用模块化设计,泵速与车速同步,采用电脑速度补偿,故障率低,检修快捷、简便。主控制系统控制洒布量、洒布宽度、洒布里程等;洒布量一经设定,将不受车速变化的影响,洒布精度高;独特的喷嘴设计,可进行单独控制,以实现自由调节洒布宽度。

3.沥青洒布机使用技术参数的确定

沥青洒布机施工时,应确定分层洒布量、洒布路段的长度、洒布机的生产率。

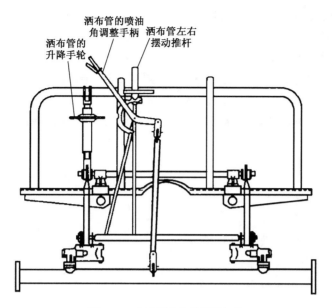

图 4-2-6 沥青洒布机的操纵机构

1) 分层洒布量的确定

沥青洒布机分层洒布时,应根据《公路沥青路面施工技术规范》(JTG F40—2004)的要求确定每层的洒布量。表 4-2-1 所列为各种表面处治时的沥青用量。

各种表面处治时的沥青用量   表 4-2-1

沥青种类	类型	厚度(mm)	沥青或乳液用量(kg/m²)			
			第一次	第二次	第三次	合计用量
石油沥青	单层	1.0 1.5	1.0~1.2 1.4~1.6	— 	— 	1.0~1.2 1.4~1.6
	双层	1.5 2.0 2.5	1.4~1.6 1.6~1.8 1.8~2.0	1.0~1.2 1.0~1.2 1.0~1.2	— 	2.4~2.8 2.6~3.0 2.8~3.2
	三层	2.5 3.0	1.6~1.8 1.8~2.0	1.2~1.4 1.2~1.4	1.0~1.2 1.0~1.2	3.8~4.4 4.0~4.6
乳化沥青	单层	0.5	0.9~1.0	—	—	0.9~1.0
	双层	1.0	1.8~2.0	1.0~1.2	—	2.8~3.2
	三层	3.0	2.0~2.2	1.8~2.0	1.0~1.2	4.8~5.4

单位面积的沥青洒布量与洒布机的行驶速度、洒布宽度以及沥青泵的生产率有关。其公式为

$$Q_b = qvB \qquad (4\text{-}2\text{-}1)$$

式中:Q_b——沥青泵的生产率,kg/min;

v——洒布机的行驶速度,m/min;

B——洒布宽度,m;

q——单位面积洒布量,kg/m²。

依照式(4-2-1),根据沥青泵的生产率、洒布宽度,即可确定洒布机的行驶速度。

2)每次洒布路段长度的确定

为了便于施工,当沥青洒布量确定后,应进一步确定每一罐料能洒布路段的长度,其公式为

$$L = \frac{KV}{qB} \tag{4-2-2}$$

式中:L——洒布路段长度,m;

V——洒布机储料箱容积,L;

K——两洒布带重叠系数(0.90~0.95);

B——洒布的路面宽度,m;

q——单位面积洒布量,L/m²。

3)沥青洒布机生产率的计算

沥青洒布机的生产率主要视运距、洒布机的准备工作和施工组织而定,其生产率可用式(4-2-3)计算:

$$Q_s = nK_m V \tag{4-2-3}$$

式中:Q_s——沥青洒布机的生产率,L/d;

V——沥青洒布机的油罐容量,L;

K_m——油罐充满系数(0.95~0.98);

n——洒布机每班洒布次数。

$$n = \frac{60TK_b}{t} \tag{4-2-4}$$

式中:T——每天工作时间,h;

K_b——时间利用系数(0.85~0.90);

t——洒布机每一循环所需时间,min。

$$t = t_1 + \frac{L}{v_1} + \frac{L}{v_2} + t_2 + t_3 + t_4 \tag{4-2-5}$$

式中:t_1——加满每一储料箱所需时间,min;

L——由沥青基地至作业工地的距离,m;

v_1——洒布机重载行驶速度,m/min;

v_2——洒布机空载行驶速度,m/min;

t_2——洒一储料箱沥青所需时间,min;

t_3——洒布机两处掉头倒车时间,min;

t_4——准备洒布所需时间,min。

在实际作业过程中,沥青洒布机用于洒布沥青的时间很短,大部分时间都用于运输。这样不但影响了洒布机的利用率,同时也影响了洒布的顺利进行,增加了非生产辅助时间。另

外,由于长距离运行,必然增加洒布机的数量,增加了洒布机运行费用,这样很不经济。为了更好地组织施工,减少洒布机的用量,目前在大型工程中多用大型沥青保温油罐车进行运输和储存,相对减少了沥青的运输距离,使洒布机的生产率大大提高。保温油罐的用量可用式(4-2-6)计算:

$$n_h = \frac{Q}{tVK_m} \tag{4-2-6}$$

式中:n_h——保温油罐用量;

Q——洒布机只洒布不运输时的生产率,L/d;

t——保温油罐车每次往返工地与沥青基地的时间,h;

V——保温油罐的容量,L;

K_m——保温油罐的充满系数。

4.沥青洒布机的使用

为了保证沥青洒布机的正常工作,在每次洒布完毕之后都要将循环-洒布管路中的残余沥青抽回储料箱内。若当天不再使用,还要用柴油或煤油清洗储料箱、沥青泵和管路,以防止沥青凝固在各处影响下次使用。在每次使用之前都要检查沥青泵,若发现有沥青凝固现象,需用手提喷灯烤化,直到沥青泵运转灵活为止。图4-2-7为沥青洒布机现场施工图。

图4-2-7 沥青洒布机现场施工图

为了提高沥青的洒布质量,施工中应注意以下要点:

(1)要求沥青洒布机有稳定的行驶速度,速度可按施工要求而定。

(2)要求汽车驾驶员和洒布操纵者密切配合,动作协调一致,确保洒布均匀。

(3)要保持沥青的洒布温度。因沥青的黏度和其温度成反比,而黏度又决定沥青泵的输出量,若沥青温度不当,则其黏度的变化会引起沥青泵输出量的变化,使洒布不均匀,从而影响到洒布的质量。

(4)洒布设备的喷嘴应适用于沥青的稠度,确保能成雾状,与洒油管成15°~25°的夹角。要选好喷嘴的离地高度,因喷嘴的离地高度不同,其洒布宽度不同(图4-2-8)。洒油管的高度应使同一地点接受2~3个喷嘴喷洒的沥青,不得出现白条。

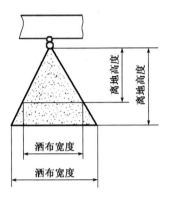

图 4-2-8 离地高度和洒布宽度的关系

(5)要求汽车轮胎有足够的气压。若轮胎气压不足,储料箱内沥青量的变化会使轮胎变形加大,从而影响到喷嘴的离地高度。

(6)要保持稳定的洒布压力。因洒布压力不同,喷出沥青的扇形形状会不同,致使洒布不均匀。

(7)要注意前后两次喷油的接缝。一般纵向应重叠 10~15cm,横向应重叠 20~30cm。

(8)要注意安全。沥青洒布机在加注或洒布热态沥青时,温度很高,必须注意安全,防止烫伤或跌倒。使用固定喷灯时,储料箱内的沥青液面应高于火管。在洒布过程中,不应使用喷灯。

三、沥青混凝土拌和机

沥青混凝土拌和机是将不同粒径的集料和填料,按规定的比例掺和在一起,用沥青作结合料,在规定的温度下拌和成均匀混合料的专用设备。

1. 沥青混凝土拌和机的拌和工艺

(1)将砂石料烘干加热至 155~200℃,筛分后按比例称量。

(2)将沥青加热熔化至 145~170℃,保温,按容量或质量称量。

(3)将热砂石料(加入适量的石粉)与热沥青均匀拌和成所需的混合料,出料温度为 135~170℃。

2. 沥青混凝土拌和机的分类

目前沥青混凝土拌和机的类型很多,其主要类型如下。

(1)按拌和规模和搬移情况分有固定式、半固定式和移动式三种。

固定式沥青混凝土拌和机(图 4-2-9a)、(图 4-2-9c)、(图 4-2-9d)的全部机组固定安装在预先选好的场地上,规模较大,生产率较高,设备较完善,可进行多种级配的生产。由于其拌和设备安装的很高,可允许运输车辆在其下面直接受料,故又称为拌和楼。其适用于城市道路或工程量大而集中的路面铺筑工程。

半固定式沥青混凝土拌和机是将全部设备分装在数辆特制的平板挂车上,拖运到预定施工地点后,利用辅助起重设备,迅速拼装架设起来,投入工作。转移工地时,可迅速拆除,分别拖运。其特别适用于工程量较大而集中的路面铺筑工程。

移动式沥青混凝土拌和机(图 4-2-9b)是将所有的设备都安装在一辆特制的平板挂车上,其生产率大多在 20t/h 以下。主要适用于黑色路面的改建和修理工作,也可用于工程量小且分散的路面建设。

(2)按作业方式分有间歇作业式和连续作业式两种。

间歇作业式(图 4-2-9c)、(图 4-2-9d)的特点是砂石料的供给、烘干与加热是连续进行的,而砂石料与沥青的称量、拌和及出料是按一定的时间间隔周期进行的,即按份拌制。

连续作业式(图 4-2-9a)的特点是混合料中各类材料的烘干、称量、拌和与出料等工艺过程,都是连续进行的。

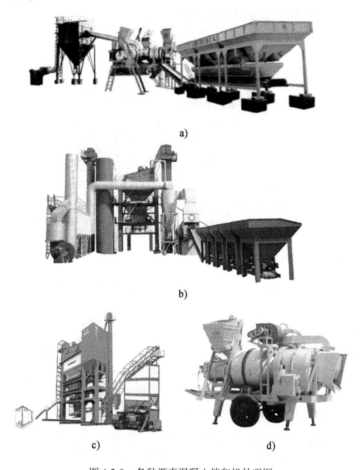

图 4-2-9　各种沥青混凝土拌和机外观图

a)固定式、连续拌和沥青混凝土拌和机;b)移动式沥青混凝土拌和机;c)固定式、两级除尘、间歇作业沥青混凝土拌和机;d)固定式、带成品料储仓、间歇作业沥青混凝土拌和机

比较以上两种作业方式,连续作业式生产率最高,但各料的配合比不准确;间歇作业式配合比准确,生产率较高,高速公路、一级公路宜采用间歇拌和机拌和。

(3)按拌和方式分有强制拌和式、自落拌和式两种。

①强制拌和式的特点是砂石料的烘干、加热及与热沥青的拌和是先后在不同的设备中进行的。拌和是利用旋转的叶桨,将热砂石料和沥青强制搅拌,拌和的质量较好,目前运用较广泛。

②自落拌和式的特点是砂石料的烘干、加热及与热沥青的拌和,是在同一滚筒中进行的。拌和是依靠砂石料在旋转滚筒内的自由跌落实现与沥青的裹敷。其生产工序有周期间歇进行的,也有连续进行的。

3. 沥青混凝土拌和机的组成和工艺过程

沥青混凝土拌和机的类型不同,其主要组成差异较大。大到一座自动化拌和站,小到一台机组。目前在公路工程中,常采用间歇作业式沥青混凝土拌和机,下面介绍间歇作业式沥青混凝土拌和机的组成和工艺过程。

如图 4-2-10 所示,它由两个机组组成:干燥机组和拌和机组。干燥机组的作用是烘干加热砂石料;拌和机组的作用是按一定的配比,将热砂石料和热沥青拌制成所需的混合料。

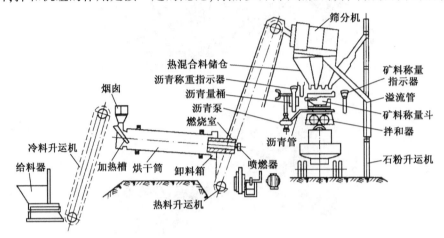

图 4-2-10　间歇作业式混凝土拌和机的组成

其工艺过程如下。

湿的砂石料在给料器中初配后,由冷料升运机连续不断地供入烘干筒内烘干加热。烘干、加热好的砂石料,经热料升运机连续送入筛分机内,由筛分机筛分成几种不同规格的石料,并分别储存于热储料仓的各个斗内。当储料仓内的砂石料积存过多时,多余的部分由溢流管排于地下。热储料仓根据矿料级配不同配有不同的斗室(图 4-2-10 有四个斗),其中三个斗分别储存各种不同规格的热砂石料;而另一个斗储存由封闭式矿粉升运机连续送来的矿粉。储存在各个热储料仓中的矿料,分别卸入矿料称量斗内,按一定的质量比例称量,称好一份卸入拌和器内。与此同时,热沥青由称量桶称好后,经沥青泵泵送到拌和器内,喷洒在热矿料上。各料在拌和器中进行拌和。拌和好的混合料进入成品热混合料储仓储存,或卸入运输车辆的车厢内,运往铺筑工地,其工艺流程如图 4-2-11 所示。

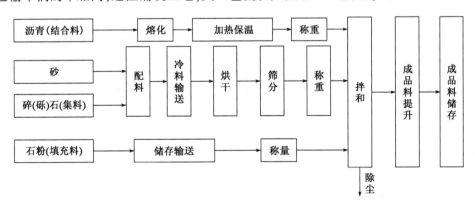

图 4-2-11　工艺流程

这种拌和工艺的优点是:配比准确,适应性高,可拌和任意比例的材料;可根据技术要求,控制拌和时间;所有工序的操作、计量等,均可由特制的设备、仪表和显示器等电气设备实行自动控制,这样既节省了人力,又提高了生产率。

为了减少拌和机对环境的污染,在拌和机上增设了除尘装置;为了提高拌和机的工作效率,不因运输车辆中断而停机,在拌和机上增设了成品热混合料储仓。另外对沥青的加热,普遍采用了导热油加热装置。

4. 沥青混凝土拌和机的使用

1) 工作前的准备

拌和机在工作前需要进行全面的检查。如检查各部紧固螺栓是否松动;拌和机内是否有余料;传动皮带是否跑偏;各机组及辅助设备安装是否正确;沥青管路接头是否漏气;电气系统、除尘设备是否完好等。

对于移动式拌和机,就位后还需要放下前后支腿,将平板车抬起,并保持水平位置,使轮胎卸载。

2) 运转中的有关规程

每一种沥青混凝土拌和机都有其使用技术规程,因此,在使用时,必须按其技术说明书上的有关技术规程进行操作。

(1) 拌和机在起动时,一般逆着运料流程进行。当烘干筒达到一定的温度后才能起动冷料输送机和配料给料装置。

(2) 拌和机在正式拌和成品料之前,应先用热砂石料预拌 2~3 次,以便给拌和机壳体预热。在正式拌和时,应先将热砂石料与石粉在拌和机内干拌 10~15s 后,再喷入沥青拌和。间歇式拌和机每盘的拌合周期不宜少于 45s(其中干拌时间不少于 5~10s)。改性沥青和 SMA 混合料的拌和时间应适当延长。

(3) 在工作中,供料应均匀,以防止热料仓各料斗内物料堆积过多,发生"串仓"现象,而影响砂石料的配合比。

(4) 高速公路和一级公路施工用的间歇式拌和机必须配备计算机设备,拌和过程中逐盘采集并打印各个传感器测定的材料用量和沥青混合料拌和量、拌和温度等各种参数。每个台班结束时打印出一个台班的统计量,按沥青路面质量过程控制及总量检验方法进行沥青混合料生产质量及铺筑厚度的总量检验。总量检验的数据有异常波动时,应立即停止生产,分析原因。

(5) 沥青混合料的生产温度应符合《公路沥青路面施工技术规范》(JTG F40—2004)中的要求,烘干集料的残余含水率不得大于 1%。

(6) 拌和机的矿粉仓应配备振动装置以防止矿粉起拱。添加消石灰、水泥等外掺剂时,宜增加粉料仓,也可由专用管线和螺旋升送器直接加入拌和锅,若与矿粉混合使用时应注意二者因密度不同可能发生离析。

(7) 间歇式拌和机的振动筛规格应与矿料规格相匹配,最大筛孔宜略大于混合料的最大粒径,其余筛的设置应考虑混合料的级配稳定,并尽量使热料仓大体均衡,不同级配混合料必须配置不同的筛孔组合。

(8) 间隙式拌和机宜备有保温性能好的成品储料仓,储存过程中混合料温降不得大于 10℃,且不能有沥青滴漏。普通沥青混合料的储存时间不得超过 72h;改性沥青混合料的储存时间不宜超过 24h;SMA 混合料只限当天使用;OGFC 混合料宜随拌随用。

(9)生产添加纤维的沥青混合料时,纤维必须在混合料中充分分散,拌和均匀。拌和机应配备同步添加投料装置,松散的絮状纤维可在喷入沥青的同时或稍后采用风送设备喷入拌和锅,拌和时间宜延长5s以上。颗粒纤维可在粗集料投入的同时自动加入,经5~10s的干拌后,再投入矿粉。工程量很小时也可分装成塑料小包或由人工量取直接投入拌和锅。

(10)使用改性沥青时应随时检查沥青泵、管道、计量器是否受堵,堵塞时应及时清洗。沥青混合料出厂时应逐车检测沥青混合料的质量和温度,记录出厂时间,签发运料单。

3)停机、清洗

拌和机停机时,应将烘干筒、料斗、料仓以及拌和机内余料卸空;停机后,应用柴油或煤油清洗沥青系统,以防止堵塞沥青供应管路及卡死沥青泵,影响下次使用。

四、沥青混凝土摊铺机

沥青混凝土摊铺机(图4-2-12)是摊铺沥青混凝土路面的专用机械。它可将已拌制好的沥青混合料按一定的技术要求(横断面形状和厚度)迅速而均匀地摊铺在已整好的路基或底基层上,并给予初步捣实和整平。这既大大增加了铺筑路面的速度、节约了成本,又提高了路面的质量。

图4-2-12 沥青混凝土摊铺机外观图
a)履带式;b)轮胎式

1. 沥青混凝土摊铺机的用途和分类

沥青混凝土摊铺机广泛应用于公路和城市道路的建设和养护,还用于机场、港口、停车场等工程施工。沥青混凝土摊铺机的分类如下。

(1)按行走装置分为轮胎式和履带式。

轮胎式摊铺机(图4-2-13)一般为全桥驱动,其前轮为实心光面轮胎,实心的目的是防止因料斗内混合料质量的变化引起前轮的变形,而影响到摊铺厚度的变化;后轮为充气或充气液二相轮胎,可提高其爬坡及附着能力。轮胎式摊铺机可获得较大的行驶速度,机动性好,在弯道上摊铺可实现较平滑的过渡。

履带式摊铺机(图4-2-14)的履带为无履刺式。履带式摊铺机可获得较大的牵引力,接地比压低,对路基平整度敏感性较差。但其行驶速度较低,在弯道处摊铺会形成锯齿状。在喷洒有黏层油的路面上铺筑改性沥青混合料或SMA时,宜使用履带式摊铺机。

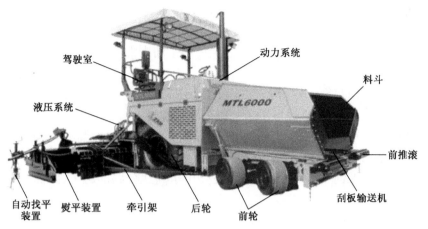

图 4-2-13 轮胎式沥青混凝土摊铺机

图 4-2-14 履带式沥青混凝土摊铺机

(2)按动力传动系统分为液压式、机械式和液压机械式三种。

①液压式摊铺机的行走、供料、分料、整平装置和振动器的振动、整平装置的延伸等均采用液压传动。目前摊铺机向着全液压的方向发展,并广泛采用机电液一体化技术。

②机械式摊铺机的行走、供料、分料采用机械传动,结构复杂,操作不便。由于传动链多,且中心距较大,调速性和速度匹配性较差。

③液压机械式摊铺机的结构是机械式和液压式摊铺机的综合。因而,结构特点和使用

性能介于二者之间。

(3)按摊铺宽度分为小型、中型、大型和超大型四种。

①小型摊铺机摊铺宽度一般小于3.6m,主要用于沥青混凝土路面的养护和低等级路面的摊铺。

②中型摊铺机摊铺宽度一般为4～5m,主要用于二级以下公路的修筑和养护作业。随着自动找平系统的应用,该机型也可用于一级公路的摊铺。

③大型摊铺机摊铺宽度在5～10m,主要用于高等级路面的摊铺,传动形式以液压机械式和全液压式为主,具有自动找平系统,摊铺质量高。

④超大型摊铺机摊铺宽度在10m以上,主要用于高速公路的施工,路面纵向接缝少,整体性好。

2. 沥青混凝土摊铺机的构造

沥青混凝土摊铺机主要由一台特制的轮胎式或履带式基础车、供料设备、工作装置,以及操纵机构等部分组成(图4-2-13、图4-2-14)。

1)供料设备

供料设备由料斗、刮板输送机和闸门组成。

(1)料斗置于机械前面,用来接受汽车卸下的混合料。它由底板与左右侧壁组成,前面敞开,后面以闸门作为后壁,其横截面有梯形和箱形两种。料斗的两侧壁连同其毗连部分(斗底)都可由其下面的油缸向中央顶翻,以便将料斗内的混合料向中央倾卸。

(2)刮板输送机位于料斗下面,用来将料斗内的混合料连续向后输送到摊铺室内,它由一块与斗底共用的底板和两副装在滚子键上的许多刮板所组成(图4-2-15)。滚子键的转动就使刮板沿底板向后移动,将斗内混合料向后刮送,一直送到摊铺室内卸下。左右两副刮板独立操纵,可控制料斗在同速或不同速下运转。

(3)闸门有左右两扇,可以独立升降,以控制向后输送混合料的强度。闸门开启的大小有标志,驾驶员可在驾驶室内观察到。

现代摊铺机一般设有供料电控系统,可根据摊铺室内混合料高度的变化成比例地调整供料速度。

2)工作装置

工作装置由螺旋给料器、振动器和整平装置组成。

螺旋给料器是由两根大螺距、大叶片、螺旋方向相反的螺杆组成。它们同向旋转时能将混合料自中间向两侧推移。

振动器左右两块矩形板由液压驱动的偏心轴来驱动其做上下振动,对所铺混合料进行初步振实。

整平装置(熨平板)紧贴在振动器之后,分左右两块,由竖板与箱形纵截面的底座组成,用来熨平混合料并做成所需路拱。箱形底座中装有电加热器(远红外加热器),以便冬季施工时加热混合料。

螺旋给料器,振动器与整平装置三者的左右外侧都可接加长段,以便摊铺更宽的路面。

3)自动找平系统

现代摊铺机都设有自动找平系统(图4-2-16),可根据道路平整度的变化随时调节两大臂牵引点的垂直高度,使摊铺的路面平整度符合技术要求,而不受路基平整度的影响。自动调平系统包括纵坡找平自动控制系统和横坡找平自动控制系统。

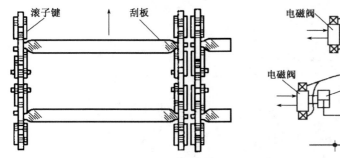

图 4-2-15 刮板输送机

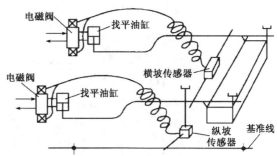

图 4-2-16 开关式自动找平系统布置图

其工作情况如下:摊铺机工作时,当左侧路面不平使左牵引臂的牵引点升降时,安装在左牵引臂上的纵坡传感器也随之升降,改变了传感器的传感臂与基准线之间的初始夹角(一般为45°),从而产生高度偏差信号,并经驱动电路推动左侧电磁阀,使找平油缸带动牵引臂的牵引点升降,直到整平装置恢复原来的工作仰角,传感器也回到原位。此时偏差信号消失,油缸停止调节。

右侧的调节与左侧相似,不同之处是它用横坡传感器检测横坡坡度的变化,只要有坡度偏差,右侧找平油缸便进行调节,直到横坡度恢复设定值。

五、沥青混凝土路面的机械化施工

1. 施工工艺过程

摊铺沥青混凝土,是修建沥青混凝土路面中繁重而重要的工作之一。按其顺序包括清扫基层,运输混合料,摊铺混合料以及整平、压实等。采用沥青混凝土摊铺机、运料车和压路机进行联合作业,就可完成沥青混凝土路面铺筑的全部过程(图 4-2-17)。

在摊铺沥青混凝土混合料之前,应使用路刷清扫基层表面,然后浇洒与沥青混凝土所用沥青标号相同的透油层,其定额可按施工要求决定。其次,检查混合料的施工温度和拌和质量,检查合格的混合料即可装车运往施工地点。摊铺机摊铺混合料的施工过程如下。

(1)运料车自沥青混凝土供应基地装料运至摊铺地点。混合料的运输应注意以下几点。

①热拌沥青混合料宜采用较大吨位的运料车运输,但不得超载运输,或紧急制动、急弯掉头使透层、封层造成损伤。运料车的运力应稍有富余,施工过程中摊铺机前方应有运料车等候。对高速公路、一级公路,待等候的运料车宜多于5辆后开始摊铺。

②运料车每次使用前后必须清扫干净,在车厢板上涂一薄层防止沥青黏结的隔离剂或防黏剂,但不得有余液积聚在车厢底部。从拌和机向运料车上装料时,应多次挪动汽车位置,平衡装料,以减少混合料离析。运料车运输混合料宜用苫布覆盖保温、防雨、防污染。

③运料车进入摊铺现场时,轮胎上不得沾有泥土等可能污染路面的污物,若有,宜设水池洗净轮胎后进入工程现场。沥青混合料在摊铺地点凭运料单接收,若混合料不符合施工温度要求,或已经结成团块、已遭雨淋便不得铺筑。

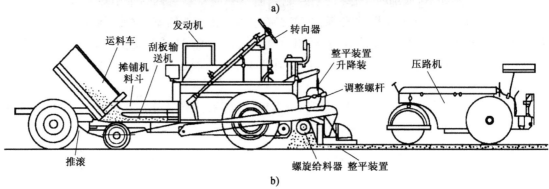

图 4-2-17 摊铺沥青混凝土机械化工作过程

④SMA 及 OGFC 混合料在运输、等候过程中,如发现有沥青混合料沿车厢板滴漏时,应采取措施予以避免。

(2)摊铺过程中运料车应在摊铺机前 10～30cm 处停住,空挡等候,由摊铺机推动前进,开始缓缓卸料,避免撞击摊铺机。在有条件时,运料车可将混合料卸入转运车经二次拌和后向摊铺机连续均匀地供料。运料车每次卸料必须倒净,尤其是对改性沥青或 SMA 混合料,如有剩余,应及时清除,防止硬结。

(3)摊铺机推着自卸汽车前进,自卸汽车边移动边向摊铺机料斗内卸料。摊铺机料斗内的混合料先由刮板输送机连续送至摊铺室内,然后再由螺旋给料机横向摊铺开来。在刮板输送机速度一定的情况下,混合料的供料强度由闸门来控制。由螺旋给料器摊铺开来的混合料由振动器初步刮平并捣实。整平装置将振动器初步捣实的混合料,按照技术要求(厚度和拱度)加以熨平。

(4)整平后的摊铺层由压路机最终压实。压实成型的沥青路面应符合压实度和平整度的要求。

2.摊铺机作业参数的确定与调整

摊铺机在施工以前,应首先对机械进行一次全面的检查,发现问题应及时处理,保证机械各部分技术状况的完好性,确保施工过程的顺利进行。同时,还要根据施工技术要求,做好摊铺机作业参数的确定与调整。

1)摊铺带宽度的确定和整平装置宽度的调整

现代公路路面的宽度,大都超过摊铺机整平装置的标准宽度和加宽后的总宽度,所以,必须进行多次摊铺。《公路沥青路面施工技术规范》(JTG F40—2004)中规定铺筑高速公路、一级公路沥青混合料时,一台摊铺机的铺筑宽度不宜超过6m(双车道)~7.5m(3车道以上),通常宜采用两台或更多台数的摊铺机前后错开10~20m,阶梯组队摊铺。施工前应根据摊铺路面的总宽度,计算好所需摊铺带的次数和每次摊铺带的宽度。一般可按式(4-2-7)计算:

$$n = \frac{B-x}{b-x} \tag{4-2-7}$$

式中:n——摊铺的次数;
B——路面的总宽度,m;
b——每次摊铺带的宽度,m;
x——相邻两摊铺带的重叠量,m,一般为0.05~0.1m。

式中,摊铺的次数n最好为整数。若不能为整数时,应在尽可能减少摊铺次数的前提下,使所剩最后一次摊铺带的宽度不小于摊铺机的标准摊铺宽度。实在不足时,只好用切割机来切割摊铺带。同时,在确定摊铺带宽度时,还要注意以下因素。

(1)当全路宽分两次铺完时,确定的摊铺宽度不得使机械在已铺好的路面上行走。

(2)使用缩短宽度的整平装置时,尽可能在第一次摊铺时使用;使用加长宽度的整平装置时,尽可能避免反复加长、缩短宽度。

(3)摊铺狭窄道路时,可以让整平装置伸到边沟或路缘石上,但应注意振动器不能碰到路缘石。

(4)上下层的接缝应错开20cm以上。

(5)摊铺纵向接缝时,整平装置与相邻的路面应重叠5~10cm。

(6)摊铺下层时,为了便于机械转向,熨平装置的端头与路缘石、边沟的间距应保留10cm以上。

(7)摊铺大坡度路段时,应从低的路段开始;摊铺单向横坡时,应从内侧向外侧进行。

2)摊铺厚度的确定和整平装置仰角的调整

为了保证摊铺层厚度经碾压密实后符合设计要求,一般按下列顺序调整摊铺厚度。

(1)摊铺工作开始前,加工好两块木块,作为摊铺厚度的基准。木块的宽度为5~10cm,长度与整平装置纵向尺寸相同或稍长,厚度为铺层厚加压实量(沥青混合料的松铺系数应根据混合料类型由试铺试压确定,一般为铺层厚的1.15~1.2倍)。在摊铺机的行驶装置停置于摊铺带起点的平整处后,抬起整平装置,将两木块分别置放于整平装置的两端下面,如图4-2-18所示。如果整平装置采用加宽节段,垫木不可置放于接缝处,而应置于加宽节段的边侧内端。

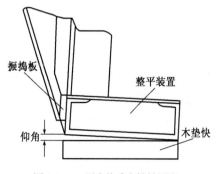

图4-2-18 用木块确定摊铺厚度

（2）垫木置好后，打开液压阀，使整平装置的升降油缸处于自由浮动状态（油缸最好采用单作用式，当其处于浮动位置时，绝对不能有向下的液体压力，否则，行驶装置将被抬升，影响到铺层厚度的准确性）。此后转动左右两个厚度调节器的螺杆，使其处于中立位置。此时整平装置只靠自重落在垫木上，不受其他垂直荷载的作用。

（3）为了减少整平装置底座的前移阻力，整平装置置好后，要调整整平装置的初始工作仰角。仰角的调整视机型的不同、铺层厚度的不同，以及混合料种类和温度等因素而异，各机型的使用说明书中都有规定。在一般情况下，可将调节螺杆右旋（使整平装置后端向下压）1~1.25圈即可。此时整平装置的前端微升，形成20′~40′的仰角。摊铺厚度较大时，初始仰角应稍大些。

（4）按上述方法初步确定铺层厚度后，还要在开铺后立即用深度测量仪来复核其实际铺层厚度，必要时再转动厚度调节器进行调整。考虑到路基的平整度，复测时应分几处测试，取其平均值。对于凹凸不平的路基，几处测量仍难求得正确的厚度值时，可用摊铺的面积和所用混合料的数量求得，其平均厚度 $h(\text{m})$ 可按式(4-2-8)计算：

$$h = \frac{100G}{\gamma A} \tag{4-2-8}$$

式中：G——所用混合料的质量，t；

γ——未最终压实的混合料密度，t/m^3，约为 2.0t/m^3；

A——摊铺的面积，m^2。

对于采用自动找平装置的摊铺机，在施工过程中，铺层厚度可自动控制，不必人工调整。

3）摊铺层拱度的调整

为了达到道路横断面设计拱度的要求，在摊铺机上大都设有拱度调节机构。在摊铺工作时，通过转动拱度调节器，以达到所需的拱度形状，并用整平装置底面拉线绳校对。

在铺筑旧路面时，如旧沥青路面的拱度合适，可将整平装置贴在旧路面上调拱。摊铺开始后，与铺出的新路面进行拱度对比，如不合适再给予调整。

摊铺层拱度可在调整摊铺层厚度和整平装置仰角时同时进行，无特殊情况，铺筑同一摊铺带时不再调整。

4）振动器振动频率的选择

为了保证沥青混凝土摊铺层有足够的密实度和平整度，振动频率与摊铺速度应相互匹配。特别是在摊铺细粒度沥青混凝土薄面层时更应注意。经验证明：摊铺机每前进5mm，振捣板最少振捣一次，即摊铺机以 3m/min 工作速度施工，振捣板的振动频率不应低于600次/min。

振捣板振动频率除应与工作速度相匹配外，还应考虑其他因素的影响。例如：若摊铺厚度增大，捣固行程也应增大；若材料集料粒径增大、混合料温度较低时，振动频率应调低些。

5）整平装置的加热

（1）摊铺机开工前。在每天开始施工前或停工后再工作时，应提前 0.5~1h 预热整平装置（熨平板），使其不低于100℃，即使在炎热的夏季也应如此。因为沥青混合料摊铺时的温度要求在100℃以上，当混合料碰到30℃以下的整平装置底面时，将会冷黏在上面，这些黏附的颗粒料随整平装置一起向前滑移时，会拉坏铺层表面，而形成沟槽和裂纹。如果先对整平装置进行加热,则加热后的整平装置可对铺层起到熨烫的作用,避免了混合料的黏结,从而使路面平整光滑。但是,加热整平装置时,不可过热。整平装置过热除了易使板本身变形、加速磨损外,还会使铺层表面烫出沥青胶浆和拉沟。因此,施工中一旦发现此种现象应立即停止加热。

(2)连续的摊铺过程中。当整平装置已充分受热,可暂停对其加热。但对于摊铺低温混合料和沥青胶砂时,在较低的气温下,应对整平装置连续加热,以使板底对混合料经常起着熨烫作用。

6)摊铺机工作速度的选择

摊铺机必须缓慢、均匀、连续不间断地摊铺,不得随意变换速度或中途停顿,这样可以提高平整度,减少混合料的离析。摊铺速度宜控制在 2~6m/min 的范围内,对改性沥青混合料及 SMA 混合料宜放慢至 1~3m/min。当发现混合料出现明显的离析、波浪、裂缝、拖痕时,应分析原因,给予消除。

摊铺机断续工作,会使路面形成台阶状。在摊铺粗粒沥青混合料时,如摊铺机停歇过久,因混合料已冷凝,以致难以压到所需的密实度,而新摊铺层随之压实,摊铺层厚度将减小,因而在搭接处便形成台阶状的接缝。在摊铺细粒沥青混合料时,若摊铺机停歇过久,则会由于熨平装置自身的重力而下沉,在该处出现台阶状。因此,为了保证摊铺机工作的连续性,确保铺筑路面的质量,在选择摊铺速度时,首先要考虑混合料的供应能力,其包括沥青混凝土拌和设备的生产能力和运输车辆的运输能力。同时还要考虑摊铺的宽度、厚度。当摊铺机的供料能力即刮板输送机的输送能力一定时,摊铺机的工作速度 v 可按式(4-2-9)计算:

$$v = \frac{100Q}{60bh\gamma} \tag{4-2-9}$$

式中:Q——混合料的供给能力,t/h;

h——压实后的摊铺厚度,cm;

b——摊铺的宽度,m;

γ——沥青混合料压实后的单位体积重度,t/m³,通常取为 2.35t/m³。

另外,实际选择摊铺速度时,还要考虑所用混合料的类型、温度、交通条件,及铺层的层次等。一般底层的摊铺速度较快,约为 10m/min;面层的摊铺较慢,为 6m/min 以下,以得到足够的密度和平整度;摊铺薄细料罩面层时,要更慢些,因为速度减慢,铺层可得到较多的振捣次数(一般要求摊铺机每前进 1m,振捣梁的振捣次数不应小于 200 次)。

现代化摊铺机一般设有电子自动调速系统,摊铺机速度一旦确定,就应力求保持恒定。因为当摊铺速度改变时,振动器作用于单位面积上的振捣次数将随之改变,从而导致铺层密实度、厚度发生改变,影响到路面的质量。

在确定了摊铺速度后,如果拌和设备的生产能力(应稍大于摊铺机的生产率)足够,应计算出所需运输车辆的数量,并要妥善做好施工组织工作,使车辆既不中断混合料的供应,又不造成混合料的积压。

7)摊铺机供料机构的正确操作

摊铺机的供料机构包括通过闸门向后供料到摊铺室的刮板输送机和向两侧给料的螺旋给料器两部分。供料时,二者应密切配合,工作速度应匹配恰当。在确定了其工作速度后,要力求速度保持一致,确保摊铺路面的平整度。

　　刮板输送机的供料速度及闸门的开启度,共同影响着向摊铺室的供料量。通常刮板输送的供料速度确定后,便保持恒定。因此,向摊铺室的供料基本依靠闸门的开启度来调节。在摊铺速度恒定时,闸门开启过大(图 4-2-19a),会使螺旋给料器来不及把刮板输器送来的混合料向两侧分布,而使摊铺室中部积料过多,形成高堆,从而造成螺旋给料器的过载,加速其叶片的磨损。同时也增加了整平装置的前进阻力,破坏了整平装置的受力平衡,使整平装置自动浮起,铺层厚度增加。如果关小闸门(图 4-2-19c)或暂停刮板输送机的运转,掌握不好,又会使摊铺室内的混合料突然减少,摊铺室中部料堆高度下陷,密实度降低,同时对整平装置的阻力减小,破坏了整平装置的受力平衡,使整平装置下沉,铺层厚度减少。

　　摊铺室内最恰当的混合料数量(图 4-2-19b)是料堆高度平齐于或略高于螺旋给料器的轴心线。即稍微看见螺旋给料器的螺旋叶片或刚盖住叶片为宜。另外料堆的高度应保持一致,因此要求螺旋给料器的转速应均衡。

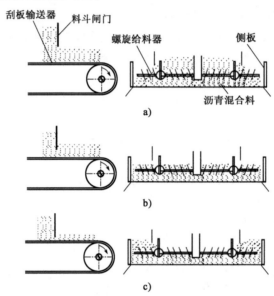

图 4-2-19　各闸门开度对沥青混合料沿整平装置宽度方向分布的现象

　　闸门的最佳开度,应在保证摊铺室内混合料处于上述正确高度状态下,使刮板输送机和螺旋给料器在全部工作时间内,都要保持连续运转。但由于路基的不平以及诸多复杂的因素,为保证摊铺室内混合料维持标准高度,刮板输送机与螺旋给料器不可避免地要有暂停运转和再起动的情况发生。不过这种情况越少越好,因为频繁地停转与再起动,会加快其传动机构的磨损。一般要求其动转时间占全部工作时间的 80%~90%。

　　为了保持摊铺室内混合料高度经常处于标准状态,现代摊铺机一般都配有供料电控系统,对供料速度和闸门的开度自动控制。

　　无论是手动操纵还是自动供料控制,都必须要求运输车辆对摊铺机有足够持续的供料量。一旦出现摊铺机停机待料,为了避免摊铺机料斗内混合料的温度降低而凝结在料斗内,摊铺机必须将余料一次摊铺完。否则,除了造成铺层波浪起伏外,还会加速刮板输送机的磨损。

8）摊铺带长度的确定

目前，全机械化施工普遍采用多台摊铺机阶梯组队，在少雨、气温高的季节进行沥青混凝土摊铺。在确保施工机械完好，满足混合料供应的前提下，通常采用24h连续摊铺，夜间采用前后照明，摊铺长度越长越好。这样，不但可以减少横向接缝，提高施工质量，而且可以确保施工的连续性，加快施工进度。

但如果摊铺机数量不足，用一台摊铺机分幅摊铺时，如果摊铺长度过长，在摊铺下一幅时，因第一条摊铺带的混合料已凝固，故接合处温差较大，难以接合，将会出现纵向接缝，影响到路面的质量；如果摊铺长度过短，则影响生产率，增加横向接缝。因此，必须确定合适的摊铺长度。

摊铺带的合适长度与施工地点的气温有关，同时还要考虑施工线路总长度、摊铺速度、混合料摊铺温度、工作环境和交通条件等。表4-2-2列举了不同温度、环境条件下的摊铺长度，可供选择。

摊铺带长度的选择　　　　　　表4-2-2

无风时气温（℃）	摊铺带长度（m）	
	防风处、建筑物段、林带和深路堑	开阔路段
5～<10	30～<60	25～<30
10～<15	60～<100	30～<50
15～<25	100～<150	50～<80
≥25	150～200	80～100

3.摊铺接缝的施工方法

1）纵向接缝的施工

两条毗连的摊铺带，其接缝处必然有一部分搭接，这样才能保证该处与其他部分具有相同的厚度和平整度。搭接的宽度应前后一致。搭接有冷接缝与热接缝两种。

冷接缝是指新铺层与经过压实后的已铺层的搭接，如图4-2-20所示。搭接宽度为3～5cm，过宽会使接缝处压实不足，产生热裂纹。新铺层的厚度必须与已铺层未压实前同厚。对新铺层的碾压，在压实前要捡出搭接处的大粒碎石。压实时，第一次只碾压到离前一条摊铺带边缘20～30cm处。以后依次移过纵向接缝。

热接缝是指使用两台或两台以上摊铺机并列（前后相隔10～20m）施工时，两条摊铺带的搭接，如图4-2-21所示。此时两条毗邻摊铺带的混合料都还处于压实前的热状态，所以纵向接缝易于处理，连接强度较好。毗邻摊铺带的搭接宽度为3～6cm。碾压第一条摊铺带时，离其接缝边缘约30cm要暂不碾压，该处留待碾压第二条摊铺带时一起压过。

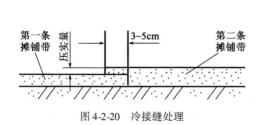

图4-2-20　冷接缝处理

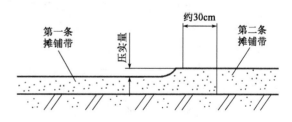

图4-2-21　热接缝处理

对纵向接缝,不管采用冷接法还是热接法,摊铺带的边缘都必须齐整,这就要求机械在直线和弯道上行驶时,都应始终保持正确位置。为此,可沿摊铺带的一侧敷设一根导线,在机械上安置一根带滚子键的悬杆。作业时,驾驶员只要注视所悬滚子键对准导线,就能保证机械行驶方向的准确性。

2) 横向接缝的施工

横向接缝是摊铺施工中无法避免的。前后两条摊铺带横向接缝的质量好坏,对路面的平整度影响很大,它比纵向接缝对汽车行驶速度和舒适性的影响要大得多。所以,必须妥善处理。为了减少横向接缝,每条摊铺带在一天的施工中应尽可能长些,最好是一个工班只留一条接缝。横向接缝基本上都是冷接缝。

处理好横向接缝的一个基本原则是,要将第一条摊铺带的尽头边缘铲成上下垂直状,并与纵向边缘呈直角,接铺层的厚度为前一条摊铺带厚度与压实量的和。

4. 自动找平装置的运用

现代摊铺机一般都设有自动找平装置。使用自动找平装置,必须事先选好纵坡基准。基准有专设的弦线和现成的基准(如已铺的路面、平整的路缘石、路基等)。

1) 弦线基准及其敷设

当路基高低不平,边侧又无平坦的基准面可供参考时,可采用弦线基准。它在道路的边侧专门设置,具有规定纵坡的基准线。摊铺机工作时,传感器的触件沿着基准线移动。这是一种精确度很高的基准形式,一般由弦线、铁立杆、弹簧秤和张紧器等部分组成。常用于路面的下面层或基层。

基准线常用钢丝和尼龙线。

钢丝一般使用直径为 $2 \sim 2.5$mm 的弹簧钢丝,每根长度以 200m 为宜,过长不易拉紧。总数量要满足两三天的施工用量。其优点是不易受外界气候变化的影响;缺点是张紧比较困难,易出现松弛线段,需要做脚踩试验。200m 长钢丝的张紧力一般需 $800 \sim 1000$N。

尼龙线的缺点是遇水会伸长,所以,在遭受露水、雨水或受潮后都要重新张紧。每天开工前,都要复查其张紧度,必要时应进行张紧。但尼龙线柔软,使用方便,所以使用仍较多。每根尼龙线长 $150 \sim 200$m,张紧力为 $300 \sim 400$N。

基准线的敷设如图 4-2-22 所示。两立杆的间距一般为 $5 \sim 10$m,弯道处要短些。标桩用于测拉线的高程,应设在立杆附近,以便于检查。其数量视坡度变化程度而定。敷设基准线时,除了应按规定的纵坡保证各支点都处于正确的高程位置外,还要注意其纵向走向的准确性,最好使每根立杆与路面中线的距离都相等。这样,同时可充当前面所述的导向线。敷设好的基准线必须复核其高程的准确性,如果高程不准确,基准线非但失去了自动找平装置的使用意义,反而会出现不平整或纵坡不合要求的铺层。另外,为了避免施工过程中发生碰撞,在各立杆上要做出醒目的标志,以引起人们的注意。

2) 现成的基准

现成的基准有较平整的路基、已铺好的路面、较平整的路缘石和坚实的边沟等。但选用路缘石或硬边沟作为基准面时,应检查其表面是否平整,可否用作基准,然后才能正式使用。

传感器的接触件有滑靴(雪橇式)、平衡梁等,应视所参考的基准面种类而定。对于底层的铺筑,以原路基作基准,可视原路基的平整情况,采用长短不一的平均直梁或带小滚轮的平衡梁作接触件。以铺好的路面作为基准,常用于摊铺纵向毗邻的摊铺带。此时由于已铺路面较平整,可采用滑靴作为接触件。对冷接缝施工,滑靴应置于离摊铺带边缘 30~40cm 处,因为已铺摊铺带经碾压后,其边缘会产生变形。对热接缝施工,滑靴可置于未碾压摊铺带的边缘处。铺筑改性沥青或 SMA 路面时,宜采用非接触式平衡梁。

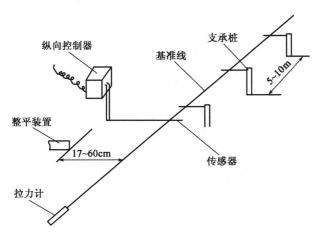

图 4-2-22 基准线的敷设

3)纵向传感器的安置、检查与调整

纵向传感器在安装妥善后,要将灵敏度调整旋钮调整在其死区的中立位置(死区范围一般都在出厂时调整好,不必再进行调整)。调整之前,首先要检查左右牵引臂铰点的高度是否一致,其适当的高度应使油缸行程处于中心位置。调整时要将牵引臂的铰销锁住。传感器处于中立时,传感器控制面板上的信号指示灯熄灭,如果信号指示灯是亮着的,则表明它还未处在中立位置,需要重新调整。调好后,将传感器的工作选择开关拨到"工作"位置,打开电源开关,预热 10min,等到摊铺机向前摊铺 10~15m,铺层厚度达到规定值时,就可让自动找平装置投入工作。

4)横坡的控制

一般情况,铺层的横坡由横坡控制系统配合一侧的纵坡传感器来控制,但是如果一次摊铺的宽度较大(6m 以上),由于整平装置的横向刚性降低,容易出现变形,横坡传感器的检测精度降低,此时常改用左右两侧的纵坡控制系统进行控制。当路面的横坡变化过大时,也常如此。横坡控制系统包括横坡传感器、横坡选择器和控制器等。

横坡传感器的死区在 ±0.2% 工作较为顺利。近年来的一些产品已改进到 ±0.02%。

当机械直线摊铺时,只要给定设计的横坡值,就能实现自动控制。但在弯道上摊铺时,因转弯半径不同,横坡值也不同,这很难实现自动控制。为了正确操作,可事先在弯道地段每隔 5m 打一标桩,将各桩处的坡度值记入表格,并画出曲线图,如图 4-2-23 所示。如果转弯半径很小,两桩的间距可适当缩小,最小为 1m,但在进出弯道处所设标桩间距可大些。作业时操作人员根据图,在进入某标桩之前约 2m 处,提前调整横坡选择器(因为横坡的实际变化滞后于调整动作)。例如:图中弯道标桩 A 处的横坡为 3%,若横坡选择器提前 2m,在 B 处就要调到 3% 的位置。

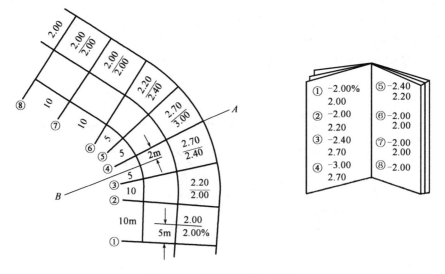

图 4-2-23 弯道路段横坡变化图

第三节 水泥混凝土路面机械及其施工技术

水泥混凝土路面是将水泥、砂、碎石和水按适当比例配合,拌和后经摊铺、振捣、整平和养护而成为一块板状的路面。水泥混凝土路面和沥青混凝土路面相比,具有承载能力大,稳定性好,使用寿命长,平整度好,养护费用低等优点。适用于重载、高速、交通量大的道路。水泥混凝土路面机械主要有:搅拌设备、输送设备、摊铺机、整面机、切缝机、真空脱水设备等。本节主要介绍搅拌设备、摊铺机及水泥混凝土路面施工等。

一、水泥混凝土搅拌机(图 4-3-1)

水泥混凝土搅拌机是将一定配合比的水泥、砂、碎石(集料)和水等拌制成水泥混凝土的机械。

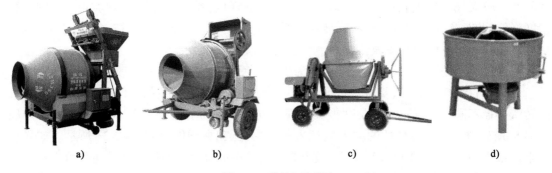

图 4-3-1 搅拌机外观图

1. 搅拌机的用途、分类和型号

水泥混凝土搅拌机的用途就是机械化地拌制水泥混凝土,其种类较多,分类方法和特点如下。

(1)按作业方式分有间歇作业式和连续作业式两种。

间歇作业式(图 4-3-1)的供料、搅拌、卸料三道工序是按一定的时间间隔周期进行的,即按份拌制。由于拌制的各种物料都经过准确的称量,故搅拌质量好。目前大多采用此种类型的作业方式。

连续作业式的上述三道工序是在一个较长的筒体内连续进行的。虽然其生产率较间歇作业式高,但由于各料的配合比、搅拌时间难以控制,故搅拌质量较差。目前使用较少。

(2)按搅拌方式分有自落式搅拌、强制式搅拌两种。

自落式搅拌机(图 4-3-1a、b)就是把混合料放在一个旋转的搅拌鼓内,随着搅拌鼓的旋转,鼓内的叶片把混合料提升到一定的高度,然后靠自重撒落下来。这样周而复始地进行,直至拌匀为止。这种搅拌机一般拌制塑性和半塑性混凝土。

强制式搅拌机(图 4-3-1d)是搅拌鼓不动,而由鼓内旋转轴上均置的叶片强制搅拌。这种搅拌机拌制质量好,生产效率高;但动力消耗大,且叶片磨损快。一般适用于拌制干硬性混凝土。

(3)按装置方式分有固定式和移动式两种。

固定式搅拌机是安装在预先准备好的基础上,整机不能移动。其体积大,生产效率高。多用于搅拌楼或搅拌站。

移动式搅拌机(图 4-3-1a、b、c)本身有行驶车轮,且体积小,质量轻,故机动性能好。应用于中小型临时工程。

(4)按出料方式分有倾翻式和非倾翻式两种。

倾翻式(图 4-3-1c)靠搅拌鼓倾翻卸料,而非倾翻式(图 4-3-1a、b)靠搅拌鼓反转卸料。

(5)按搅拌鼓的形状不同分为梨形(图 4-3-1a、b)、鼓筒形、双锥形(图 4-3-1c),圆盘立轴式(图 4-3-1d)和圆槽卧轴式五种。前三种系自落式搅拌;后两种为强制式搅拌。

(6)按搅拌容量分有大型(出料容量 1000～6000L)、中型(出料容量 300～500L)和小型(出料容量 50～250L)。

各搅拌机的分类见表 4-3-1。

水泥混凝土搅拌机分类　　　　表 4-3-1

自 落 式				强 制 式		
倾翻出料		不倾翻出料		竖轴式		卧轴式
单口	双口	斜槽出料	反转出料	涡桨式	行星式	双槽式

2. 锥形反转出料混凝土搅拌机

锥形反转出料搅拌机具有结构简单、搅拌质量好、生产率高、易实现自动控制等优点,是作为逐步取代鼓筒搅拌机的一种机型,其主要有以电动机为动力的 JZ 系列型号和 JZY 系列型号,也有部分采用柴油机为动力的 JZR 系列型号。

图 4-3-2 为 JZ350 型搅拌机,该机进料容量为 560L,额定出料容量为 350L,生产率为

$11\sim13m^3/h$。其主要机构有搅拌系统、进料装置、供水系统和电气控制系统等。

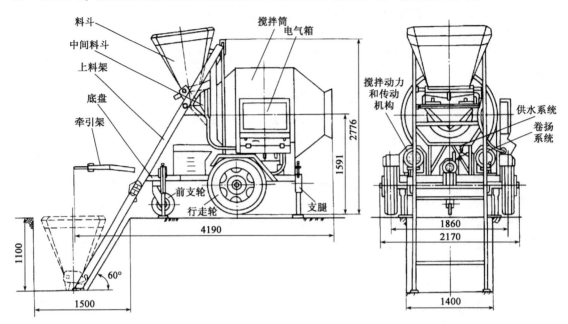

图4-3-2　JZ350型搅拌机(尺寸单位:mm)

1) 搅拌系统

锥形反转出料搅拌机其搅拌筒如图4-3-3所示,搅拌筒由中间的圆柱体及其两端的截头圆锥组成,通常采用钢板卷焊而成。搅拌筒内有两组交叉布置的搅拌叶片,分别与搅拌筒轴线呈45°和40°夹角,且呈相反方向。其中一组较长的主叶片直接与筒壁相连;另一组较短的副叶片则由撑脚架起。当搅拌筒转动时,叶片使物料除做提升和自由下落运动外,还强迫物料沿斜面做轴向窜动,并借助于两端锥形筒体的挤压作用,使筒内物料在撒落的同时形成沿轴向往返交叉运动,大大强化了搅拌作用,提高了搅拌效率和搅拌质量。

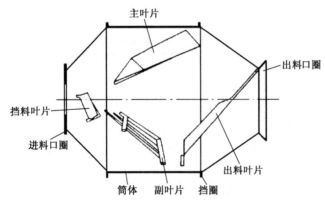

图4-3-3　JZ350型搅拌机的搅拌筒

在搅拌筒的进料圆锥一端,焊有两块挡料叶片,防止进料口处漏浆。在出料圆锥一端,对称地布置有一对与副叶片倾斜方向一致的螺旋形出料叶片。当搅拌筒正转时,螺旋运动方向朝里,将物料推向筒内;搅拌筒反转时,螺旋叶片运动方向朝外,将搅拌好的混凝土卸出。

2)进料装置

进料装置由料斗、上料架、中间料斗和传动装置等组成,进料架轨道的下端可向上翻转折叠,以便运输或转场;其上端与机架焊接,以便安装和增加刚性。

料斗提升电动机通过减速器减速后驱动钢丝绳卷筒,钢丝绳通过滑轮组牵引料斗上升。当料斗提升到卸料位置时,由电气控制装置控制,料斗便停止在卸料位置上卸料。

3)供水系统

供水系统由电动机、水泵、节流阀、管路等组成。它是由电动机带动水泵直接向搅拌筒供水,设有节流阀调节水的流量,通过时间继电器控制水泵供水时间来实现定量供水。工作时,根据每罐混凝土所需水量,将时间继电器的表盘指针拨至对应的时间刻度上,按下水泵启动开关即开始供水。当其指针回零时,水泵电动机断电,供水终止。

4)电气控制系统

搅拌筒的正转、停止、反转以及水泵的运转和停止分别由五个控制按钮来实现。供水量由时间继电器来确定。

此外,该型搅拌机的整机安装在单轴拖式底盘上,既可低速拖行转场,也可由载货车装运转场。底盘有四个支脚,以保持停机和工作时的稳定性。

3. 搅拌机的使用

(1)为了保证混合料的拌制质量,必须使碎石、砂和水泥按要求称量准确;并在搅拌前,按要求调整好水箱指示牌上指针的位置,以控制供水量。要严格掌握好搅拌时间,同时要求进料斗卸料干净,否则,会影响下一份混合料的配合比。

(2)在往进料斗内装料时,应注意装料顺序,即碎石在下、水泥在中、砂在上,这样料斗升起时不致引起水泥飞扬。

(3)工作完后,应向搅拌鼓内倒进一些碎石或砂,搅拌 10 min 再放出。否则,鼓内的余料凝固后,很难清除。

二、水泥混凝土搅拌站

水泥混凝土搅拌站外观图如图 4-3-4 所示。水泥混凝土搅拌站(搅拌楼)是用来搅拌混凝土的联合装置。因其机械化和自动化程度较高,生产率较高,故常用于混凝土工程量大、施工周期长、施工集中的公路路面与桥梁工程、大中型水利电力工程、建筑施工,以及混凝土制品工厂中。

1. 水泥混凝土搅拌站的用途和分类

(1)按工艺布置形式分有单阶式和双阶式两种。

①使用单阶式搅拌站时,碎石、砂和水泥等材料一次就提升到搅拌站最高层的储料斗,然后配料称量直到搅拌成成品料,全过程均借物料自重下落而形成垂直生产工艺体系,其工艺流程如图 4-3-5 所示。其具有生产率高,动力消耗小,机械化和自动化程度高,布置紧凑,占地面积小等特点。但其设备较复杂,基建投资大,故常用于大型永久性搅拌站。

②使用双阶式搅拌站时,碎石、砂和水泥等材料分两次提升,第一次将材料提升至储料斗,经配料称量后,再将材料提升并卸入搅拌机,其工艺流程如图 4-3-6 所示。其具有设备简

单,投资少,建设快等优点。但其机械化和自动化程度较低,占地面积大,动力消耗多,故主要用于中小型搅拌站。

图 4-3-4　水泥混凝土搅拌站外观图

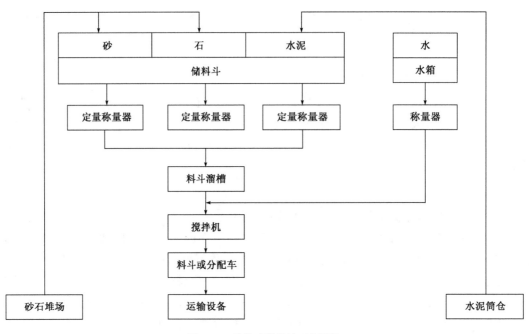

图 4-3-5　单阶式搅拌站工艺流程

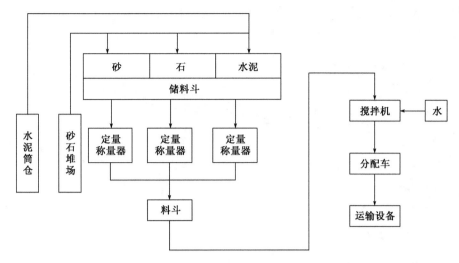

图 4-3-6 双阶式搅拌站工艺流程

(2)按装置方式分为固定式和移动式两种。

前者适用于永久性的搅拌站;后者则适用于施工现场。

(3)按搅拌机平面布置形式分为巢式和直线式。

巢式搅拌站是数台搅拌机环绕着一个共同的装料和出料中心,其特点是数台搅拌机共用一套称量装置,但一次只能搅拌一个品种的混凝土。

直线式搅拌站指数台搅拌机排列成一列或两列,这种布置形式的每台搅拌机均需配备一套称量装置,但能同时搅拌几个品种的混凝土。

2. 水泥混凝土搅拌站的组成与工作原理

在目前的公路与桥梁施工中,水泥混凝土搅拌站已是修建高等级水泥混凝土路面和大型桥梁工程不可缺少的设备之一,下面以常用双阶移动式搅拌站为例,介绍水泥混凝土搅拌站的主要组成与工作原理。

双阶移动式混凝土搅拌站(图 4-3-7)主要由混凝土搅拌机、集料与水泥称量设备、供水及称量设备、集料堆场、水泥筒仓、运输机械、控制系统等部分组成。

(1)混凝土搅拌机:混凝土搅拌机采用涡桨式,搅拌机额定容积 $0.5m^3$,生产率为 $25m^3/h$。

(2)集料的输送及储存:集料堆集在搅拌站的后部,用隔墙隔成若干个独立的料仓,分别储存砂、石子。采用拉铲把半圆形堆料场的材料堆集起来,并将砂及两种规格的石子分别运送到三个出料区上部。当控制出料区的三个闸门依次打开时,流入秤斗的砂石料由秤进行累计称量。

(3)集料的称量装置:集料称量秤由秤斗、秤盘、一级杠杆、二级杠杆和弹簧表头等部分组成。弹簧表头是秤的关键部分,精度为 $0.2\% \sim 0.5\%$,表盘上有三个定针,分别用来预选三种不同集料的质量,当动针与定针重合时就发出信号,控制集料出料区三个闸门的开闭。

(4)集料提升装置:在提升料斗完成集料称量后,由专门的卷扬机牵引料斗沿轨道向上提升。料斗升至搅拌机上方时,料斗的底门打开,集料落入搅拌机。料斗下降转入水平轨道时速度减慢,在轨道末端设有挡块,以减小料斗进入秤盘时的冲击力。

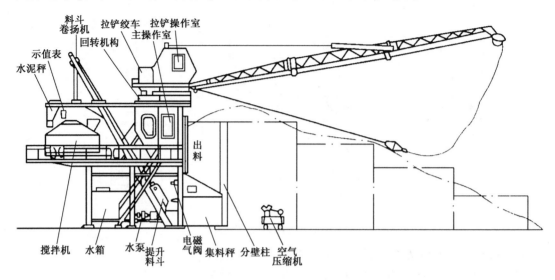

图 4-3-7　双阶移动式混凝土搅拌站

(5)水泥筒仓与水泥称量装置:两个水泥筒仓分别安装在搅拌站的两侧(图中未表示)。筒仓底部装有闸门和给料器,并与螺旋输送机相连接,由螺旋输送机将水泥输送至水泥秤斗进行称量。在表盘上设有一动针与定针,当两针重合时,螺旋输送机停止运转,从而完成水泥的称量。

(6)供水及称量设备:搅拌用水由水泵抽水经计量水表、管道送入拌筒,由计量水表称量用水。当达到规定水量时,水泵停止供水。

(7)控制系统:混凝土搅拌站采用电气控制系统。称料时料仓闸门或给料器的开闭,搅拌机搅拌时间,搅拌机卸料闸门的开、闭等工艺过程,可以按规定的程序自动运行。

三、水泥混凝土摊铺机

水泥混凝土摊铺机外观图如图 4-3-8 所示。

1. 水泥混凝土摊铺机的用途和分类

水泥混凝土摊铺机是将从搅拌输送车或自卸载货汽车中卸出的混合料,沿路基按给定的厚度、宽度及路形进行摊铺的机械。目前,水泥混凝土摊铺机主要有两种,一种是轨模式混凝土摊铺机,另一种是滑模式混凝土摊铺机。摊铺机摊铺器的形式有螺旋式、回转铲式和箱式。

螺旋式摊铺器是利用正反方向旋转的螺旋杆(直径约50cm)将混合料摊开(和沥青混凝土摊铺机给料器相似)。螺旋杆后面有刮板,可以准确调整摊铺层厚度。这种摊铺器摊铺能力大,目前在滑模式和轨模式混凝土摊铺机上均有采用。

回转铲式摊铺器其匀料铲可回转180°,同时,可在前面的导管上左右移动,将卸下的混合料直接摊铺在路基上。匀料铲的高度可无级调整,故能随意调节给料高度。这种摊铺器比其他类型摊铺器的质量轻,容易操作,但摊铺能力较小。目前在轨模式混凝土摊铺机上采用较多。

第四章　路面工程机械

图 4-3-8　水泥混凝土摊铺机外观图

箱式摊铺器是一装满混合料的钢制箱子。机械前进时,箱子横向移动,其下端按松铺高度刮平混合料。由于混合料全部放在箱内,质量大,故摊铺均匀准确,故障较少,但作业效率低,目前,仅用在周期作业的轨模式摊铺机上。

2. 轨模式水泥混凝土摊铺机

轨模式混凝土摊铺机(图 4-3-9)是由摊铺机、整面机、抹光机等组成的摊铺列车。施工时,列车在轨道上通过就可铺筑好一条行车带。轨模即是列车的行驶轨道,又是水泥混凝土的模板。摊铺机上装有摊铺器用来将倾卸在路基上的水泥混凝土按一定的厚度均匀地摊铺在路基上。摊铺机在摊铺水泥混凝土时,轨模是固定不动的。

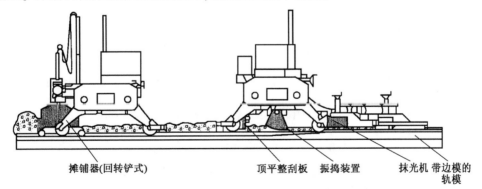

图 4-3-9　轨模式混凝土摊铺机(弗格勒)

轨模式摊铺机结构简单,但在摊铺作业中铺设和调整轨模十分不便。

3. 滑模式水泥混凝土摊铺机

滑模式混凝土摊铺机(图 4-3-10)是连续作业式机械,其由动力传动系统、主机架、四条履带支腿总成、螺旋给料器、虚方控制板、振动棒、捣实板、成型模板、浮动模板、边模板、自动找平装置和自动转向系统组成。其摊铺工艺流程(图 4-3-11)为:螺旋给料器→虚方控制板→振动棒→捣实板→成型模板→浮动模板→自动抹光机→拖布,摊铺完成后,拉毛、喷洒养护剂、切缝等工序由另外的机械完成。

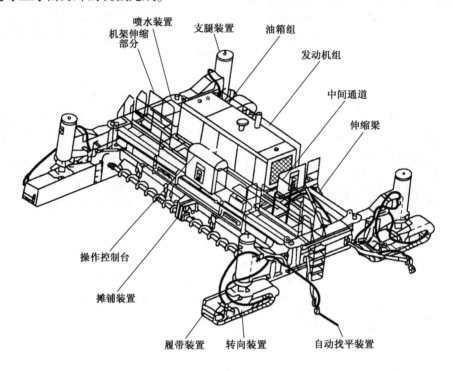

图 4-3-10 SF350 型四履带滑模式混凝土摊铺机外形图

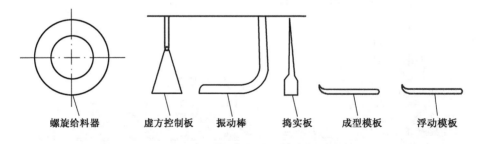

图 4-3-11 SF-350 摊铺机主要工艺流程图

近几年来,国外综合了轨模式和滑模式混凝土摊铺机两者的长处,生产出了轨道滑模式混凝土摊铺机。摊铺机用履带行走,装有滑模板的整面机、抹光机等在轨道上行走。该摊铺机也可用来摊铺沥青混凝土,一机两用。

四、混凝土路面切缝机

水泥混凝土路面有横缝和纵缝。横缝有伸缝和缩缝两种。路面每隔 6~8m 设置的一条横缝叫缩缝,一般做成假缝形式,缝宽约 1cm,缝内填塞沥青类材料,以防渗水。路面每隔 30~40m 设置一条横缝叫作伸缝,必须做成透底缝形式,缝宽 1~2cm,缝的下部填以软木或甘蔗板,上部用沥青填料封口。根据实践经验,有些地区伸缝的距离可以增长,甚至可以取消。通常在 7m 宽的路面中间设置一条纵缝。路面宽度超过双车道时,纵缝的距离按一条车道的宽度确定。纵缝可按缩缝形式做成假缝。

混凝土切缝机就是专门对水泥混凝土等进行高效率切割的设备。主要用于公路路面、机场道路和广场等可以连续大面积摊铺的施工场地,利用混凝土切缝机做伸缩缝切割,使得伸缩缝笔直、光滑、美观,并可以提高工作效率。另外,混凝土切缝机还可以用于沥青混凝土、石料、陶瓷制品及路面修补作业的坑槽等方面的切割。

混凝土切缝机按其工作原理的不同可分为手持式切缝机和盘式切缝机两种。

手持式切缝机是把一种电动或气动的偏心式振动器安装在一块长板条上制成。该切缝机利用偏心电动机旋转时产生的振动,把振动沉板压入未凝固的混凝土内并停留 4~7min 后拔出,这样划出的切缝较为清晰,并能增加混凝土边缘强度和切缝处的外观,提高混凝土铺砌层的质量。

盘式切缝机(图 4-3-12)由切割、进刀、行走、定位导向和冷却等五部分组成。工作时电动机通过皮带轮带动盘式圆钢轮或圆砂轮旋转进行切割工作。用圆钢轮切缝时,由于水泥混凝土与摊铺机上捣实机械配合而使切缝具有坚固而整齐的边缘。

图 4-3-12　盘式切缝机外观图

五、水泥混凝土路面机械化施工

1. 水泥混凝土路面施工工艺过程

水泥混凝土路面施工工艺过程如图 4-3-13 所示。图中定线放样工序首先由施工技术人员完成,而其他各工序必须根据施工单位所具有机械的类型、数量及施工方法来确定。图示水泥混凝土路面的施工工艺过程,既适用于人工、小型机械化施工,也适用于全机械化施工。在全机械化施工过程中,由于使用机械类型不同,有些工序可交叉进行或省略,如使用自动控制滑模式水泥混凝土摊铺机时,就不需要安装边模轨道这道工序。

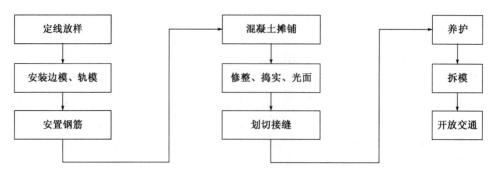

图 4-3-13 水泥混凝土路面施工工艺过程

1) 安装边模

模板一般架立在路中心线、纵缝处或路边线处,可选用木模板或钢模板,木模板应选用质地坚实、变形小、无腐朽、扭曲、裂纹的木料。模板高度应与混凝土板厚度一致,允许误差为 ±2mm,企口缝或凹槽的长度允许误差为钢模板 ±1mm,木模板 ±2mm。

立模的平面位置与高程应符合设计要求,架立应准确稳固,接头应紧密平顺,不得有离缝、前后错茬和高低不平等现象。

水泥混凝土摊铺前,应对模板的间隔、高度、润滑、支承稳定情况,基层的平整、润湿情况,以及钢筋的位置和传力杆装置等进行全面检查。轨模是供轨模式水泥混凝土摊铺机行走的轨道,一般可用金属、混凝土、钢筋混凝土或木料制成,目前施工过程中大多数采用金属制的轨模。

轨模的需要量是指在混凝土浇筑后 2～3d 内(经 24h 以上才可以拆模)不拆卸原用轨模,而又可连续进行浇筑施工的数量。若每天摊铺 300m,则必须架立 1200m 的模板。

2) 安置钢筋

混凝土板边和板钢筋、传力杆、窨井加固钢筋等都应按设计要求定好位置,并结扎牢固。

在机械化施工过程中,钢筋和钢筋网格都是在工厂中预制的。用专用机械设备进行铺设,但在工序上有交叉,即边摊铺混凝土边安放钢筋网格,并将钢筋网格用专用设备压入混凝土层。

3) 摊铺水泥混凝土

在人机综合摊铺混凝土作业中,一般用拌和机拌制混凝土,利用运输机械运达施工点,将混凝土卸入边模内,摊铺工作大多利用人工进行。

在机械化铺筑水泥混凝土路面施工过程中,可利用轨模式或滑模式水泥混凝土摊铺机来摊铺。

摊铺混凝土层的厚度,视不同的混凝土稠度而定。一般层高应比振实后的路面高度高 20%～30%,以保证对料层的振实。

4) 水泥混凝土路面铺砌层的捣实、整平和光面

水泥混凝土的捣实、整平和光面等作业应和摊铺作业紧密配合。

在人机综合作业施工中,应符合下列规定。

(1) 对厚度不大于 22cm 的混凝土板,在边角处先用插入式混凝土振动器顺序振捣,再用功率不小于 2.2kW 平板式混凝土振动器纵横交错全面振捣。纵横振捣时,应重叠 10～

20cm,然后用振捣梁振捣拖平。有钢筋的部位,振捣时应防止钢筋变位。

振动器在每一位置振捣持续的时间,应以混合料停止下沉、不再冒气泡为准,且当水灰比小于0.45时,不宜少于30s,用插入式混凝土振动器振捣时,不宜少于20s。

当采用插入式混凝土振动器和混凝土平板式振动器配合使用时,应先用插入式振动器振捣,后用平板式振动器振捣。分两次摊铺的,振捣上层混合料时,插入式振动器应插入下层混合料5cm,上层混合料的振捣必须在下层混合料初凝以前完成。插入式振动器的移动间距不宜大于其作用半径的0.5倍,并应避免碰撞模板和钢筋。

(2)混合料整平时,填补板面应选用集料(碎石、砾石)较细的混合料,严禁用纯水泥砂浆填补找平。经用振捣梁整平后,可再用铁滚筒进一步整平。设有路拱时,应使用路拱成型板整平。整平时必须保持模板顶面整洁,接缝处板面平整。

(3)光面前,应清边整缝,清除黏浆,修补掉边、缺角。光面时严禁在板面上洒水、撒水泥粉。光面一般分两次进行,先找、抹平,待混凝土表面无泌水时,再第二次抹平。抹平后沿横坡方向拉毛或用机具压槽,槽深一般为1~2mm。

在机械化施工中,水泥混凝土铺砌层的捣实、整平和光面等作业都是由整面机来完成的。整面机上设有振捣梁、振捣板、整平梁和光面器等。它和带边模的轨模式混凝土摊铺机、混凝土切缝机等组成一个摊铺列车进行作业。滑模式水泥混凝土摊铺机整面装置是与摊铺机制成整体联合作业的,只要摊铺机一通过,即可完成一个行车带。

5)划切伸缩缝

在机械化施工中,可以使用切缝机在混凝土上划切,形成伸缩缝。

利用手扶式切缝机切缝,应在混凝土浇筑后2~4h以内进行。时间过早,切缝容易淤塞,深度不足;时间过迟,则工作困难。

使用圆砂轮盘式切缝机切缝时,必须在混凝土凝固后进行。其特点为切缝几何形状尺寸准确,相邻板块表面平整,生产率高;但使用时必须加水,并要用较大的动力起动。

在人工摊铺或工程量不大的情况下,可以使用预埋木板、金属制板或压缩材料制成的隔板来制作伸缩缝。使用前应涂抹润滑油,伸缝压缝板可起模板作用。缩缝压缝板一般宜用钢板。为便于混凝土摊铺工作的进行,压缝板可在浇筑混凝土后压入。如用木板做成压缩缝,使用前木板应浸水胀透,必须架设牢固并保持垂直,并保证振捣混凝土时不走样。

6)养护

为了防御混凝土日晒干燥和雨淋,应在其表面上加盖蓄水的麻袋、湿布或草席(但不能覆盖太早,否则,路面上会残留麻袋等痕迹),并经常洒水使其保持湿润,这一过程被称为"养护"。养护时间为14~21d。

在配套机械化施工中,有的在轨模上配有可移动的帐篷,除防止日晒雨淋外,还可以防止气流变化而导致混凝土干涸,帐篷尽量低矮,越接近铺砌层越好,只要不接触表面即可。帐篷内应设置洒水设备以保持混凝土养护期内的湿润。

水泥混凝土路面施工用水量较大。一般用水定额:浇筑混凝土以前的基层洒水$5L/m^2$,或每$1m^3$混凝土25~30L;拌制混凝土为$1m^3$混凝土180L;养护期内洒水为$1m^3$混凝土700~1000L。

7）拆模及填缝

拆模时间根据施工期的气温及混凝土强度增长情况而定。一般日平均温度为5℃，拆模时间为3d；日平均温度每增高5℃，拆模时间缩短半天；日平均温度为25～30℃，路面施工24h即可拆模。拆模时注意不要损伤板边、角和企口的混凝土。

填缝工作一般在用水期满后进行，填缝时采用填缝机。在填缝前，先用压缩空气将缝内杂物吹扫干净。透底缝内如有砂浆牵连，一定要凿去，以免造成将来缝边破损。填缝时，为使填缝料与混凝土有较好的粘接，在接缝两壁应先涂上一层沥青。鉴于材料的热胀冷缩效应，夏季灌注填缝料应高出路面4～5mm，冬季则与路面平齐，以使接缝内填料常年饱满。

填缝料应具有伸缩回弹的能力，即冬季不因冷冻和荷载作用而脆裂；夏季不因高温软化膨胀而挤出。填缝材料配方可参照表4-3-2。

填料配方　　　　　　　　　　表4-3-2

编号	掺配后沥青（%）		石棉屑（%）	石粉（%）	橡胶粉（%）	软化点（℃）
	油-60沥青96%+重柴油4%	油-30沥青80%+重柴油20% 油-10沥青85%+重柴油15%				
1	60～65		5～10	10～15	15～20	>80
2		70～75	5	10	10～15	>80
3		油-18,沥青50	30	20		>80

8）开放交通

一般混凝土强度达到设计要求的40%时允许行人通过，强度完全达到设计要求时正式开放交通。特殊情况下混凝土强度达到设计要求的90%以上也可开放交通。如需提前开放交通，可在普通水泥混凝土中掺入早强剂（或高强度等级水泥），以提高混凝土早期强度。

2. 水泥混凝土路面全机械化施工

在修整规模较大的水泥混凝土路面工程中，多采用全机械化施工。水泥混凝土的拌制使用水泥混凝土拌和机；水泥混凝土的供应一般采用拌和输送车和自卸汽车；水泥混凝土的摊铺采用水泥混凝土摊铺机。现以滑模式水泥混凝土摊铺机为例，介绍其施工组织。

1）滑模式摊铺机施工拉线设置

滑模式摊铺机是沿着两侧（或一侧）的基准线来摊铺水泥混凝土路面的。因此，基准线设置必须准确无误，所用的工具、测量仪器和基准线设施必须齐备。基准线准确是确保摊铺路面高程、横坡、纵坡、板厚、板宽、弯道等符合规范要求的基本保证。

基准线桩到摊铺路面边沿的距离应根据滑模式摊铺机侧模到传感器的位置而定，基准线桩必须牢固打入基层10～15cm。当打入困难时，应采用手电锤打孔后打入。基准线桩纵向最大间隔为15m。为保证与基层里程桩号一致，推荐拉线桩到基层顶面距离为5～10m，夹线臂到基层顶面的距离为45～75cm。基准线必须张紧，一般每侧基准线应施加100kg的拉力。一根拉线的最大长度为400m，超过400m应采用两根拉线用两个紧线器在一个接线桩上平顺连接。当滑模式摊铺机通过连接部位时，操作人员要特别注意传感的过渡。

基准线有单向坡双线式、单向坡单线式（后幅）、双向坡双向式三种。采用单向坡双线式基准线时,两根基准线间的横坡应与路面横坡一致;采用单向坡单线式基准线时,要保证路面横坡与前幅路面一致;采用双向坡双向式时,两根基准线是平行的,路拱靠滑模式摊铺机调整后自动铺成。

(1)基准线和滑模式摊铺机的精度要求如下。

摊铺中线平面偏位:20mm。

(2)路面宽度偏差:±20mm。

(3)面板厚度偏差:-5mm。极值:-10mm。

(4)纵断面高程偏差:±10mm。

(5)横坡偏差:±0.15%。

(6)前后幅纵缝高差:±2.5mm。

基准线设置好后,禁止扰动,特别是正在摊铺作业时,严禁碰撞。当风力达5~6级或基准线振动厉害时,应停止施工作业,防止出现波状的路面表面。

2)滑模式摊铺机施工前的准备

使用滑模式摊铺机进行路面摊铺施工之前,应全面检查摊铺基层是否平整、清洁和湿润;基准线是否准确;工作缝支架和传力杆是否定位;纵缝拉杆板是否直;是否涂好沥青等。同时应对滑模式摊铺机进行彻底全面的维护检查:振动棒位置在挤压板最低点,中间间距为35~45cm;振动棒与摊铺机边沿不大于25cm;挤压板前倾角为5°;配有前后远近照明灯,以便于夜间施工作业。施工前,将滑模式摊铺机驶进待摊铺位置,测量摊铺底板的高程和坡度,将传感器挂到基准线上,检查传感器的灵敏度及反应的准确度。这一切准备完成后,方可进行摊铺施工。

3)滑模式摊铺机施工

使用滑模式摊铺机进行摊铺施工时,必须有专人指挥车辆卸料,以便较准确地估计卸料位置。摊铺前的水泥混凝土拌和料不得高于滑模式摊铺机卸料板允许高度,也不得出现缺料现象。要求供料与摊铺机速度协调,尽可能匀速摊铺,最大限度地减少摊铺施工中的停机次数。料位过高或过低时,可采用小型挖掘机或装载机进行初摊布料;用人工卸料时,用锹反扣,严禁抛掷和搂耙,以防止水泥混凝土产生离析。

在滑模摊铺施工过程中,操纵人员应随时观察新拌混凝土的稠度(坍落度一般为40~60mm),并根据水泥混凝土的工作性质来调整滑模式摊铺机的作业速度和转速。当新拌水泥混凝土显得过稀时,应适当降低振动频率,加大机器作业速度;当新拌水泥混凝土显得过干时,则应适当提高振动频率,降低机器作业速度。滑模式摊铺机的作业速度应控制在1~3m/min;转速应控制在6000~11000min,不得低于6000min。为防止水泥混凝土过振或漏振,开机前必须先开启振动棒,然后再行走;停机时,应立即关闭振动棒。为防止振动棒空载振动而烧毁振动棒,严禁振动棒在水泥混凝土外面振动,同时要随时观察每个振动棒的振动情况及是否有漏油现象。

利用滑模式摊铺机摊铺施工过程中,若新拌水泥混凝土供应不足时,滑模式摊铺机停机等待的时间不能超过当时气温下新拌混凝土初凝时间的2/3。在此时间内,应每隔15min,开动振动棒振动3min;若超过此时间,为防止施工冷缝断板,应将滑模式摊铺机驶出摊铺位置,该点作为施工缝。

滑模式摊铺机进行整体或分幅摊铺路面时,必须配置自动或人工打纵缝拉杆的装置。分幅打进或整体植入的拉杆,必须位于路面板厚的中间位置。拉杆的高低误差不得超过±2cm;横向误差不得超过±3cm;纵向误差不得超过±5cm。分幅打入的拉杆必须到底,防止拉杆挂坏路面边沿。

分幅摊铺时,滑模摊铺机上路面一侧的履带底部必须铺橡胶垫,并且,滑模摊铺机的底板不得挂坏前幅路面的边部。

4)滑模式摊铺机施工后的结束工作

滑模式摊铺机施工作业完成后,必须进行下述两项工作。

(1)将滑模式摊铺机驶离施工作业点,升起机架,将黏附在机器上的水泥混凝土用水清洗干净,并喷涂废机油以防止锈蚀和黏结。滑模式摊铺机严禁不清洗,严禁留待下一班开工前硬敲黏结在机器上的水泥混凝土。

(2)做横向施工缝时,应铲除从摊铺机振动仓内脱离出来的纯砂浆,设置工作缝端模并用水准仪测量路面高程、坡度和平整度,传力杆的设置要符合允许误差的要求。后幅工作缝要尽量与前幅缩缝、工作缝和胀缝对齐。在有设备条件时,也可切掉施工端部,钻孔插入传力杆。

第四节 路面机械的选配

在沥青、水泥混凝土路面施工中,使用的机械主要有:混凝土拌和机、混凝土摊铺机、运输车辆、压实机械等。其中前两种属主导机械,后两种属配套机械。它们之间的合理选配是保质、保量、迅速、经济地完成路面铺筑的前提。

一、路面机械的选型

所谓机械选型,是根据路面铺筑工序和工艺要求,从众多的同类型机械中,经过充分分析比较,选择技术性能先进、使用经济可靠、主要参数协调一致、能够胜任各工序工作的机型。

1.选型原则

(1)机械规格必须满足路面技术标准要求;

(2)在工艺条件允许的情况下,尽可能使用重型或专用机械,以确保有足够的工作量;

(3)整套机械的主要参数必须得到最大限度发挥,次要机械的选型必须在保证主导机械主要参数充分发挥最大效益;

(4)尽量减少整套机械的数量;

(5)机械的选型要根据平均技术经济资料进行;

(6)要求安全可靠,立足国内,便于推广;

(7)应考虑机械的使用费用,修理成本,动力来源等因素;

(8)应符合当地环境保护条件(噪声、振动、排气等)。

2.机械选型的程序

(1)全面调查和研究路面施工技术要求(道路等级、宽度、摊铺厚度等),工程量的大小,工期长短,施工条件等;

(2)确定路面机械的类型和数量;

(3)对现有机械进行调查、分析、比较;

(4)按选型原则选型。

3.路面机械的选型

路面机械使用的种类很多,一般主要进行拌和机和摊铺机的选型。

1)拌和机的选型

混凝土拌和机可根据施工规模及技术要求等来选型。

对低等级沥青混凝土路面的铺筑及小工程量路面的修补,多使用移动式沥青混凝土拌和机;对城市道路多使用综合作业的固定式沥青混凝土拌和机;对高等级路面的铺筑多使用综合作业的半固定式沥青混凝土拌和机。

对工程量大,供料较集中的水泥混凝土路面的修筑,多选用水泥混凝土拌和楼;对工程量较小,供料较分散的水泥混凝土路面的修筑,多选用水泥混凝土拌和机。

2)摊铺机的选型

混凝土摊铺机可根据道路等级、摊铺宽度、摊铺厚度和工程量的大小等选型。

对高等级沥青混凝土路面的铺筑,多使用带自动找平装置的履带式沥青混凝土摊铺机;对高等级水泥混凝土路面的铺筑,多使用滑模式水泥混凝土摊铺机。

二、路面机械的选配

对路面机械进行选配,一般先选配主导机械(混凝土拌和机、混凝土摊铺机),然后选配配套机械(运输车辆、压实机械等)。

1.沥青混凝土机械的选配

选配时,要根据沥青混凝土的供料方式和施工单位沥青混凝土机械的现有情况来决定。

沥青混凝土的供料方式有沥青混凝土拌和机,沥青混凝土拌和场(点)两种。前者多用于城市道路的铺筑;后者常用于公路工程的铺筑。

施工单位沥青混凝土机械现有情况包括:已有沥青混凝土拌和机(或摊铺机),已有沥青混凝土拌和机和摊铺机,无沥青混凝土机械三种。

因此,机械的选配有以下两种方法。

(1)先选定拌和机,然后根据拌和机的供料能力选择摊铺机。

沥青混凝土拌和机的数量,取决于工程量和拌和机生产率的大小。其计算公式如下:

$$N_b = \frac{Q}{Q_b} \tag{4-4-1}$$

式中:N_b——沥青混凝土拌和机的数量,台;

Q——每小时工程量,t/h;

Q_b——沥青混凝土拌和机的生产率,t/h。

其中：

$$Q = \frac{hBL\gamma}{nTK} \quad (4\text{-}4\text{-}2)$$

式中：h——铺砌层厚度，m；
  B——铺砌层宽度，m；
  L——流水作业长度，m；
  γ——沥青混凝土摊铺后单位体积质量，t/m³；
  n——季度有效工作日；
  T——拌和机每天工作时间，h；
  K——拌和机的时间利用率。

$$Q_b = \frac{60}{t}Kq \quad (4\text{-}4\text{-}3)$$

式中：t——拌和一次所用时间，min；
  q——拌和一次出料的质量，t。

拌和机选择好后，可根据拌和机数量和生产率选择与之匹配的摊铺机。若一台摊铺机的工作能力不能满足拌和机的生产率时，可选用多台摊铺机联合作业，并使摊铺机的总生产能力略大于拌和机的生产能力。所需摊铺机的数量如下：

$$N_t = \frac{Q_b}{Q_t} \quad (4\text{-}4\text{-}4)$$

式中：N_t——摊铺机数量，台；
  Q_t——摊铺机的生产率，t/h。

$$Q_t = hBV\gamma K \quad (4\text{-}4\text{-}5)$$

式中：h——摊铺厚度，m；
  B——摊铺宽度，m；
  V——摊铺机的摊铺速度，m/h；
  γ——沥青混凝土摊铺后单位体积质量，t/m³；
  K——摊铺机的时间利用率，一般为 0.75~0.95。

这种选配方法，可使拌和机满负荷工作，充分发挥机群效率，避免了拌和机中途停机。只要摊铺机的生产能力和拌和机的生产能力相差不大，摊铺机也不会中途多次停机或停机时间较长，因而对路面摊铺质量影响不大。

(2) 先选择摊铺机，然后选择与之匹配的拌和机。

摊铺机的数量取决于工程量和摊铺机的生产率，其计算公式如下：

$$N_t = \frac{Q}{Q_t} \quad (4\text{-}4\text{-}6)$$

若一台拌和机的生产能力不能适应摊铺机的工作能力时，可用多台拌和机联合进行作业，所需拌和机的数量如下：

$$N_b = \frac{Q_t}{Q_b} \quad (4\text{-}4\text{-}7)$$

当拌和机的生产能力与摊铺机的工作能力无法相等时，可选用生产能力略小于摊铺机工作能力的拌和机。

这种选配方法的优点是摊铺机是根据道路的宽度、厚度等技术要求来选定的,因而,可尽量减少道路的纵向接缝,提高道路的质量。

2. 水泥混凝土机械的选配

水泥混凝土机械的选配就是为水泥混凝土拌和机(或摊铺机)选择性能相适应的水泥混凝土摊铺机(或拌和机),其选择方法也有以下两种。

第一种方法:首先选择水泥混凝土拌和机,再选择水泥混凝土摊铺机。

第二种方法:首先选定水泥混凝土摊铺机,再选择水泥混凝土拌和机。

以上两种方法的具体选配,可参考沥青混凝土机械的选配。

水泥混凝土拌和设备的生产率,必须与水泥混凝土摊铺设备的生产率相匹配,既要保证摊铺设备生产率的充分发挥,又要保证拌和设备生产率的发挥,一般可按以下两种公式计算后,再参考相近机械选取配套。

推导公式:

$$Q' = \frac{1}{\eta}bhv \qquad (4\text{-}4\text{-}8)$$

式中:Q'——选定摊铺设备的生产率,m^3/h;

b——路面板宽,m;

h——路面板厚,m;

η——水泥混凝土的压实系数;

v——摊铺设备的工作速度,m/h。

经验公式:

$$Q = (1.15 \sim 1.20)bhv \qquad (4\text{-}4\text{-}9)$$

三、运输车辆的选配

运输车辆是混凝土拌和设备和摊铺设备能够协调工作的纽带,也是主导机械生产率充分发挥的关键。当拌和设备和摊铺设备选配之后,其主要选配问题也就是运输车辆与主导机械的选配。

运输车辆选型的主要依据是运距和运量。从国内外试验资料得知,运送水泥混凝土时,运距在 0.5km 以内,采用 1~2t 小翻斗车比较经济;运距超过 1km 时,则采用自卸汽车最为经济,但考虑到塑性水泥混凝土在长距离运送过程中的水分流失和水泥混凝土的离析问题,在运距超过 5km 时,则采用水泥混凝土搅拌输送车较为理想。在运送沥青混凝土时,无论运距长短都采用自卸汽车。

运输车辆配置数的选择,应能保证及时将拌和料送至工作面,使拌和机械和摊铺机械有正常的生产率和协调的工作节拍。运输车辆数的选配,可用式(4-4-10)计算:

$$N = \frac{\alpha[60(L/V_1 + L/V_2) + t_1 + t_2]}{t} \qquad (4\text{-}4\text{-}10)$$

式中:N——自卸汽车(或其他运输车辆)数量;

α——途中通行阻滞的安全系数,一般取 1.2~1.3;

L——拌和场(厂或点)与摊铺地点之间距离,km;

V_1——自卸汽车(或其他运输车辆)重载行驶速度,km/h,一般取 30~35km/h;

V_2——自卸汽车(或其他运输车辆)空载行驶速度,km/h,一般取 35~45km/h;

t_1——路线上调度和卸料时间(包括配合摊铺机摊铺),min;

t_2——在拌和机下面估计待装时间,min;

t——装满一车料所需时间,min。

本 章 小 结

用来把土和稳定剂进行破碎、撒铺、拌和及压实等工作的机械统称稳定土路面机械,主要包括稳定土厂拌设备、稳定土拌和机等。

稳定土厂拌设备是专门用于拌制以水硬性胶凝材料为结合剂的稳定土拌和机组,本章主要介绍了稳定土厂拌设备的特点、组成、工作原理和使用;稳定土拌和机的特点、用途、分类、组成、原理和使用;路拌稳定土路面施工(施工前准备和施工程序)和厂拌稳定土路面施工(施工前准备和施工过程)。

用来完成沥青混凝土的拌制、运输、铺筑和压实的机械统称为黑色路面机械,主要有沥青加热设备、沥青洒布机、沥青混凝土拌和机、沥青混凝土摊铺机等。沥青加热设备主要采用导热油加热设备(导热油加热沥青的工作原理和沥青脱桶装置的组成和原理);沥青洒布机包括沥青洒布机的用途、分类、自行式沥青洒布机、沥青洒布机使用技术参数的确定;沥青混凝土拌和机主要包括沥青混凝土的拌和工艺、分类、组成和使用(工作前准备和运转中的有关规程);沥青混合料摊铺机主要包括用途、分类、主要组成;沥青混凝土路面的机械化施工包括施工工艺过程、摊铺机施工中的有关问题。

用来完成水泥混凝土的拌制、运输、铺筑和压实的机械统称为水泥混凝土路面机械,主要有搅拌设备、输送设备、摊铺机和切缝机等。主要内容包括水泥混凝土路面机械的种类;水泥混凝土拌和机的用途、分类及特点;水泥混凝土摊铺机的用途、类型及特点;水泥混凝土路面机械化施工(水泥混凝土路面施工工艺过程、水泥混凝土路面全机械化施工)。

路面机械的选配包括路面机械的选型与选配。

复习思考题

4-1 说明稳定土厂拌设备的组成和工作原理,使用时应注意哪些问题?

4-2 稳定土拌和机使用时应注意哪些问题?

4-3 简述路拌稳定土路面施工的施工程序。

4-4 说明厂拌稳定土路面施工的内容。

4-5 沥青洒布机循环-洒布系统的作用有哪些?施工中应注意哪些要点?

4-6 说明综合式沥青混凝土拌和机的组成和工作原理。

4-7 画简图说明沥青混凝土摊铺机自动找平系统的组成和工作原理。

4-8　说明沥青混凝土路面铺筑的施工过程。
4-9　沥青混凝土摊铺机施工中应注意哪些问题？并能说明其要点。
4-10　说明水泥混凝土路面施工的工艺过程。
4-11　滑模式水泥混凝土摊铺机在施工中应注意哪些问题？
4-12　说明路面机械选型原则的要点。

第五章 桥梁工程机械

重点内容和学习要求

本章重点描述现场钻孔灌注桩的施工方法和钢丝绳的使用;论述各种桩工机械、水泥混凝土振动器和起重机械与架桥设备的用途、分类及使用特点。

通过学习,要求熟悉现场钻孔灌注桩的施工方法和钢丝绳的使用;了解桩工机械、水泥混凝土振动器、起重机械与架桥设备的用途、分类及使用特点。

在桥梁工程机械化施工中,所用的机械种类繁多。搬移土石方需用土石方工程机械;制备混凝土构件需用水泥混凝土机械和钢筋加工机械;桩基础需用桩工机械与排水机械;架设桥梁需用架桥机械与起重机械等。

第一节 桩工机械及其施工技术

一、桩工机械的用途与分类

桩工机械是用于各种桩基础、地基、地下挡土连续墙、地下防渗连续墙及其他特殊地基基础施工的机械设备。其作用是将各种桩埋入土中,以提高基础的承载能力。

现代建桥用的基础桩有两种基本类型:预制桩和灌注桩。前者用各种打桩机将预制好的基础桩打(振、沉)入土中,所用机械称为预制桩施工机械;后者用钻孔机现场钻孔灌注混凝土,所用机械称为灌注桩施工机械。

1. 预制桩施工机械

预制桩施工机械主要包括打桩机、振动沉拔桩机和液压静力压桩机三大类。它们也可用于沉井基础和管柱基础施工。

(1)打桩机:主要由桩锤和桩架组成,靠桩锤冲击桩头,使桩在冲击力的作用下贯入土中。根据桩锤驱动方式不同,可分为蒸汽锤、柴油锤和液压锤三种类型。

(2)振动沉拔桩机:主要由振动桩锤和桩架组成。利用振动桩锤在桩头高频施振,使桩沉入或拔出。

(3)液压静力压桩机:采用机械或液压方式产生的静压力,使桩在持续静压力作用下压入土中。

(4)桩架:桩架是打桩机的配套设备,桩架应能承受自重、桩锤重、桩以及辅助设备等质量。因工作条件的差异,桩架可分为陆上桩架和船上桩架两种。因作业性的差异,桩架可分为简易桩架和多功能桩架。简易桩架具有桩锤或钻具提升设备,一般只能打直桩;多功能桩架具有可提升桩、桩锤或钻具,使立柱倾斜一定角度,平台回转360°,能自动行走等多种功能,适用于打各种类型桩。

2.灌注桩的施工机械

灌注桩的施工关键在成孔,其施工方法和配套机械有以下5种。

(1)全套管施工法:即贝诺特法,使用设备有全套管钻机。

(2)转钻施工法:采用的设备是旋转钻机。

(3)回转斗钻孔法:使用回转斗钻机。

(4)冲击钻孔法:使用冲击钻机。

(5)螺旋钻孔法:常使用长螺旋钻孔机和短螺旋钻孔机。

灌注桩的施工关键在于成孔,成孔的方法有挤土成孔和取土成孔。

(1)挤土成孔是将一根钢管打入土中,至设计深度后拔出成孔。这种方法常用振动沉拔桩机。

(2)取土成孔根据成孔的方法不同可分为冲击成孔、冲抓成孔、回转钻削成孔等。采用的机械主要有冲击式钻机、冲抓式钻机、回转式钻机和螺旋式钻机等。

二、预制桩施工机械的组成与工作原理

1.柴油打桩机

1)用途

柴油打桩机(也称打桩锤)是采用打入法将预制桩打入地层至设计要求高程的主要桩工机械,其打桩原理为利用柴油爆燃释放的能量提升冲击体,并通过燃油爆炸力及冲击体自由下落时的瞬时冲击力作用于桩头,从而破坏桩的静力平衡状态,实现桩体下沉,如此反复,最终将桩贯入地层。

2)工作对象

柴油打桩机不需要外部能源,燃料消耗少,作业效率高,锤击速度和能量大,桩架轻,一般不损坏桩头,移动灵活方便且运费较低,适合打木桩、预制混凝土桩、钢管桩、钢板桩等类型桩基的直桩和斜桩;同时,其存在噪声和废气污染,低温状态和软土地区起动困难,不能长时间持续工作等缺陷,故适用于一般土层和含砾石的砂黏土层,在房屋、桥梁、堤堰、海上桩基施工等基础施工中应用广泛。

3)分类

柴油打桩锤按结构分为导杆式柴油锤和筒式柴油锤。柴油打桩锤的分类如图5-1-1所示。导杆式柴油锤以柱塞为锤座压在桩帽上,以汽缸为锤头沿导杆升降。其外形结构如图5-1-2所示。筒式柴油锤上、下汽缸为筒状,打桩时,上、下汽缸固定,活塞在汽缸内部往复运动。

图5-1-1 柴油打桩锤分类

筒式柴油锤根据冷却方式分为水冷式柴油锤和风冷式柴油锤。水冷式柴油锤利用焊接于锤筒上的水箱中的水，吸收爆炸产生的热量，实现冷却。在柴油打桩机早期发展中，水冷式柴油锤应用较多，其外形如图5-1-3a)所示。由于水冷式柴油锤经过一段时间的使用，水箱焊缝处会发生破裂而漏水，所以风冷式柴油锤逐渐得到推广，成为当前最为成熟的柴油打桩锤。筒式柴油锤下汽缸下部设计有散热片，通过散热片周围空气的流动带走爆炸产生的热量，实现冷却，其外形如图5-1-3b)所示。柴油机打桩机外观如图5-1-4所示。

a)　　　　b)

图5-1-2　导杆式柴油锤　　　图5-1-3　筒式柴油锤　　　图5-1-4　柴油机打桩机外观图
a)水冷式柴油锤；b)风冷式柴油锤

导杆式柴油锤和筒式柴油锤的特点对比见表5-1-1。

导杆式柴油锤与筒式柴油锤特点对比表　　　　表5-1-1

项　目	柴油打桩锤形式	
	导杆式柴油锤	筒式柴油锤
冲击体	汽缸(缸锤)	上活塞
冲击体导向	圆形导杆	筒形汽缸
雾化方式	高压油泵喷油	冲击或高压油泵喷油
压缩比	15~24	10~15
跳起高度	约3m	约3.4m
打桩形式	燃油爆炸力	冲击力和燃油爆炸力
打桩效率	较低	较高

4) 型号

我国建筑工程类推荐标准规定的国产柴油打桩锤的表示方法见表5-1-2。另外，国内柴油打桩锤生产企业由于引进国外技术、使用企业标准等原因，形成了与表5-1-2不同的产品代号形式，如上海工程机械厂有限公司风冷筒式柴油锤代号为D△，广东力源风冷筒式柴油锤代号为HD△，江苏巨威水冷柴油锤代号为DW△。

国产柴油打桩锤的表示方法　　　　　表 5-1-2

类　　别		代号表示	代　号　含　义
导杆式柴油锤		DD△	第一个 D 指"打" 第二个 D 指"导"，△指"以 kg 为单位的汽缸质量乘以 10^{-2}"
筒式柴油锤	水冷式柴油锤	D△	D 指筒式柴油打桩锤 △指以 kg 为单位的冲击部分质量乘以 10^{-2}
	风冷式柴油锤	DFA△	D 指筒式柴油打桩锤 F 指风冷 △指以 kg 为单位的冲击部分质量乘以 10^{-2}

5) 工作原理

导杆式柴油锤构造简单，但打桩能量小，耐用性差，目前已很少使用；筒式柴油桩锤打击能量大，施工效率高，是目前使用较广泛的一种打桩设备。下面以筒式桩锤为例介绍柴油桩锤的工作原理。

柴油桩锤系利用冲击部分自由下落的冲击能和柴油燃烧爆炸的能量使桩下沉。其实质上是一个单缸二冲程柴油机。其工作情况如图 5-1-5 所示。

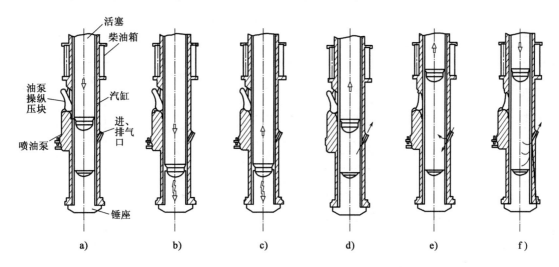

图 5-1-5　筒式柴油桩锤工作过程
a) 喷油和压缩；b) 冲击；c) 爆炸；d) 排气；e) 吸气；f) 活塞下行并排气

当活塞下行触及油泵压块时，就开始向锤座的中央球槽中喷油；活塞继续下行至关闭进、排气口时，缸内空气被压缩，这是喷油与压缩过程（图 5-1-5a）。此后活塞下行，直到冲击锤座，产生强大的冲击力，使桩下沉。与此同时，喷入球槽中的柴油，在高温高压空气的作用下雾化，并点火燃烧（图 5-1-5b）。燃烧爆炸力一边将活塞向上推，一边对锤座产生压力，加速桩的下沉（图 5-1-5c）。

当活塞上行到越过进、排气口时，废气排出缸外（图 5-1-5d）。缸内废气排出，但活塞仍惯性上行，于是新鲜空气又被吸入（图 5-1-5e）。

当活塞重新下行时,缸内新鲜空气被扫出一部分(图 5-1-5f),直到活塞下行至图 5-1-5a)所示情况,至此完成一个工作循环。

柴油桩锤在起动时,是依靠外力通过起落架将冲击活塞提升到一定的高度,当起重钩触及限位撞块时自行脱钩下落。

柴油桩锤构造简单,使用方便,其最大特点是地层越硬,桩锤跳得越高,这样就自动调节了冲击力。地层软时,由于贯入度(每打击一次桩的下沉量,一般用 mm 表示)过大,燃油不能爆发或爆发无力,桩锤反跳不起来,而使工作循环中断。这时只好重新起动,甚至要将桩打入一定深度后,才能正常工作。所以,在软土地区使用柴油锤时,开始一段效率较低。若在打桩作业过程中发现桩的每次下沉量很小,而柴油锤又确无故障时,说明此种型号桩锤规格太小,应换大型号桩锤。过小规格的桩锤作业效率低,而给加速踏板施加过大的力试图增大落距和增大锤击力的做法,其生产效率提高不大,反而可能将桩头打坏。一般要求是重锤轻击,即锤应偏重,落距宜小,而不是轻锤重击。另外,柴油桩锤打斜桩效果较差。若打斜桩时,桩的斜度不宜大于 30°。柴油桩锤系列标准参见表 5-1-3。

柴油桩锤系列标准   表 5-1-3

型号	项目				
	冲击部分质量(kg)	桩锤总质量(kg)(不大于)	桩锤全高(mm)(不大于)	一次冲击最大能量(N·m)(不小于)	最大跳起高度(m)(不小于)
D8	800	2060	4700	24000	3
D16	1600	3560	4730	48000	3
D25	2500	5560	5260	75000	3
D30	3000	6060	5260	90000	3
D36	3600	8060	5285	108000	3
D46	4600	9060	5285	138000	3
D62	6200	12100	5910	186000	3
D80	8000	17100	6200	240000	3
D100	10000	20600	6358	300000	3

2. 振动沉拔桩机

振动沉拔桩机由振动桩锤和通用桩架组成。振动桩锤是利用振动使桩沉入或拔出,其类型较多。按振动频率不同分有低、中、高和超高频等四种;按作用原理分有振动式和振动冲击式两种;按动力装置与振动器连接方式分有刚性和柔性两种;按动力来源分有电动式和液压式两种。振动沉拔桩机外观图如图 5-1-6 所示。

1)振动桩锤的工作原理

振动桩锤主要工作装置为振动器,利用振动器所产生的激振力,桩体产生高频振动,并将振动波传给桩体周围的土壤,降低对桩体下沉(或提升)的摩擦阻力,桩便在自重和激振力的作用下,沉入或拔出。

图 5-1-6　振动沉拔桩机外观图

振动器产生激振力的原理如图 5-1-7 所示。

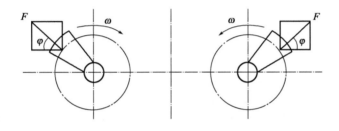

图 5-1-7　振动器原理示意图

振动器是由两根装有相同偏心块的轴组成。当两根轴相向转动时,偏心块便产生离心力。该力在水平方向上的分力互相抵消,而其垂直方向上的分力则叠加起来。其合力为

$$P = 2mr\omega^2 \sin\varphi \tag{5-1-1}$$

式中:P——激振力,N;
　　　m——偏心块的质量,kg;
　　　ω——角速度,rad/s;
　　　r——偏心块质心至回转中心距离,m。

2)电动式振动沉拔桩机

电动式振动沉拔桩机是将振动器产生的振动,通过与振动器联成一体的夹桩器传给桩体,桩体产生振动。主要由振动器、夹桩器、电动机等组成。图 5-1-8a)中电动机与振动器刚性连接称为刚性振动锤。图 5-1-8b)电动机底座与振动器之间装有弹簧称为柔性振动锤。

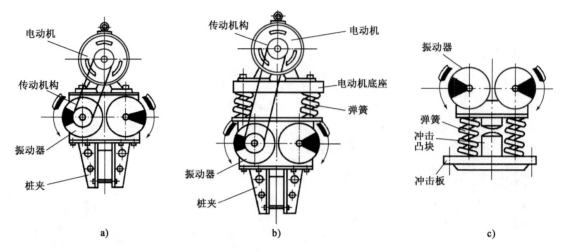

图 5-1-8 振动打桩机的形式
a) 刚性振动锤；b) 柔性振动锤；c) 冲击式振动锤

振动器的偏心块用电动机通过三角胶带驱动，其振动频率可调，以适应在不同土壤上各种桩对激振力的不同要求。

夹桩器用来连接桩锤，有分液压式、气压式、手动(杠杆或液压)式和直接(销接或圆锥)式等。

图 5-1-8c) 为冲击式振动锤。其沉桩既靠振动又靠冲击。振动器和冲击板经由弹簧相连。两个偏心块在电动机带动下，同步反向旋转时，在振动器做垂直方向振动的同时，给予冲击凸块快速的一连串的冲击，使桩快速下沉。

这种振动冲击式桩锤，具有很大的振幅和冲击力，其功率消耗也较少，适用于在黏性土壤或坚硬的土层上打桩。其缺点是冲击时噪声大，电动机受到频繁的冲击作用易损坏。

3) 液压式振动沉拔桩机

液压式振动沉拔桩机的原动力采用液压马达驱动。液压马达驱动具有无级调节振动频率，起动力矩小，外形尺寸小，质量轻，不需要电源等优点。但其传动效率低，结构复杂，维修困难，价格较高。

3. 静力压桩机

依靠持续作用静压力将桩压入的桩工机械，称为静力压桩机。静力压桩机分为机械式和液压式两种。其中液压静力压桩机工作时噪声低，振动小，污染少，桩身不受冲击应力，损坏可能性小，施工质量好，效率高。静力压桩机外观如图 5-1-9 所示。

图 5-1-10 为 ZYB400B 型液压静力压桩机结构组成图。其主要由驾驶室、控制台、升降机构、压桩机构、起重机、机身、横移回转机构、纵移机构、油箱、泵站、配重、边桩机构(选配)及液压系统、电气系统等组成。泵站内装 45kW 和 55kW 电机油泵组，为主机液压系统提供压力油，通过液压系统实现桩机各工作机构的运动控制。由升降机构实现纵移机构、横移机构的离地、接地和机身的找平，为压桩做准备。压桩机构通过四个夹桩油缸、一对主压桩油缸及一对副压桩油缸实现夹桩与压桩功能。起重机用于吊桩和其他辅助吊运工作。

图 5-1-9　静力压桩机外观图

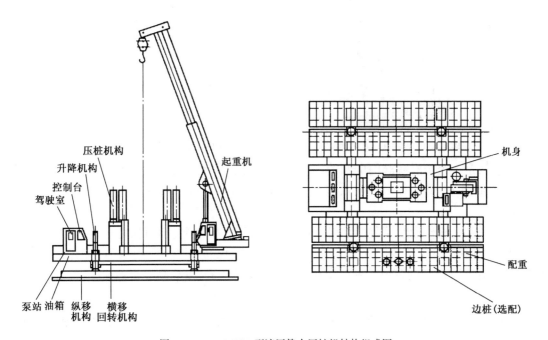

图 5-1-10　ZYB400B 型液压静力压桩机结构组成图

三、灌注桩施工机械的组成和工作原理

1. 冲击式钻孔机

冲击式钻孔机是灌注桩基础施工的一种重要钻孔机械,它能适应多种不同地质情况,多用于在岩层、坡积岩堆、漂卵石层或孤石层中钻孔。同时,用冲击式钻孔机成孔后,孔壁四周

形成一层密实的土层,对稳定孔壁,提高桩基承载能力均有一定作用。钻孔孔径一般为 0.8~1.5m。冲击式钻孔机外观图如图 5-1-11 所示。

目前常用的冲击式钻孔机 CZ 系列主要性能见表 5-1-4。钻机由机体和冲锤两大部分组成,并附设有掏渣筒。

CZ 型冲击式钻孔机主要技术性能　　　　　　　表 5-1-4

型号	钻孔直径 (m)	钻孔深度 (m)	冲击频率 (次/min)	提吊力 (kN)	主机质量 (t)	钻具质量 (t)	外形尺寸 (m)
CZ-22	0.6	300	40~50	20	7.5	1.3	8.6×2.3×2.3
CZ-30	1.3	500	40~50	30	13.67	2.5	10×2.7×3.5

冲锤(图 5-1-12)有各种形状,但其冲刃大多是"十"字形的。

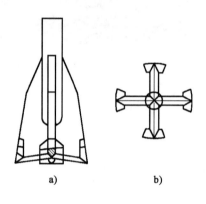

图 5-1-11　冲击式钻孔机外观图　　　图 5-1-12　冲锤

掏渣筒是一个带有底阀门的圆筒,其直径为孔径的 40%~60%,筒高为 1.5~2m。筒上面有吊环,筒底有碗形、单扇门或双扇门等形式的底阀门,阀门随着渣筒在渣浆中的升降而自动开闭。

在操作钻孔机作业时,要注意掌握闸把,应勤松绳,少松绳,不可操之过急。要随时判断冲锤冲击孔底的情况,避免因松绳太少出现"打轻"现象,致使缩短钢丝绳的使用寿命,或因松绳太多出现"打重"的现象。在钻进过程中,要及时清渣,以提高钻进效率。

2. 冲抓式钻孔机

冲抓式钻孔机根据其护壁方式不同可分为泥浆护壁法施工的钻孔机和全套管施工的钻孔机两种。

1) 泥浆护壁的冲抓式钻孔机

该机主要由冲抓锥、钻架、卷扬机、动力装置和泥浆泵等组成。它们可以分别布置在现场,也可以集中安置在一台履带式基础车上,而成为一台完整的泥浆护壁的冲抓式钻孔机。在履带基础车的机架前部设有可竖起和放倒的钻架,该架上悬挂一个冲抓锥和系有一个可左右回转的卸渣槽。卷扬机、动力装置、泥浆泵以及相应的液压操纵系统等则装在基础车上。

冲抓锥由锥身、瓣柄与瓣片三部分组成,其工作过程如图 5-1-13 所示。由卷扬机通过钢索将它提升起来,让瓣片处于张开状态,然后借自重下落,于是瓣片就能靠冲击切入土中;再收紧钢索将瓣片闭合,抓取土石渣;最后将冲抓锥提升起来,并转向孔侧卸去土石渣。

根据现场地层的土质不同,常用的冲抓锥(图 5-1-14)有两瓣、四瓣和六瓣(图中未示出)三种。其瓣片形状也有所不同,根据不同的地质条件做成两种形式,即在卵石地层瓣片应厚、钝、耐磨;在砂土、黏土地层,瓣片瓣尖应薄、锐、耐磨。四瓣和六瓣冲抓锥适用于卵石、黏土、砂石等各种地层的钻孔。

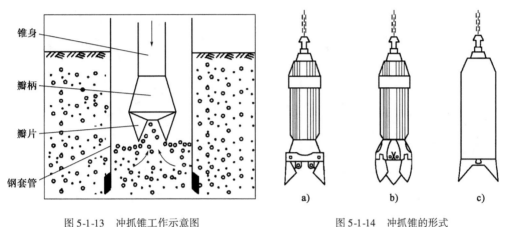

图 5-1-13　冲抓锥工作示意图　　　　图 5-1-14　冲抓锥的形式

对于冲抓锥的操纵有单索式和双索式两种。

桩孔直径在 1.2～1.6m 时,常用冲抓锥来钻孔,最大可钻 1.8m 的桩径。钻孔深度在 20m 以内工效较高,砂土层平均每班(8h)进度 4～8m。钻孔深度大于 20m,工效则随孔深增加而降低。

2) 全套管施工的钻孔机

全套管施工法是由法国贝诺特公司发明的一种施工方法,也称贝诺特施工法。配合该施工工艺的设备称为全套管钻孔机。

(1) 全套管钻孔机的分类及总体结构。

全套管钻孔机按结构形式分为两大类:整机式和分体式。

整机式是以履带式或步履式底盘为行走系统,同时将动力系统、作业系统等集成于一体(图 5-1-15)。它由主机、钻机、套管、锤式抓斗、钻架等组成。主机主要由驱动全套管钻孔机短距离移动的底盘、动力系统和卷扬系统等组成。钻机主要由压拔管、晃管、夹管机构和液压控制系统等组成。套管是一种标准的钢质套管,采用螺栓连接,要求有良好的互换性;锤式抓斗由单绳控制,靠自由落体冲击落入孔内取土,提上地面卸土。钻架主要是为锤式抓斗取土服务,设置有卸土外摆机构和配合锤式抓斗卸土的开启锤式抓斗机构。

分体式全套管钻孔机是将压拔管机构作为一个独立系统,施工时必须配备其他形式的机架(如履带式起重机)才能进行钻孔作业(图 5-1-16)。它由起重机、锤式抓斗、导向口、套管、钻机等组成。起重机为通用起重机,锤式抓斗、导向口、套管均与整机式全套管钻机的相应机构相同;钻机由导向及纠偏机构、晃管装置、压拔管液压缸、摆动臂和底架等组成。

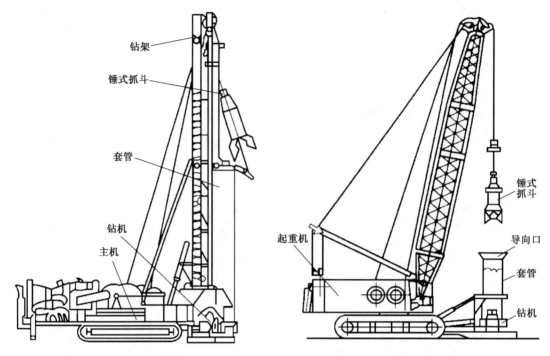

图 5-1-15　整机式全套管钻孔机　　　　图 5-1-16　分体式全套管钻机

(2) 全套管钻孔机工作原理。

首先,在桩位上竖立起一根长度在 2~6m,其端部装有特殊耐磨的切削刃的套管,开动钻孔机的抱管、晃管、压拔管机构,将套管边晃边压入土。再将锤式抓斗提升钢绳快速放松,使锤式抓斗自由下落。锤式抓斗在下落过程中,抓片自动张开,在冲击地面时,钻入土中。

然后,开动卷扬机将锤式抓斗提升。锤式抓斗下部的抓片自动合拢将土抓起。当锤式抓斗提升到预定的高度后,借助液压机构将锤式抓斗推向前,使其位于卸料槽上,进行卸土。此后进行第二次冲抓,如此反复进行。处于套管内壁及下边缘处的土石料就不断向中央处塌落,这也有利于加压使套管下沉。在第一节套管达到最大沉入尺寸后,接上第二节套管,反复进行上述操作,直到桩孔达到所希望的深度为止。成孔后清孔,并下放钢筋笼,灌注水下混凝土。在灌注水下混凝土的同时,逐节拔出并拆除套管,直到灌注完毕。

最后,将套管全部取出,施工原理如图 5-1-17 所示。

全套管钻孔机可以钻直径在 0.6~2m,长度在 50m 以内的桩孔。

全套管钻孔机在黏土层、砂砾层、大卵石层的地质条件下施工最为理想。对孤石层、硬黏土层、岩基地质虽有困难,但仍可行。当遇有 5m 以上中间砂层时,会使砂层松动,造成拔起套管困难。全套管钻孔机不适宜水上施工。其显著特点是:不论垂直孔或是斜桩孔,只要任意设定,就能保证成孔优异的直线性;能既容易又准确地确认挖掘深度和地层。

3. 回转式钻孔机

回转式钻孔机(图 5-1-18、图 5-1-19)由带转盘的基础车(履带式或轮胎式)、钻杆回转机构、钻架、工作装置(钻杆和钻头)等组成。钻头是回转钻孔的主要工具,它安装在钻杆的下端。钻头视钻孔的土质及施工方法的不同有不同的形状,便于在钻孔时合理选用。

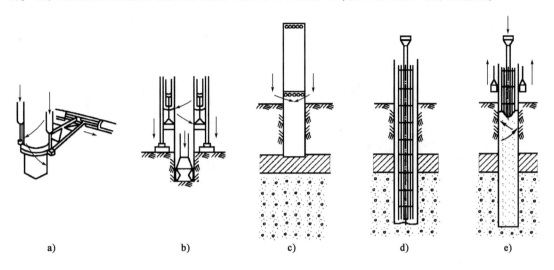

图 5-1-17 全套管施工法原理

a)用抱管、晃管、压拔管机构将套管一边沿圆周方向往复晃动,一边压入土中;b)用锤式抓斗取土;c)接长套管;d)当套管达到预定高程后,清孔,并下放钢筋笼及水下混凝土导管;e)随灌注水下混凝土的同时,拔出套管,直到灌注完毕

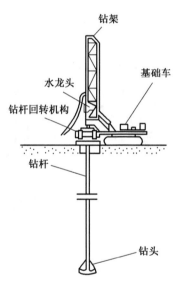

图 5-1-18 回转式钻孔机外观图　　图 5-1-19 旋转式钻孔机示意图

　　回转式钻孔机是利用旋转的工作装置切下土壤,使之混入泥浆中排出孔外。根据排出渣浆的方式不同,回转式钻孔机分为正循环和反循环两类。常用反循环钻孔机。

　　正循环钻孔机的工作原理如图 5-1-20 所示。钻机由电动机驱动转盘带动钻杆、钻头旋转钻孔。同时,开动泥浆泵对泥浆池中泥浆施加 1200～1400kPa 的压力,使其通过胶管、提水龙头,空心钻杆,最后从钻头下部两侧喷出,冲刷孔底;并把与泥浆混合在一起的钻渣沿孔壁上升,经孔口排出,流入沉淀池。钻渣沉积下来后,较干净的泥浆又流回泥浆池,如此形成一个工作循环。

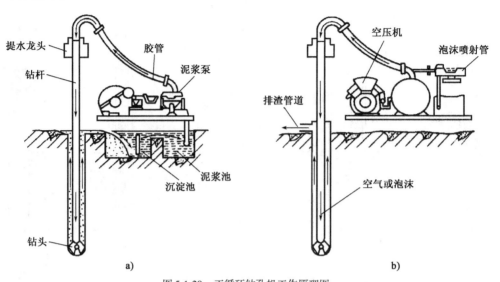

图 5-1-20　正循环钻孔机工作原理图
a)水或水泥排渣；b)空气或泡沫排渣

反循环钻孔机的工作原理如图 5-1-21 所示。其泥浆循环与正循环方向相反,挟带浆渣的泥浆经钻头、空心钻杆、提水龙头、胶管进入泥浆泵,再从泵的闸阀排出流入泥浆池中,而后,泥浆经沉淀后,再流向孔内。

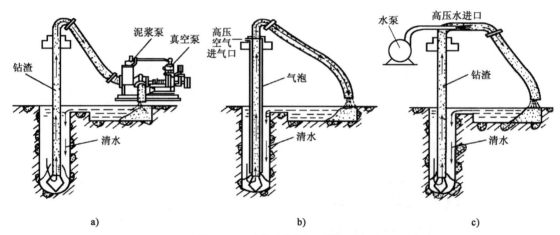

图 5-1-21　反循环钻孔机工作原理图
a)泵吸反循环；b)压气反循环；c)射流反循环

相比正循环钻孔,采用反循环钻孔钻进效率可增加 2~15 倍,钻进费用也大幅度降低。在正循环回转钻进时,固壁泥浆由泥浆泵送出,由钻杆与孔壁之间的环状间隙返回孔口,在这一过程中,将孔底的钻屑排出。但随着钻孔直径逐渐增大,钻杆与孔壁之间的环状间隙不断增加,使泥浆的上行流速大大降低,影响孔底钻渣的排出,降低了钻进速度。反循环钻进时,与正循环作业相反,固壁泥浆以自流方式从供浆池流入孔底,然后挟带钻渣通过钻杆中空返回孔口。因反循环钻杆内径较正循环钻杆内径大得多,只要管路内有足够的抽吸力,可达到高的上升流速,因此反循环作业上升流速比正循环作业时大 4~5 倍。所以这类钻机排渣快,且能吸出粒径较大的钻渣。实现反循环有三种方法:泵吸反循环、压气反循环和射流反循环。

(1)泵吸反循环:利用砂石泵的抽吸力迫使钻杆内部水流上升,使孔底带有钻渣的钻液不断补充到钻杆中,再由泵的出水管排出至集渣坑。由于钻杆内的钻液流速大,对物体产生的浮力也大,只要小于管径的钻渣都能及时排出,因此钻孔效率高。

(2)压气反循环:是将压缩空气通过供气管路送至钻杆下端的空气混合室,使其与钻杆内的钻液混合,在钻杆内形成比管外液体较轻的混合体,同时,在钻杆外侧压力水柱的作用下,产生一种足够排出较大粒径钻渣的提升力,将钻渣排出。这种作业有利于深掘削,当掘削深度小于 $5\sim7m$ 时,不起扬水作用,还会发生反流现象。

(3)射流反循环:采用水泵为动力,将 $500\sim700kPa$ 的高压水通过喷射嘴射入钻杆内,从钻杆上方喷射出去,利用流速形成负压,迫使带有钻渣的钻液上升而排出孔外。此方法只能用于 $10m$ 之内的钻削作业。

回转式钻孔机适用于砂土层和不超过 $25\sim40mm$ 粒径的碎卵石层。特别是在砂土层钻孔,效果更佳。反循环钻机一般对黏土、粉土、砂层、硬黏土层及基岩等均能够进行钻孔作业。但是,对硬黏土层、基岩进行钻削时,必须安装特殊刀头。对漂石等块状物进行钻削时,由于粒径受钻杆内径的限制,当粒径超过钻管内径 70% 时,在旋转接头转弯处会发生堵塞现象,必须采用其他施工方法。

4. 螺旋式钻孔机

螺旋式钻孔机是钻孔灌注桩施工机械的主要机种。其原理与麻花钻相似,钻头的下部有切削刃,切下来的土沿钻杆上的螺旋叶片上升,排至地面上。螺旋钻孔机钻孔直径范围为 $0.15\sim2m$,一次钻孔深度可达 $15\sim20m$。

目前,各国使用的螺旋钻孔机主要有长螺旋钻孔机、短螺旋钻孔机、振动螺旋钻孔机、加压螺旋钻孔机、多轴螺旋钻孔机、凿岩螺旋钻孔机等。这里我们主要介绍长螺旋钻孔机与短螺旋钻孔机。

1)长螺旋钻孔机

长螺旋钻孔机(图5-1-22)由钻具和底盘桩架两部分组成。钻具的驱动力可由电动机、内燃机或液压马达提供。钻杆的全长上都有螺旋叶片,底盘桩架有汽车式、履带式和步履式。采用履带打桩机时,和柴油锤等配合使用,在立柱上同时挂有柴油锤和螺旋钻具,通过立柱旋转,先钻孔,后用柴油锤将预制桩打入土中,这样既可以降低噪声,加快施工进度,同时又能保证桩基质量。

长螺旋钻孔机钻孔时,钻具的中空轴允许加注水或其他液体进入孔中,并可防止提升螺旋时由于真空作用而塌孔和防止泥浆附在螺旋上。

2)短螺旋钻孔机

短螺旋钻孔机(图5-1-23)的钻具与长螺旋的钻具相似,但钻杆上只有一段叶片(为 $2\sim6$ 个导程,$2m$ 左右)。工作时,短螺旋不能像长螺旋那样,直接把土输送到地面上,而是采用断续工作方式,即钻进一段,提出钻具卸土,然后再钻进。

短螺旋由于一次取土量少,因此,在工作时整机稳定性好。但进钻时由于钻具质量轻,进钻较困难。为了加快钻进速度,可采用钢绳加压。短螺旋钻孔机的钻杆有整体式和伸缩式两种。前者钻深 $20m$,后者钻深 $30\sim40m$。

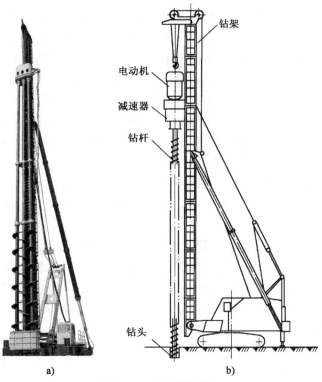

图 5-1-22 长螺旋钻孔机
a)外观图；b)结构图

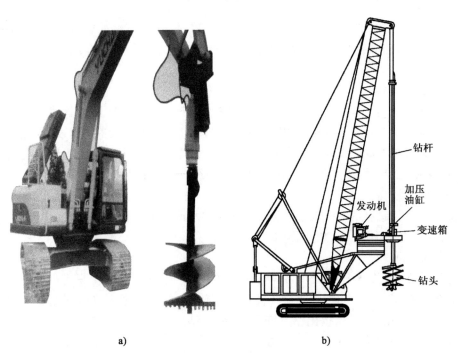

图 5-1-23 短螺旋钻孔机
a)外观图；b)结构图

短螺旋钻孔机有3种卸土方式。①高速甩土,低速钻进,高速提钻卸土,土块在离心力作用下被甩出(图5-1-24a)。这种方式虽然出土迅速,但因甩土范围大,对环境有影响。②刮土器卸土(图5-1-24b)。当钻具提升至地面后,将刮土器的刮土板插入顶部螺旋叶片中间,螺旋一边旋转,一边定速提升,使刮土板沿螺旋刮土,清完土后,将刮土器抬离螺旋,再进行钻孔。③开裂式螺旋卸土(图5-1-24c)。在钻杆底端设有铰,钻进时,当螺旋被提升至底盘定位板处,开裂式螺旋上端的顶推杆与定位板相碰,开裂式螺旋即被压开,使土从中部卸出。如一次没卸净,可反复几次。

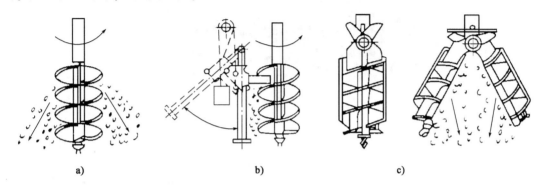

图5-1-24 短螺旋钻孔机卸土原理图
a)高速甩土;b)刮土器卸土;c)开裂式螺旋卸土

5. 钻孔灌注桩施工方法

钻孔灌注桩的施工,因其所选护壁的不同,有泥浆护壁钻孔法和套管护壁钻孔法两种。灌注桩工作原理和钻头示意图如图5-1-25所示,钻孔灌注桩的施工现场图如图5-1-26所示。

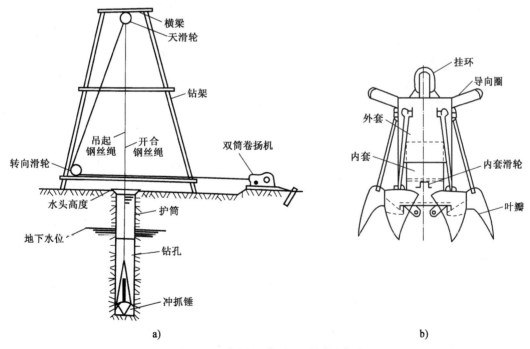

图5-1-25 灌注桩工作原理和钻头示意图

图 5-1-26 钻孔灌注桩的施工现场图

1) 泥浆护壁钻孔法

冲击成孔、冲抓成孔和回转钻削成孔等均可采用泥浆护壁钻孔法。其施工过程是:平整场地→泥浆制备→埋设护筒→铺设工作平台→安装钻机并定位→钻进成孔→清孔并检查成孔质量→下放钢筋笼→灌注水下混凝土→拔出护筒→检查桩质量。施工顺序如图 5-1-27 所示。

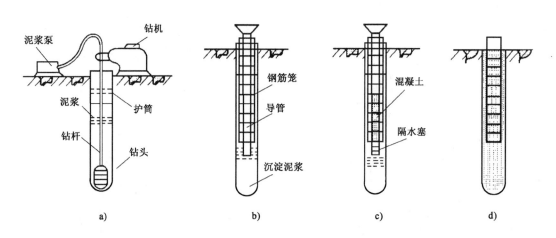

图 5-1-27 泥浆护壁钻孔灌注桩施工顺序图
a) 钻孔;b) 下钢筋笼及导管;c) 灌注混凝土;d) 成型

(1) 施工准备。施工准备包括选择钻机、钻具、场地布置等。钻机是靠回转机构进行钻岩孔的机器,可根据地质情况和各种钻孔机的应用条件来选择。

(2) 钻机的安装与定位。安装钻机的基础如果不稳固,施工中易产生钻机倾斜、桩倾斜和桩偏心等不良影响,因此,要求安装地基稳固装置。对地层较软或有坡度的地基,可用推土机推平,再垫上钢板或枕木加固。

为防止桩位不准,施工中需要定好中心位置和正确地安装钻机。对于有钻塔的钻机,先利用钻机本身的动力与附近的地笼配合,将钻机移动并大致定位,再用千斤顶将机架顶起,准确定位,使起重滑轮、钻头或固定钻杆的卡孔与护筒中心在同一垂线上,以保证钻机的垂直度。钻机位置的偏差不得大于2cm。对准桩位后,用枕木垫平钻机横梁并在塔顶对称于钻机轴线位置拉上缆风绳。

(3)埋设护筒。钻孔成败的关键是防止孔壁坍塌。当钻孔较深时,在地下水位以下的孔壁土在静水压力下会向孔内坍塌,甚至发生流砂现象。钻孔内若能保持比地下水位高的水头,增加孔内静水压力就能稳定孔壁、防止坍孔。护筒除起到这个作用外,同时还有隔离地表水、保护孔口地面、固定桩孔位置,及钻头导向作用等。

泥浆护壁时,只埋设孔口护筒。埋设时,先按桩位挖孔,孔径比护筒外径大0.4m,并用黏土回填夯实。筒要垂直,位置要准确。

制作护筒的材料有木材、钢板、钢筋混凝土三种。护筒要求坚固耐用、不漏水,其内径应比钻孔直径大(旋转钻内径约20cm,潜水钻或冲抓锥内径约60cm),每节长度2~3m。一般常用钢护筒。

(4)泥浆制备。钻孔泥浆由水、黏土(膨润土)和添加剂组成。具有浮悬钻渣、冷却钻头、润滑钻具,增大静水压力、在孔壁形成泥皮、隔断孔内外渗流、防止塌孔的作用。调制的钻孔泥浆及经过循环净化的泥浆,应根据钻孔方法和地层情况来确定泥浆稠度,泥浆稠度应视地层变化或操作要求机动掌握,泥浆太稀,排渣能力小,护壁效果差;泥浆太稠会削弱钻头冲击功能,降低钻进速度。

(5)钻孔。钻孔是一道关键工序,在施工中必须严格按照操作要求进行,这样才能保证成孔质量。首先要注意开孔质量,为此必须对好中线及垂直度,并压好护筒。在施工中要注意不断添加泥浆和抽渣,还要随时检查成孔是否有偏斜现象。采用冲击式或冲抓式钻机施工时,附近土层因受到振动会影响邻孔的稳固。所以,钻好的孔应及时清孔,下放钢筋笼和灌注水下混凝土。钻孔的顺序也应事先规划好,既要保证下一个桩孔

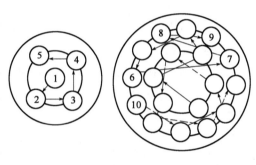

图 5-1-28 钻机钻孔顺序图

的施工不影响上一个桩孔,又要使钻机的移动距离不要过远和相互干扰,一般可采用如图5-1-28所示的顺序钻孔。

(6)清孔。钻孔的深度、直径、位置和孔形直接关系到成桩质量与桩身曲直。为此,除了钻孔过程中密切观测监督外,在钻孔达到设计要求深度后,应对孔深、孔位、孔形、孔径等进行检查。在终孔检查完全符合设计要求时,应立即进行孔底清理,避免时隔过长以致泥浆沉淀,引起钻孔坍塌。对于摩擦桩,当孔壁容易坍塌时,要求在灌注水下混凝土前沉渣厚度不大于30cm;当孔壁不易坍塌时,不大于20cm。对于端承桩,要求在射水或射风前,沉渣厚度不大于5cm。清孔方法视使用的钻机不同而灵活应用。通常可采用正循环旋转钻机、反循环旋转钻机、真空吸泥机以及抽渣筒等清孔。其中用吸泥机清孔,所需设备不多,操作方便,清孔也较彻底,但在不稳定土层中应慎重使用。图5-1-29为风管吸泥清孔示意图。其原理就是用压缩机产生的高压空气吹入吸泥机管道内将泥渣吹出。

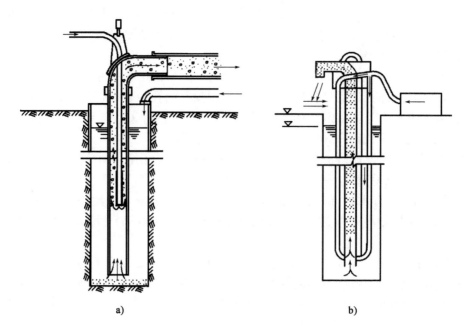

图 5-1-29 风管吸泥机清孔示意图

（7）灌注水下混凝土。清完孔之后，就可将预制的钢筋笼垂直吊放到孔内，定位后要加以固定，然后用导管灌注混凝土，灌注时混凝土不要中断，否则易出现断桩现象。

2）全套管施工法

全套管施工法的施工顺序，如图 5-1-30 所示。其一般的施工过程是：平整场地、铺设工作平台→安装钻机→压套管→钻进成孔→安放钢筋笼→插入导管→浇筑混凝土→拉拔套管→检查成桩质量。

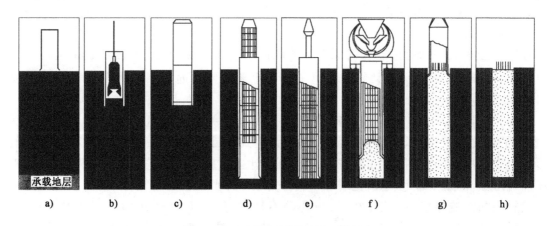

图 5-1-30 全套管护壁钻孔法施工顺序图

a）压入第一根套管；b）挖掘；c）连接第二根套管；d）安放钢筋笼；e）插入导管；f）浇筑混凝土；g）拉拔套管；h）结束就地灌注作业

套管护壁钻孔法的主要施工步骤除不需要泥浆及清孔外，其他的与泥浆护壁钻孔法都类同。压入套管的垂直度，取决于挖掘开始阶段的 5~6m 深时的垂直度。因此，应随时用水准仪及铅垂仪校核其垂直度。

四、桩工机械的选用

1. 预制桩施工机械的适用范围及选用

（1）预制桩施工机械的适用范围见表5-1-5。

预制桩施工机械的适用范围 表5-1-5

打桩机类别	适 用 范 围	特 点
柴油打桩机	①轻型柴油打桩机宜于打木桩、钢板桩 ②重型柴油打桩机宜于打钢筋混凝土桩、钢管桩 ③不适于在过硬或过软土层中打桩	附有桩架、动力设备，机架轻，移动方便，燃料消耗少，沉桩效率高
振动沉拔桩机	①用于沉拔钢板桩、钢管桩、钢筋混凝土桩 ②宜用于砂、塑性黏土及松软砂黏土 ③在卵石夹砂及紧密黏土中效果较差	沉桩速度快，施工操作简易安全，能辅助拔桩
静力压拔桩机	①适用于不会产生过大噪声和振动从而影响邻近建筑物的软土地区 ②适用压板桩、钢板桩、型钢桩和各钢筋混凝土方桩 ③宜用于软土基础及地下铁道明挖施工中	对周围环境无噪声、无振动，桩配筋简单，短桩可接，便于运输 只适用松软地基，且运输安装不便

（2）柴油桩锤的选用。桩锤是打桩机的核心部件，因此，柴油锤的正确选择，对提高工作效率至关重要。选择桩锤，必须考虑桩的规格、基础规格和土质条件等因素。一般采用桩质量与锤质量之比为0.7～2.5时可明显提高工作效率。各种桩的限制打击次数见表5-1-6。采用适当质量的桩锤进行打桩，在接近打桩结束时，每次打击的贯入量应小于2mm，这样可充分发挥桩的承载力。在确保承载力的条件下，也可采用比上述限值更大一些的贯入量。

各种桩的限制打击次数 表5-1-6

桩 种	限制总打击次数
钢桩	3000次以下
钢筋混凝土桩	1000次以下
预应力混凝土桩	2000次以下

2. 灌注桩施工机械的适用范围及选用

如前所述，灌注桩基础施工工艺过程繁多，在整个施工过程中，关键环节是钻孔。因此，钻孔机械的选择尤为重要，其他工艺过程的机械随钻孔机械而进行配套。钻孔机械就是灌注桩基础施工的主导机械。

钻孔机的种类有：回转式钻孔机、冲击式钻孔机、冲抓式钻孔机、全套管钻孔机、潜水钻孔机等。各种钻孔机有其各自的工作特点和适用范围，各种钻孔方法适用范围见表5-1-7。因此，钻孔机的选择往往是顺利完成施工的重要环节。钻孔机的选择根据如下原则进行。

（1）选择钻孔机类型时，必须根据所钻孔位的地质（土壤及土层结构）情况结合钻孔机的适用能力而选型，参见表5-1-8。

各种钻孔方法适用范围　　　　　　　　　　　　　　　　　　　　　表 5-1-7

各类灌注桩适用范围		适 用 条 件
护壁成孔灌注桩	冲击成孔	用于各种地质情况
	冲抓成孔	用于一般黏土、砂、砂砾土
	旋转正、反循环钻成孔	用于一般黏土、砂、砂砾土等土层,在砂砾或风化岩层中也可应用机械旋转钻孔,但砾石粒径超过钻杆内径时不宜采用反循环钻孔
	潜水钻成孔	用于黏性土、淤泥、淤泥质土、砂
干成孔灌注桩	螺旋钻成孔	用于地下水位以上黏性土、砂,及人工填土
	钻孔扩底	用于地下水位以上坚硬塑黏性土、中密以上砂
	人工成孔	用于地下水位以上黏性土、黄土及人工填土
沉管灌注桩	锤击沉管	用于可塑、软塑、流塑黏性土、黄土、碎石土及风化岩
	振动沉管	
爆扩灌注桩	爆扩	用于地下水位以上黏性土、黄土、碎石土及风化岩

各种成孔机具(方法)的适用范围　　　　　　　　　　　　　　　表 5-1-8

编号	成孔机具（方法）	适用范围			
		土层	孔径(cm)	孔深(m)	泥浆作用
1	机械旋挖钻机	细粒土,砂,及卵石粒径小于10cm,含量小于30%的卵石土	80~200	40~70	护壁
2	正循环回转钻机	细粒土,砂,砾石,卵石粒径小于2cm、含量小于20%的卵石土,软岩	80~250	30~100	悬浮钻渣并护壁
3	反循环回转钻机	细粒土,砂,卵石粒径小于钻杆内径2/3、含量小于20%的卵石土,软岩	80~300	泵吸<40,气举100	护壁
4	正循环潜水钻机	淤泥,细粒土,砂,卵石粒径小于2cm、含量小于20%的卵石土	80~150	50	悬浮钻渣并护壁
5	反循环潜水钻机	同编号3	80~150	泵吸<40,气举100	护壁
6	全护筒冲抓和冲击钻机	各类土层	80~200	30~40	不需要泥浆护壁
7	冲抓锥	淤泥,细粒土,砂,砾石,卵石	60~150	30~50	护壁
8	冲击实心钻	各类土层	80~200	100	短程悬浮钻渣并护壁
9	冲击管钻	细粒土,砂,砾石,松散卵石	80~150	100	悬浮钻渣并护壁
10	长短螺旋钻机	地下水位以上的细粒土,砂,砾类土	长螺旋 30~80	26	不需要泥浆
			短螺旋钻 150	20	

注:1. 土的名称按照现行《公路土工试验规程》(JTG 3430—2020)的规定。

2. 单轴极限抗压强度小于30MPa 的岩石称软岩,大于30MPa 的称硬岩,小于5MPa 的称极软岩。

3. 正反循环(包括潜水钻机)附装坚硬牙轮钻头,可钻抗压强度达100MPa 的硬岩。

4. 表中所列各种成孔机具(方法)适用的成孔直径和孔深,系指国内一般条件下的适用范围,随着钻孔设备的不断改进,设备力矩增强,辅助设施性能提升,成孔直径和孔深的范围将逐渐增大。

(2)钻孔机的型号应根据设计钻孔的直径和深度结合钻孔机钻孔能力而定。

(3)一台钻孔机配备有不同形式的钻头,而钻头的选择应根据地质结构情况而选择。

(4)钻孔机的选择还应考虑钻架设立的难易程度,钻孔机的运输条件及钻孔机安装场地的水文、地质,钻孔机钻进反力等情况,力求所选钻孔机结构简单,工作可靠,使用及运输方便。

(5)钻孔机的选择要考虑其生产率应符合工程进度的要求,在保证工程质量和工作进度的前提下,生产率不宜过大。因为生产率高的钻孔机费用高,工程造价高。

(6)一个工程队如要配备两台以上钻孔机时,应尽可能统一其型号规格,便于管理。根据施工需要也可配备不同型号种类的钻孔机。

总之,在钻孔机选型时,要综合考虑各种因素,力求经济实用。

第二节　水泥混凝土机械及其施工技术

用来拌制、输送、振实水泥混凝土,以预制桥涵等各种人工构筑物构件的专用机械称为水泥混凝土机械,主要有水泥混凝土拌和机、水泥混凝土搅拌输送车、水泥混凝土泵和振动器等。

本节主要介绍混凝土泵、混凝土搅拌运输车、混凝土泵车(图 5-2-1)及混凝土振动器的工作原理及应用。

图 5-2-1　混凝土泵车外观图

一、混凝土泵

混凝土泵是水泥混凝土机械中的主要设备,用于垂直和水平方向混凝土的输送工作。具有效率高、质量好、机械化程度高、作业时不易受现场条件限制及环境污染少等特点。目前已被广泛采用于水利、电力、隧道、地铁、桥梁、大型基础和高层建筑等工程。

1. 混凝土泵的种类及工作原理

混凝土泵的种类较多,根据其构造和工作原理不同分有活塞式混凝土泵、挤压式混凝土泵、隔膜式混凝土泵及气罐式混凝土泵。

(1)活塞式混凝土泵可分为机械传动式混凝土泵和液压活塞式混凝土泵。液压活塞式混凝土泵(图 5-2-2)主要由料斗、混凝土缸、分配阀、液压控制系统和输送管等组成。液压控制系统使分配阀交替开闭。液压缸与混凝土缸相连,通过液压缸活塞杆的往复运动以及分配阀的协同动作,两个混凝土缸轮流交替完成吸入与排出混凝土的工作过程。这种泵容量大,泵送压力高,可实现计算机自动控制,目前应用广泛。

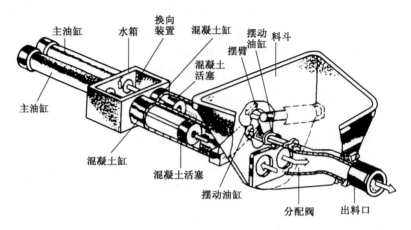

图 5-2-2　活塞式混凝土泵泵送机构

(2)挤压式混凝土泵(图 5-2-3)主要由泵体、软管、橡胶滚轮及行星齿轮等组成,通过行星齿轮上的滚轮挤压装有混凝土的软管来完成输送过程。这种泵结构紧凑、构造简单、制作方便。使用时改变滚轮架的回转速度可改变其输送量。其缺点是挤压软管容易损坏,对于坍落度较小和粗集料粒径达 40mm 的混凝土挤压困难。最适用于输送轻质混凝土及砂浆。

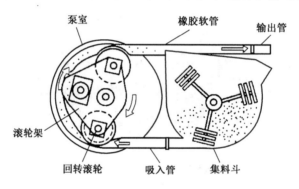

图 5-2-3　挤压式混凝土泵结构

(3)隔膜式混凝土泵(图 5-2-4)由隔膜、泵体、控制阀、水泵及水箱等组成,是一种周期性工作的混凝土泵,依靠隔膜的往复运动来实现混凝土的泵送。其特点为结构简单、泵的自身无传动部件。主要部件为隔膜和控制阀,其缺点是操作比较麻烦,隔膜易损坏,且不便更换。

(4)气罐式混凝土泵(图 5-2-5)是依靠压缩空气来输送混凝土,泵体本身就是气罐,无传动机构,结构简单、易于维护,属周期式输送。用这种泵输送出去的混凝土具有很大的喷射力及很高的流速。

2. 混凝土泵的使用

随着混凝土的不断发展,混凝土泵已被广泛应用于混凝土浇筑工程中。为了确保混凝土泵达到规定的技术状况,必须认真执行使用和维修规程,以提高加快混凝土泵送施工质量与进度。

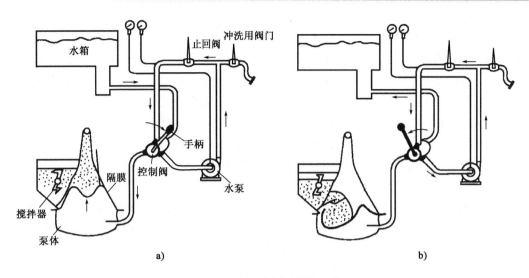

图 5-2-4 水压隔膜式混凝土泵
a)泵送混凝土;b)吸入混凝土

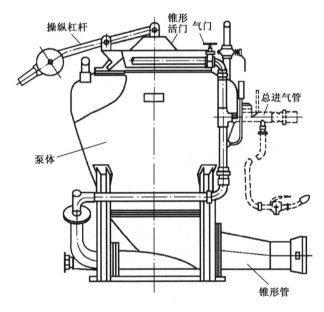

图 5-2-5 风动单罐式混凝土泵

1)使用要点

(1)操作者及有关设备管理人员应仔细阅读使用说明书,掌握其结构原理、使用和维护以及泵送混凝土的有关知识。操作混凝土泵时,应严格按技术说明书中的有关技术规程执行。同时,应根据施工现场的具体情况,制定泵送方案,并在施工中贯彻实施。

(2)支承混凝土泵的地面应平坦、坚实。整机需水平放置,工作过程中不应倾斜。支腿应能稳定地支承整机,并可靠地锁住或固定。泵机位置既要便于混凝土搅拌运输车的进出及向料斗进料,又要考虑有利于泵送布管以减少泵送压力损失,同时要求距离浇筑地点近,供电、供水方便。

(3)应根据施工场地特点及混凝土浇筑方案进行配管,配管设计时要校核管路的水平换算距离是否与混凝土泵的泵送距离相适应。弯管角度一般分15°、30°、45°和90°四种,曲率半径分1m和0.5m两种(曲率半径较大的弯管阻力较小)。配管时应尽可能缩短管线长度,少用弯管和软管。输送管的铺设应便于管道清洗、故障排除和拆装维修。当新管和旧管混用时,应将新管布置在泵送压力较大处。配管过程中应绘制布管简图,列出各种管件、管卡、弯管和软管等的规格和数量,并提供清单。

(4)需垂直向上配管时,随着高度的增加即势能的增加,混凝土存在回流的趋势,因此,应在混凝土泵与垂直配管之间铺设一定长度的水平管道,以保证有足够的阻力阻止混凝土回流。当泵送高层建筑混凝土时需垂直向上配管,此时其地面水平管长度不宜小于垂直管长度的1/4。如因场地所限,不能放置上述要求长度的水平管时,可采用弯管或软管代替。

在垂直配管与水平配管相连接的水平配管一侧,宜配置一段软件包管。另外,在垂直配管的下端应设置减振支座。垂直向上配管的形式如图5-2-6所示。

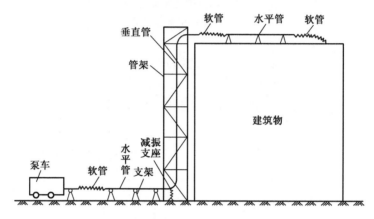

图5-2-6 垂直向上的管路布置

(5)在混凝土泵送过程中,随着泵送压力的增大,泵送冲击力将迫使泵管来回移动,这不仅损耗了泵送压力,而且使泵管之间的连接部位处于冲击和间断受拉的状态,可导致管卡及胶圈过早受损、水泥浆溢出,因此,必须对泵加以固定。

(6)混凝土泵与输送管连通后,应按混凝土泵使用说明书的规定进行全面检查,符合要求后方能开机进行空载运转。空载运行10min后,再检查一下各机构或系统是否工作正常。

(7)在炎热季节施工时,宜用湿草袋、湿罩布等物覆盖混凝土输送管以避免阳光直接照射,可防止混凝土因坍落度损失过快而造成堵管。

(8)在严寒地区的冬季进行混凝土泵送施工时,应采取适当的保温措施,宜用保温材料包裹混凝土输送管,防止管内混凝土受冻。

2)泵送工作要点

(1)混凝土的可泵性。泵送混凝土应满足可泵性要求,必要时应通过试泵确定泵送混凝土的配合比。

①粗集料的最大粒径与输送管径之比应为:泵送高度在50m以下时,对于碎石不宜大于1:3,对于卵石不宜大于1:2.5;泵送高度在50~100m时,宜在1:3~1:4范围;泵送高度在

100m 以上时,宜在 1:4～1:5。针片状颗粒含量不宜大于 10%。

②对不同泵送高度,入泵混凝土的坍落度可按表 5-2-1 选用。

泵送高度与泵混凝土的坍落度对照表　　表 5-2-1

泵送高度(m)	30 以下	30～<60	60～100	100 以上
坍落度(mm)	100～<140	140～<160	160～<180	180～200

③泵送混凝土的水灰比宜为 0.4～0.6。

④泵送混凝土的含砂率宜为 38%～45%。细集料宜采用中砂,通过 0.315mm 筛孔的混凝土含砂率应≥15%。

⑤泵送混凝土中水泥的最少含量为 300kg/m³。

(2)混凝土泵启动后应先泵送适量水,以湿润混凝土泵的料斗、混凝土缸和输送管等直接与混凝土接触的部位。泵送水后再采用下列方法之一润滑上述部位:泵送水泥浆;泵送 1:2 的水泥砂浆;泵送除粗集料外的其他成分配合比的水泥砂浆。

润滑用的水泥浆或水泥砂浆应分散布料,不得集中浇筑在同一地方。

(3)开始泵送时,混凝土泵应处于慢速、匀速运行的状态,然后逐渐加速。同时应观察混凝土泵的压力和各系统的工作情况,待各系统工作正常后方可以正常速度泵送。

(4)混凝土泵送工作应尽可能连续进行,混凝土缸的活塞应保持以最大行程运行,以便发挥混凝土泵的最大效能,并可使混凝土缸在长度方向上的磨损均匀。

(5)混凝土泵若出现压力过高且不稳定、油温升高、输送管明显振动及泵送困难等现象时,不得强行泵送,应立即查明原因予以排除。可先用木槌敲击输送管的弯管、锥形管等部位,并进行慢速泵送或反泵,以防止堵塞。

(6)当出现堵塞时,应采取下列方法排除。

①重复进行反泵和正泵运行,逐步将混凝土吸出返回至料斗中,经搅拌后再重新泵送。

②用木槌敲击等方法查明堵塞部位,待混凝土击松后重复进行反泵和正泵运行,以排除堵塞。

③当上述两种方法均无效时,应在混凝土卸压后拆开堵塞部位,待排出堵塞物后重新泵送。

(7)泵送混凝土宜采用预拌混凝土,也可在现场设搅拌站供应泵送混凝土,但不得泵送手工搅拌的混凝土。对供应的混凝土应予以严格的控制,随时注意坍落度的变化,对不符合泵送要求的混凝土不允许入泵,以确保混凝土泵的有效工作。

(8)混凝土泵料斗上应设置筛网,并设专人监视进料,避免因直径过大的集料或异物进入而造成堵塞。

(9)泵送时,料斗内的混凝土存量不能低于搅拌轴位置,以避免空气进入泵管引起管道振动。

(10)当混凝土泵送过程需要中断时,其中断时间不宜超过 1h。并应每隔 5～10min 进行反泵和正泵运转,以防止管道中因混凝土泌水或坍落度损失过大而堵管。

(11)泵送完毕后,必须认真清洗料斗及输送管道系统。混凝土缸内的残留混凝土若清除不干净,将在缸壁上固化,当活塞再次运行时,活塞密封面将直接承受缸壁上已固化的混凝土对其的冲击,导致推送活塞局部剥落。这种损坏不同于活塞密封的正常磨损,密封面无法在压力的作用下自我补偿,从而导致漏浆或吸空,引起泵送无力、堵塞等。

(12)当混凝土可泵性差或混凝土出现泌水、离析而难以泵送时,应立即对配合比、混凝土泵、配管及泵送工艺等问题进行研究,并采取相应措施解决。

3)混凝土泵选型

(1)混凝土泵的选型应根据工程对象、特点、要求的最大输送量、最大输送距离与混凝土浇筑计划以及具体条件进行综合考虑。

(2)混凝土泵的生产率可按式(5-2-1)计算:

$$Q = 60k_b k_q ZASn \tag{5-2-1}$$

式中:Q——混凝土泵的生产率,m^3/h;

k_b——作业时间率,一般为 0.57~0.66;

k_q——容积效率,一般为 0.85~0.9;

Z——混凝土泵缸体数;

A——活塞面积,m^2;

S——活塞行程,m;

n——活塞每分钟循环次数,次/min。

(3)混凝土泵的最大水平输送距离,可按下列方法之一确定。

①由试验确定。

②根据混凝土泵的最大出口压力、配管情况、混凝土性能指标和输送量,按式(5-2-2)计算:

$$L_{max} = \frac{P_{max}}{\Delta P} \tag{5-2-2}$$

式中:L_{max}——混凝土泵的最大水平输送距离,m;

P_{max}——混凝土泵的最大出口压力,Pa;

ΔP——混凝土在水平输送管内流动每米产生的换算压力损失,Pa/m(参见表 5-2-2)。

混凝土泵送的换算压力损失　　　　表 5-2-2

管件名称	换算量	换算压力损失(MPa)
水平管	每20m	0.10
垂直管	每5m	0.10
45°管	每只	0.05
90°管	每只	0.10
管卡	每只	0.10
管路截止阀	每个	0.80
3.5m橡胶软管	每根	0.20

(4)混凝土泵的泵送能力,可根据具体施工情况按下列方法之一进行验算,同时应符合产品说明书中的有关规定。

①按表 5-2-3 计算的配管整体水平换算长度,应不超过混凝土泵的最大水平输送距离 $L_{\max}$。

混凝土输送管的水平换算表　　　　表 5-2-3

类　别	单　位	规　格	水平换算长度(m)
向上垂直管 K	每米	100mm	4
		125mm	5
		150mm	6
锥形管 t	每根	125～150mm	10
		100～<125mm	20
90°弯管 b	每根	$R=0.5$m	12
		$R=1.0$m	9
软管 f	每根	3m	18
		5m	30

注:该表为一定混凝土条件下,试验测得的经验数值,并非理论数值。不同的混凝土条件,其值也不相同,仅作配管的参考。

②按换算的总压力损失,泵送压力应小于混凝土泵正常工作时的最大出口压力。

(5)就混凝土泵形式而言,由于拖式混凝土泵较固定式混凝土泵可以拖行,又较车载式混凝土泵价格低,故被优先选用。

(6)就混凝土泵理论输送量而言,50～95m³/h 被优先选用。

(7)在缺少电源及施工现场电网配置容量小的工地,宜选用柴油机驱动。

(8)在隧道施工中,宜选用电动机驱动。

(9)混凝土缸径主要取决于输送量及泵送混凝土压力。输送量大,输送距离短或输送高度小,可选用大直径混凝土缸;输送量小,输送距离长或输送高度大,可选用小直径混凝土缸。

混凝土缸径与集料有关,输送碎石混凝土时,缸径应不小于碎石最大粒径的 3.5～4.0 倍;输送卵石混凝土时,缸径应不小于卵石最大粒径的 2.5～3.0 倍。

(10)料斗容积尽可能大一些,一方面可使料斗内经常保持足够的混凝土,避免吸入空气,另一方面可有利于提高混凝土搅拌运输车的利用率。

(11)混凝土输送管应根据粗集料最大粒径、混凝土泵型号、混凝土输送量和输送距离,以及输送难易程度等进行选择。输送管应具有与泵送条件相适应的强度。输送管径有 $\phi100$mm、$\phi125$mm、$\phi150$mm 三种规格,选择时主要考虑混凝土中集料最大粒径和工程对象,管径应大于集料最大粒径的 3 倍。大直径输送管可输送较大粒径粗集料混凝土,一般多用于基础工程;小直径输送管轻巧,使用方便,混凝土泌水时在小直径输送管中产生离析的可能性小,一般多用于高层建筑。

(12)混凝土泵的台数,可根据混凝土浇筑量、单机的实际输送量和施工作业时间进行计算。对于重要工程的混凝土泵送施工,台数除根据计算确定外,宜有 1~2 台的备用泵。

二、混凝土搅拌运输车

1. 概述

混凝土搅拌运输车(图 5-2-7)是用来运送建筑用混凝土的专用载货汽车。由于它的外形,也常被称为田螺车。这类载货汽车上都装置圆筒形的搅拌筒以运载混合后的混凝土。在运输过程中会始终保持搅拌筒转动,以保证所运载的混凝土不会凝固。运送完混凝土后,通常都会用水冲洗搅拌筒内部,防止硬化的混凝土占用空间,使搅拌筒的容积越来越少。

图 5-2-7　混凝土搅拌运输车外观图

为了适应长距离混凝土及商品混凝土运输的需要,发展了一种混凝土专用运输车——混凝土搅拌运输车。混凝土搅拌运输车就是在专用汽车底盘上安装混凝土搅拌装置的组合机械,它兼有载运和搅拌混凝土的双重功能,可以在运输的同时进行混凝土搅拌,因此,适用于混凝土长时间和长距离的运输。

混凝土搅拌运输车动力由二类底盘全功率取力器输出,通过传动轴把动力传给液压泵,液压泵产生的液压能通过油管传到液压马达,液压马达把液压能转化为动能并通过减速机减速增矩传递到搅拌罐,通过调节(双作用变量)液压泵的伺服手柄角度从而实现搅拌罐正反转及转速的大小调节,以实现混凝土装料、搅拌、搅动、出料等作业。

2. 组成

混凝土搅拌运输车(图 5-2-8)由汽车底盘、搅拌筒、传动系统、供水装置、全功率取力器、搅拌筒前后支架、减速机、液压传动系统、进出料系统、操纵机构等部分组成。由于技术瓶颈,国产搅拌车罐体 3~8m³ 容积的采用国产四大件(液压马达、减压泵、减速机、散热器),8m³ 以上容积的搅拌车的四大件大部分为进口部件。

搅拌车组成:二类底盘、传动系统、液压系统、机架、搅拌罐、进出料装置、供水系统、操纵系统、人梯等部分。搅拌罐前端与减速机连接安装在机架前台上,后端通过滚道由安装在机架后台的两个托轮支承。

3. 作业方式

混凝土搅拌车主要有两种作业方式:预拌混凝土的搅动运输、混凝土拌和料的搅拌运输。

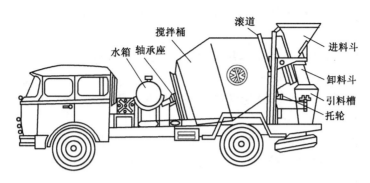

图 5-2-8 混凝土搅拌运输车示意图

1) 预拌混凝土的搅动运输

预拌混凝土的搅动运输是将混凝土在拌和机上搅拌好后,装入搅拌车内运送到现场。在运输过程中,使搅拌筒做 2~4r/min 的低速转动,卸料前以常速进行搅拌。这种运输方式的距离由混凝土初凝时间和道路条件控制。

2) 混凝土拌和料的搅拌运输

混凝土拌和料的搅拌运输又分湿料搅拌和干料搅拌两种。湿料搅拌就是将混合料按设计配合比,将水泥、砂、石和水以及外加剂等混合加入搅拌筒中,在途中车以 8~12r/min 的转速转动搅拌筒,对筒内的混合料进行拌和作业,至浇筑点即可使用。干料搅拌就是按配合比将水泥、石子、砂加入搅拌筒中,车上装有储水箱,待车运行至浇筑点附近时,由水箱向搅拌筒中喷水,开始加水搅拌,这种方法适用于运输时间超过混凝土初凝时间的情况,从加水至全部料卸出所经过的时间不宜超过 90min。混凝土搅拌车使用后,应及时清洗,避免混凝土残余,黏结在筒中,影响运输车的今后使用。

4. 维护修理

混凝土搅拌运输车作为运输用汽车,应执行"定期检测、强制维护、视情修理"的维修制度。在这个大前提下,再结合混凝土搅拌运输车的实际情况,做好维护和修理。在日常维护方面,混凝土搅拌运输车除应按常规对汽车发动机、底盘等部位进行维护外,还必须做好以下维护工作。

1) 清洗

由于混凝土会在短时间内凝固成硬块,且对钢材和油漆有一定的腐蚀性,所以,每次使用混凝土储罐后,洗净黏附在混凝土储罐及进出料口上的混凝土是每日维护必须认真进行的工作。其中包括:

(1) 每次装料前用水冲洗进料口,使进料口在装料时保持湿润;

(2) 在装料的同时向随车自带的清洗用水水箱中注满水;

(3) 装料后冲洗进料口,洗净进料口附近残留的混凝土;

(4) 到工地卸料后,冲洗出料槽,然后向混凝土储罐内加清洗用水 30~40L;在车辆回程时保持混凝土储罐正向慢速转动;

(5) 下次装料前切记放掉混凝土储罐内的污水;

(6) 每天收工时彻底清洗混凝土储罐及进出料口周围,保证不粘有水泥及混凝土结块。

以上这些工作只要一次不认真进行,就会给以后的工作带来很大的麻烦。

2) 维护

①合理确定维护周期。车主在实践过程中,应参照汽车制造厂引荐的维护周期,综合汽车本身的技能情况,对维护周期进行恰当的调整。普通来说,新车在优越的路况前提下行驶,无须过于频繁地维护,以厂家规定的维护周期作为上限便可;而汽车行驶状况恶劣,则应恰当缩短维护周期。

②充分应用免费检测活动。混凝土搅拌车生产厂家开展的免费检测活动对车辆维护很有益处,车主可以利用这些检测活动对车进行"体检",实时发现并扫除一些潜在的毛病,从而省去了未来高额的维修费用。

3) 保证驱动装置完好可靠

驱动装置的作用是驱动混凝土储罐转动,它由取力器、万向轴、液压泵、液压马达、操纵阀、液压油箱及冷却装置组成。如果驱动装置因故障停止工作,混凝土储罐将不能转动,这会导致车内混凝土报废,严重的甚至使整罐混凝土凝结在罐内,造成混凝土搅拌运输车报废。因此,驱动装置是否可靠是使用中必须高度重视的问题。为保证驱动装置完好可靠,应做好以下维护工作。

①万向转动部分是故障多发部位,应按时加注润滑脂,并经常检查磨损情况,及时修理更换。车队应有备用的万向轴总成,以保证一旦发生故障能在几十分钟内恢复工作。

②保证液压油清洁。混凝土搅拌运输车工作环境恶劣,一定要防止污水泥沙进入液压系统。液压油要按使用手册要求定期更换。一旦检查时发现液压油中混入水或泥沙,就要立即停机,清洗液压系统,更换液压油。

③保证液压油冷却装置有效。要定时清理液压油散热器,避免散热器被水泥堵塞,检查散热器电动风扇运转是否正常,防止液压油温度超标。常用的混凝土搅拌运输车主要技术参数见表 5-2-4。

常用的混凝土搅拌运输车主要技术参数　　　　表 5-2-4

性能指标		技 术 参 数			
实际搅拌容积(m^3)		8	9	10	12
罐体材料		B520JJ	B520JJ	B520JJ	B520JJ
厚度(mm)		4.5	4.5	4.5	5
几何容积(m^3)		13.2	15.0	16.8	19.6
进料速度(m^3/min)		≥3	≥3	≥3	≥3
出料速度(m^3/min)		≥2	≥2	≥2	≥2
剩余率(%)		≤0.5	≤0.5	≤0.5	≤0.5
液压系统三大件型号	减速机	BFL577	BFL577	BFL5力	BFL580
	油泵	ACA5423	ACA5423	ACA5423	ACA6423
	马达	HHD5433	HHD5433	HHD5433	HHD6433
水箱容积(L)		400	400	400	400
供水方式		气压供水	气压供水	气压供水	气压供水

三、混凝土泵车

1. 概述

混凝土泵车(图 5-2-9)是将混凝土泵和液压折叠式臂架都安装在汽车或拖挂车底盘上,并沿臂架铺设输送管道,最终通过末端软管输出混凝土的机械。由于臂架具有变幅、折叠和回转功能,可以在臂架所能及的范围内布料。

图 5-2-9 混凝土泵车外观图

混凝土泵车可以一次同时完成现场混凝土的输送和布料作业,具有泵送性能好、布料范围大(在臂架活动范围内可任意改变混凝土浇筑位置,不需要在现场临时铺设管道)、能自行行走、机动灵活和转移方便等特点。尤其是在基础、低层施工及需要频繁转移工地时,使用混凝土泵车更能显示其优越性。特别适用于混凝土浇筑需求量大、超大体积及超厚基础混凝土的一次浇筑和质量要求高的工程。目前地下基础的混凝土浇筑有约80%是由混凝土泵车来完成的。

2. 混凝土泵车的分类

混凝土泵车按臂架高度可分为短臂架(13～28m)、长臂架(31～47m)、超长臂架(51～62m)三种;按理论输送量可分为小型(44～87m^3/h)、中型(90～130m^3/h)、大型(150～204m^3/h)三种;按泵送混凝土压力可分为低压(2.5～5.0MPa)、中压(6.1～8.5MPa)、高压(10.0～18.0MPa)和超高压(22.0MPa)四种;按臂架节数可分为2、3、4、5节臂;按其驱动方式可分为汽车发动机驱动、拖挂车发动机驱动和单独发动机驱动;按臂架折叠方式可分为Z形折叠、卷折式。

3. 混凝土泵车的主要结构及其特点

混凝土泵车主要由混凝土泵、搅拌器、隔筛、臂架、臂架管道、末端软管、分配阀、专用汽车底盘、取力装置(PTO)、操纵系统、液压系统和电气系统等组成,如图5-2-10所示。

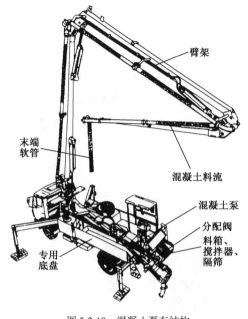

图 5-2-10　混凝土泵车结构

混凝土泵车的泵送机构是通过分配阀的转换，来完成混凝土的吸入与排出动作的。臂架为箱形截面结构，由 2~5 节铰接而成。取力装置的动力一般来自汽车发动机，通过液压系统进行驱动运转。当混凝土泵车作业时，发动机通过变速器和取力装置驱动液压泵工作。液压系统由泵送（包括换向）、臂架、支腿、搅拌（包括冷却）和水洗等部分组成。

4. 混凝土泵车的使用

混凝土泵车已推广使用在混凝土浇筑施工中，该设备技术的先进性和维修的复杂性，决定了对其使用、维护和管理人员需提出较高的要求。为了确保混凝土泵车在工作时能达到规定的技术状态、降低维修成本、提高使用的可靠性和寿命，必须认真执行其使用和维修规程。使用要点如下。

(1) 混凝土泵车的操作人员需经专业培训后方可上岗操作，并严格按使用说明书的有关操作规程操纵。

(2) 所泵送的混凝土应满足混凝土泵车的可泵性要求。

(3) 整机水平放置时所允许的最大倾角为 3°，更大的水平倾角会使布料的转向齿轮超载，并危及机器的稳定性。如果布料杆在移动时其中的某个支腿或几个支腿曾经离过地，就必须重新设定支腿，直至所有的支腿都能始终可靠地支承在地面上。

(4) 为保证布料杆泵送工作处于最佳状态，应做到：①将 1 节臂提起 45°；②将布料杆回转 180°；③将 2 节臂伸展 90°；④伸展 3、4、5 节臂并达到水平位置。若最后一节布料杆能处于水平位置，对泵送来说是最理想的。如果这节布料杆的位置呈水平状态，那么混凝土的流动速度就会放慢，从而可减少输送管道和末端软管的磨损，当泵送停止时，只有末端软管内的混凝土才会流出来。如果最后一节布料杆呈向下倾斜状态，那么在这部分输送管道内的混凝土就会在自重作用下加速流动，以致在泵送停止时输送管道内的混凝土还会继续流出。

(5) 泵送停止 5min 以上时，必须将末端软管内的混凝土排出。否则，由于末端软管内的混凝土脱水，再次泵送作业时混凝土就会猛烈地喷出，向四处喷溅，那样末端软管很容易受损。

(6) 为了改变臂架或混凝土泵车的位置而需要折叠、伸展或收回布料杆时，要先反泵 1~2 次后再动作，这样可防止在动作时输送管道内的混凝土落下或喷溅。

5. 混凝土泵车选型

(1) 选型时应根据混凝土工程对象、特点、要求的最大输送量、最大输送距离、混凝土浇筑计划、混凝土泵形式，以及具体条件进行综合考虑。

(2) 混凝土泵车的性能随机型而异，选用机型时除考虑混凝土浇筑量以外，还应考虑建筑的类型和结构、施工技术要求、现场条件和周围环境等。通常所选用的混凝土泵车的主要性能参数应与施工需要相符,若能力过大,则利用率低;过小,不仅满足不了施工要求,还会加速混凝土泵车的损耗。混凝土泵车主要性能见表5-2-5。

混凝土泵车主要性能　　　　表5-2-5

性能指标		机械型号		
		SY5190THB25	SY5310THB40R46	SY5630THB66
形式		360°全回转三段液压折叠式	360°全回转液压垂直三级伸缩	360°全回转液压三级伸缩
最大输送量(m^3/h)		10~40	10~40	10~60
最大垂直输送距离(m)	输送管径 $\phi150mm$	25	46	66
粗集料最大尺寸(mm)	输送管径 $\phi150mm$	40	40	25(砾石30)
混凝土坍落度容许范围(cm)		8~23	8~23	8~23
常用泵送压力(MPa)		12	12~16	12~20

(3)由于混凝土泵车具有使用灵活性,而且臂架高度越高,浇筑高度和布料半径就越大,施工适应性也越强,施工中应尽量选用高臂架混凝土泵车。臂架长度28~36m的混凝土泵车是市场上量大面广的产品,约占75%。长臂架混凝土泵车将成为施工中的主要机型。

(4)年产10万~15万m^3的混凝土搅拌站,需装备2~3辆混凝土泵车。

(5)所用混凝土泵车的数量,可根据混凝土浇筑量、单机的实际输送量和施工作业时间进行计算。对那些一次性混凝土浇筑量很大的混凝土泵送施工工程,除根据计算确定外,宜有一定的备用量。

(6)由于混凝土泵车受汽车底盘承载能力的限制,臂架高度超过42m时造价大幅增加,且受施工现场空间的限制,故一般很少选用。

(7)混凝土泵车的产品性能在选型时应坚持高起点。若选用价值高的混凝土泵车,则对其产品的标准要求也必须提高。对产品主要组成部分的质量,从内在质量到外观质量都要与整车的高价值相适应。

(8)混凝土泵车采用了全液压技术,因此,要考虑所用的液压技术是否先进,液压元件质量如何。因其动力来源于发动机,而一般泵车采用的是汽车底盘上的发动机,因此,除考虑发动机的性能与质量外,还要考虑汽车底盘的性能、承载能力及质量等。

(9)混凝土泵车上的操纵控制系统设有手动、有线以及无线的控制方式,有线控制方便灵活,无线遥控可远距离操作,一旦电路失灵,可采用手动操纵方式。

(10)混凝土泵车作为特种车辆,因其特殊的功能,对安全性、机械性能、生产厂家的售后服务和配件供应均应提出要求。否则,一旦发生意外,不但影响施工进度,还将产生不可想象的后果。

四、混凝土振动器

1. 概述

用混凝土拌和机拌和好的混凝土浇筑构件,必须排除其中气泡,进行捣固,使混凝土密实结合,消除混凝土的蜂窝、麻面等现象,以提高其强度,保证混凝土构件的质量。混凝土振动器就是机械化捣实混凝土的机具。

混凝土浇筑入模后,内部还存在着很多空隙。混凝土的捣实就是使浇入模内的混凝土完成成型与密实过程,保证混凝土构件外形正确,表面平整,混凝土的强度和其他性能符合设计要求。

混凝土的捣实方法有人工捣实和机械捣实两种。人工捣实是利用捣棍、插钎等用人力对混凝土进行夯插等来使混凝土成型密实的一种方法。它不但劳动强度大,且混凝土的密实性较差,只能用于缺少机械和工程量不大的情况。

机械捣实采用混凝土振动器。振动器是利用激振装置产生振动,使混凝土在浇筑时振捣密实的机械,由动力、传动、激振等装置和机体组成。按作用位置分为内部、外部和底部三种类型。按工作方式分为插入式混凝土振动器、附着式混凝土振动器和平板式混凝土振动器,底部振捣包括振动台或用几台附着式振动器组成的可移动的底部振动器。混凝土振动器分类如图 5-2-11 所示,混凝土振动器工作示意图如图 5-2-12 所示。

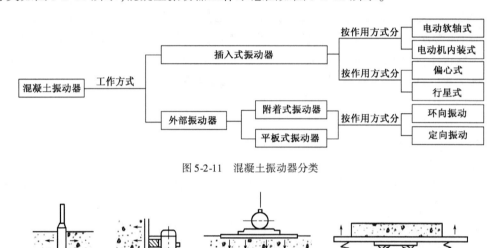

图 5-2-11　混凝土振动器分类

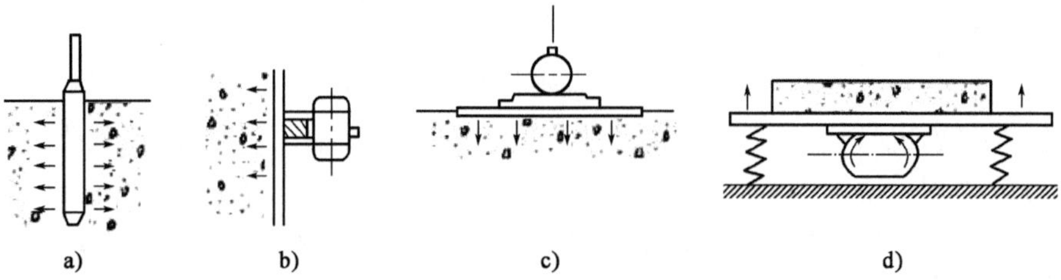

图 5-2-12　混凝土振动器工作示意图
a)插入式振动器;b)附着式振动器;c)平板式振动器(表面振动器);d)混凝土振动台

2. 插入式振动器

插入式振动器(图 5-2-13、图 5-2-14)工作时振动头插入混凝土内部,将其振动波直接传给混凝土。这种振动器多用于振捣厚度较大的混凝土层,如桥墩、桥台基础以及基桩等。其优点是质量轻,移动方便,使用广泛。

插入式振动器主要由振动棒、软轴和电动机三部分组成。振动棒工作部分长约 500mm,直径 35～50mm,内部装有振动子,电机开动后,振动子的振动使整个棒体产生高频微幅的振动。振动棒和混凝土接触时,便将振动能量传递给混凝土,使其很快密实成型。一般只需 20～30s 的时间,即可把棒体周围 10 倍于棒体直径范围内的混凝土振捣密实。插入式振动器主要用于振动各种垂直方向尺寸较大的混凝土体,如桥梁墩台、基础柱、梁、坝体、桩及预制构件等。

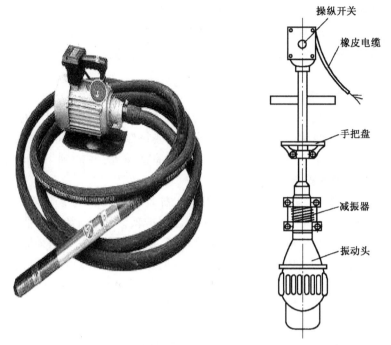

图 5-2-13　插入式振动器外观图　　　图 5-2-14　插入式振动器

按振动棒激振原理的不同,插入式振动器可分为偏心式和行星式两种。偏心式的激振原理是利用安装在振动棒中心具有偏心质量的转轴,在做高速旋转时所产生的离心力通过轴承传递给振动棒壳体,从而使振动棒产生振动。行星式振动器是振动棒内部安有一带滚锥的转轴,转轴在电机的带动下,滚锥沿轨道公转从而使棒体产生振动。与偏心式振动器相比,行星式振动器具有振动效果好、机械磨损少等优点,因而得到普遍的应用。电动软轴行星插入式振动器如图 5-2-15 所示。

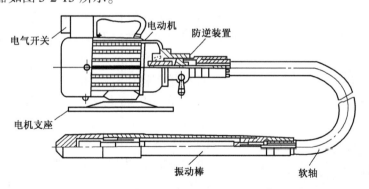

图 5-2-15　电动软轴行星插入式振动器

使用插入式振动器时,要使振动棒自然地垂直沉入混凝土中。为使上下层混凝土结合成整体,振动棒应插入下一层混凝土中 50mm。振动棒不能插入太深,最好应使棒的尾部留露 1/4 ~ 1/3,软轴部分不要插入混凝土中。振捣时,应将棒上下抽动,以保证上下部分的混凝土振捣均匀。振动棒应避免碰撞钢筋、模板、芯管、吊环和预埋件等。

振动棒各插点的间距应均匀，不要忽远忽近。插点间距一般不要超过振动棒有效作用半径的1.5倍，振动棒与模板的距离不应大于其有效作用半径的0.5倍。各插点的布置方式有行列式与交错式两种，其中交错式重叠、搭接较多，能更好地防止漏振，保证混凝土的密实性。振动棒在各插点的振动时间，以见到混凝土表面基本平坦、泛出水泥浆、混凝土不再显著下沉、无气泡排出为止。

插入式振动器使用注意事项如下。

(1) 插入式振动器的电动机通电后旋转时，若软轴不转，则电动机转向不对，任意调换两相电源线即可；若软轴转动振动棒不起振，可摇晃棒头或将棒头轻嗑地面，即可起振。

(2) 作业中应使振动棒自然沉入混凝土，一般应垂直插入，并插到下层尚未初凝层中5~10cm，以促使上下层相互胶合。

(3) 插入式振动器振捣时，除了做到快插慢拔外，振动棒各插点间距应均匀。

(4) 不许将保护软管插入混凝土中，以防砂浆侵蚀保护软管及砂浆渗入软管而损坏机件。

(5) 使用插入式振动器时，应避免将振动棒触及钢筋、芯管及预埋件，不得采取振动棒振动钢筋的方法来促使混凝土振密，以免因振动使钢筋位置变动，降低钢筋与混凝土之间的黏结力。

(6) 振动器作业时，保护软管弯曲半径应大于规定数值，软管不得有断裂。钢丝软轴使用200h后应更换，若软管使用过久，长度变长时应及时进行修复或换新。

(7) 振动器在使用中若温度过高，应停机冷却检查，若机件故障，要及时修理。冬季低温下，振动器作业前应缓慢加温，在棒内的润滑油解冻后，再投入作业。

(8) 操作人员应注意用电安全，在穿戴好胶鞋和绝缘橡皮手套后方能操作插入式振动器进行作业。

(9) 振动器作业完毕，应将振动器电动机、保护软管、振动棒刷干净，按规定要求进行润滑维护工作。振动器存放时，不要堆压软管，应平直放好，以免变形，应防止电动机受潮。

3. 平板式振动器

平板式振动器是直接放在混凝土表面上移动进行振捣工作，适用于坍落度不太大的塑性、半塑性、干硬性、半干硬性的混凝土或浇筑层不厚、表面较宽敞的混凝土捣固，如水泥混凝土路面、平板、拱面等。在水平混凝土表面振捣时，平板式振动器是利用电动机振子所产生的惯性的水平力进行振捣，操作者只需要控制移动的方向即可。平板与混凝土接触，振波有效地传给混凝土，混凝土振实至表面出浆、不再下沉，每一位置连续振动时间一般为20~40s。平板式振动器外观图如图5-2-16所示。

平板式振动器使用注意事项如下。

(1) 平板式振动器轴承不应承受轴向力，在使用时，电动机轴应保持水平状态。

(2) 平板式振动器的电动机与平板应保持紧固，电源线必须固定在平板上，电气开关应装在手把上。

图5-2-16 平板式振动器外观图

(3)平板式振动器作业时,应使平板与混凝土保持接触,使振波有效地振实混凝土,待表面出浆、不再下沉后,即可缓慢向前移动,移动速度应能保证混凝土振实出浆。在振的振动器,应搁置在已凝或初凝的混凝土上。

(4)用绳拉平板式振动器时,拉绳应干燥绝缘,移动或转向时,不得用脚踢电动机。作业移时电动机的导线应保持有足够的长度和松度。严禁用电源线拖拉振动器。

(5)作业后必须做好清洗、维护工作。振动器要放在干燥的环境中。

4. 附着式振动器

附着式振动器(图5-2-17、图5-2-18)是一台具有振动作用的电动机,在该机的底面安装上特制的底板,工作时底板附着在模板上,振动器产生的振动波通过底板与模板间接地传给混凝土达到使混凝土密实的目的。其外观图如图5-2-19所示,其适用于振捣截面较小的钢筋,较密的柱、梁及墙等构件。

图5-2-17 附着式振动器作业图　　图5-2-18 附着式振动器结构图

附着式振动器在电动机两侧伸出的悬臂轴上安装有偏心块,故当电动机回转时,偏心块便产生振动力,并通过轴承基座传给模板。由于模板要传递振动,故模板应有足够的刚度。

附着式振动器的振动效果与模板的质量、刚度、面积,以及混凝土构件的厚度有关。故所选用的振动器的性能参数必须与这些因素相适应,否则,将达不到捣实的效果,影响混凝土构件的质量。在一个构件上如需安装几台附着式振动器时,其振动频率必须一致。若安装在构件两侧,其相对应的位置必须错开,使振捣均匀。

附着式振动器使用注意事项如下。

图5-2-19 附着式振动器外观图

(1)附着式振动器安装在模板上时,应考虑模板结构承受振动荷载的能力,其支撑、斜撑、拉杆等须牢靠,防止因振动而引起模板变形。在一个物体上,当安装几台附着式振动器时,振动器的频率必须一致。当振动器安装在构件两侧时,其相应位置须错开,以保证振动均匀。

(2) 附着式振动器作用于模板上的振捣半径为 500~750mm，如构件较长，一般每隔 1.0~1.5m 设置一台振动器。

(3) 附着式振动器的侧向影响深度约为 250min，当构件尺寸较厚时，需要构件两侧安装振动器同时振捣。

(4) 使用前先将振动器安装好，再浇筑混凝土。当混凝土的浇筑高度超过振动器安装位置时才可开始振捣。当钢筋较密集和构件截面较狭窄时，也可采取边浇筑边振捣的方法。

(5) 振动器有效作用半径和在每一位置的振捣时间，应根据结构形状、模板坚固程度、混凝土坍落度及振动器功率大小等各项因素通过试验确定。当振捣至模板内混凝土成同一水平面且不再出现气泡时，可停止振捣。

5. 混凝土振动台

混凝土振动台适用于试验室、现场工地做试件成型，预制构件振实，以及各种板柱、梁等混凝土构件振实成型。振动台为一个支撑在弹性支座上的工作平台，平台下设有振动机构。混凝土振动台是由电动机、同步器、振动平台、固定框架、支承弹簧及偏振子等组成。工作时，振动机构做上下方向的定向振动。振动台具有生产效率高、振捣效果好的优点，主要用于混凝土制品厂预制件的振捣。

混凝土振动台，需要承受强力振动而使混凝土振实成型，应安装在牢固的基础上。混凝土构件厚度小于 200mm 时，可将混凝土一次装满振捣；如厚度大于 200mm 时，则需要分层浇筑。振捣时间应根据实际情况决定，一般以混凝土表面呈水平、不再冒气泡、表面出现浮浆时为止。

混凝土振动台使用注意事项如下。

(1) 应将振动台安装在牢固的基础上，地脚螺栓应有足够强度并拧紧，同时在基础中间必须留有地下坑道，以便经常调整与维修。

(2) 使用前要进行检查和试运转，检查机件是否完好，所有坚固件，特别是轴承座螺栓、偏心块螺栓、电动机和齿轮箱螺栓等，必须紧固牢靠。

(3) 振动台不宜空载长时间运转。在作业中，必须安置牢固可靠的模板锁紧夹具，以保证模板和混凝土台面一起振动。

(4) 齿轮箱中的齿轮因受高速重荷载，故应润滑和冷却良好；箱内油平时保持在规定的水平面上，工作时温升不得超过 70℃。

(5) 振动台所有轴承应经常检查并定期拆洗更换润滑脂，使轴承润滑良好，并应注意检查轴承温升，当有过热现象时应立即设法消除。

(6) 电动机接地应良好可靠，电源线和线接头应绝缘良好，不得有破损漏电现象。

(7) 振动台面应经常保持清洁平整，以便与钢模接触良好。因台面在高频重载下振动，容易产生裂纹，必须注意检查，及时修补。每班作业完毕应及时清洗干净。

第三节 起重机械与架桥设备

一、概述

1. 起重机械的基本组成及分类

起重机械是一种循环作业的工程机械，主要由起升机构、运行机构、变幅机构、回转机构、动力装置、操纵系统,以及辅助装置组成。

在桥梁工程中所用的起重机械,根据其构造和性能不同分为简单起重设备、桥式起重机械和臂架式起重机械三大类。简单起重设备有千斤顶、葫芦、卷扬机等。桥式起重机械有梁式起重机、龙门起重机等。臂架式起重机械有固定式回转起重机、塔式起重机、汽车起重机等。

2. 架桥设备的分类与特点

架桥设备是将预制好的钢筋混凝土或预应力混凝土构件,吊装在桥梁支座上的专用施工机械。我国目前常用的架桥设备可分为导梁式架桥设备、缆索式架桥设备和专用架桥机三大类。

1) 导梁式架桥设备

导梁式架桥设备利用贝雷架(或万能杆件)拼装成的导梁作为承载移动支架,通过配置部分起重装置与移动机具来实现架梁。

2) 缆索式架桥设备

缆索式架桥设备利用万能杆件拼装成塔架,在两个塔架之间张紧一根特种承重的承载索,利用起重小车在此钢索上来回移动实现架梁。

3) 专用架桥机

专用架桥机是在导梁式架桥设备基础上,通过对其起吊、行走等机构的改进而发展起来的专用架桥设备,按导梁形式可分为单导梁型和双导梁型两种。单导梁型架桥机具有结构紧凑,利用系数较高,对曲线及斜交桥适应能力强,容易实现架设边梁等特点。双导梁型架桥机的承载能力强,整机横向稳定性较好,目前应用较为广泛。

二、简单起重设备

简单起重设备一般只备有起升机构,具有构造简单、质量轻、便于携带、移动方便等特点。目前在桥梁工程中常用的简单起重设备有液压千斤顶、滑车和卷扬机等。

1. 液压式千斤顶

液压式千斤顶结构紧凑,工作平稳,有自锁作用,但起重高度有限(小于1m),起升速度慢。主要有通用和专用两类。

通用液压千斤顶适用于起重高度不大的各种起重作业。它由油室、油泵、储油腔、活塞、摇把、回油阀等主要部分组成,其工作原理如图5-3-1所示,其外观图如图5-3-2所示。

工作时,由于油缸内油压的不断增高,只要往复扳动摇把,使手动油泵不断向油缸内压油,就迫使活塞及活塞上面的重物一起向上运动。打开回油阀,油缸内的高压油便流回储油腔,于是重物与活塞也就一起下落。

专用液压千斤顶是专用的张拉机具,在制作预应力混凝土构件时,对预应力钢筋施加张力。

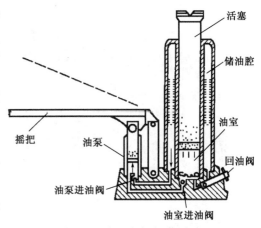

图 5-3-1　液压千斤顶工作原理

专用液压千斤顶多为双作用式,常用的有穿心式和锥锚式两种。以下主要介绍穿心式千斤顶。

图 5-3-2　液压千斤顶外观图

穿心式千斤顶适用于张拉钢筋束或钢丝束,其主要由张拉缸、顶压缸、顶压活塞及弹簧等部分组成。其特点是:沿拉伸机轴心有一穿心孔道,钢筋(或钢丝)穿入后由尾部的工具锚锚固。其外观图如图 5-3-3 所示,工作原理如图 5-3-4 所示。

图 5-3-3　穿心式千斤顶外观图

张拉时,打开前后油嘴,从后油嘴向张拉工作油室内供油,张拉缸缸体向后移动。由于钢索锚固在千斤顶尾部的工具锚上,因此,千斤顶通过工具将钢索张拉。当钢索张拉到需要的长度时,关闭后油嘴,从前油嘴进油至顶压缸内,使顶压活塞向前伸移而顶住锚塞,并将锚塞压入锚圈中,从而使钢索锚固。打开后油嘴并继续从前油嘴进油,这时张拉缸向前移动,缸内油液回流。最后打开前油嘴,使顶压缸内的油液回流,顶压活塞由于复位弹簧的作用而复位。

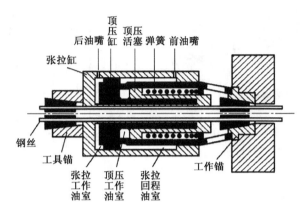

图 5-3-4　穿心式千斤顶工作原理示意图

2. 卷扬机

卷扬机主要用于提升和拖曳重物。其可单独使用,也可配合滑车作其他起重机构使用。

卷扬机实际上是由一个卷筒再配上齿轮或蜗轮减速器而组成的简单起重设备,有手动、机动或电动三种。

电动式卷扬机外观如图 5-3-5 所示,由机架、卷筒、减速器、制动器和电动机等部分组成。电动机的动力输出轴通过弹性联轴器和制动器与减速器相连,如图 5-3-6 所示。

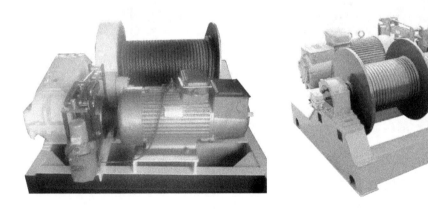

图 5-3-5　电动式卷扬机外观图

三、自行式动臂起重机

自行式动臂起重机外观图如图 5-3-7 所示。

轮式起重机是近年来发展较迅速的机型,由于其具有机动灵活、操作方便、用途广泛、效率高等一系列显著优越的性能,因此,自 20 世纪 70 年代以来,其应用范围由原来的辅助性吊装作业逐步扩大到国民经济建设的各个领域,如建筑施工、石油化工、水利电力、港口交通、市政建设、工矿及军工等领域的装卸与安装工程。

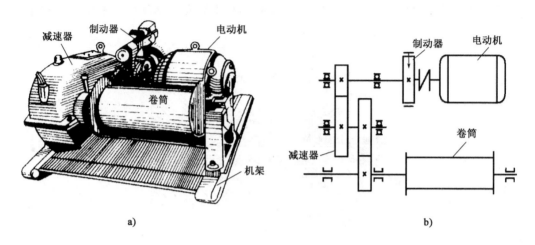

图 5-3-6　电动式卷扬机
a)结构简图;b)传动系统图

图 5-3-7　自行式动臂起重机外观图

1. 轮式起重机的特点与分类

轮式起重机是将起重机的工作机构及作业装置安装在充气轮胎底盘上,不需要轨道就能运行的起重机械。

轮式起重机具有起重机的四大工作机构,与其他起重机不同之处在于该起重机装在轮胎式底盘上。它可以有以下几种分类。

1)按底盘的特点分类

轮式起重机按底盘的特点可分为两种:汽车起重机和轮胎起重机。汽车起重机采用汽车底盘,公路行驶能力强,大多数采用两个驾驶室,分别用于行驶操作和起重操作;轮胎起重机采用的是轮胎底盘,起重作业适应性强,能四面起吊重物且吊重行驶,更适用于定点作业。具体区别参见表5-3-1。图5-3-8为轮式起重机。

汽车起重机和轮胎起重机的主要特点　　表5-3-1

序号	项目	汽车起重机	轮胎起重机
1	底盘	采用通用或专用汽车底盘	采用专用的轮胎底盘
2	发动机	小型汽车起重机多采用一台安装在行驶底盘上的发动机;大型汽车起重机一般采用两台发动机,分别驱动工作机构和行驶机构,其中行驶机构用发动机功率较大	采用一台发动机,一般都装在上车转台上,发动机功率以满足起重作业为主
3	行驶速度	在好路面上行驶速度较高,大多数在60km/h以上;行驶速度高、转移方便是本机的最大特点	一般在30km/h以下
4	起重性能	车身较长,主要在两侧和后方吊重作业(打支腿),由于采用弹性悬架,一般都不能吊重行驶	轮胎轴距配合较好,能四面起吊重物,在平坦地面能吊重行驶是本机的重大特点
5	通过性	转弯半径大,爬坡度较高,一般为12°~20°	转弯半径小,爬坡度较低,一般为8°~14°(越野式除外)
6	驾驶室	大多数采用两个驾驶室,一个用于操纵行驶,一个用于起重作业	只有一个驾驶室,一般设在车转台上
7	支腿	前支腿位于的桥后面	支腿一般都配置在前桥和后桥外侧
8	使用特点	经常在较长距离的工地之间来回转移,起重和行驶并重,一般可与汽车编队行驶	适用于定点作业,不宜经常长距离转移,以起重作业为主,行驶为辅,不宜与汽车编队行驶
9	外形	轴距长,重心低,适于公路行驶	轴距短,重心高

汽车起重机是在通用或专用载货汽车底盘上装上起重工作装置及设备的起重机。其具有制造容易、通过性好、机动灵活、行驶速度快,到达目的地能马上投入工作等优点。因此,其特别适用于流动性大、不固定的工作场所。但汽车起重机车身较长,转弯半径大,转移时需要有较大的工作面。

轮胎起重机是将起重工作装置和设备装设在专门设计的自行式轮胎底盘上的起重机。由于其底盘是专门设计的,因此,其轴距、轮距及外形尺寸可根据总体设计的要求合理布置。

近年来,随着起重机技术的迅速发展,汽车起重机采用了动力换挡,全轮转向,油气悬挂,从而提高了起重机的机动性、越野性及作业稳定性,很有发展前途。

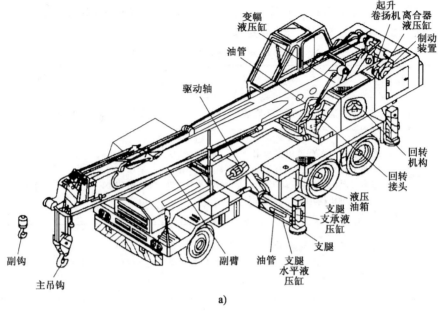

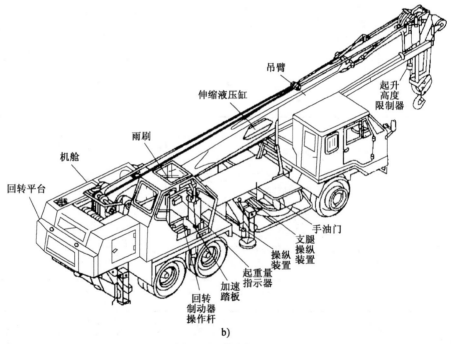

图 5-3-8 轮式起重机

2)按起重量大小分类

轮式起重机按起重量大小可分为 4 种类型：

(1)小型(起重量在 12t 以下)；

(2)中型(起重量为 12～<40t)；

(3)大型(起重量为 40～100t)；

(4)特大型(起重量在 100t 以上)。

3) 按起重吊臂形式分类

轮式起重机按起重吊臂形式可分为桁架臂式和箱形臂式两种。桁架臂自重轻,可在基本臂的基础上加长连接臂,也可将桁架骨进行折叠;箱形臂常采用液压伸缩机构,可根据使用需要进行逐节伸缩,在工作现场适应能力强,但吊臂自重大,在幅度较大时起重性能差。幅度为7.62m的箱形伸缩臂与桁架臂起重性能比较见表5-3-2。

幅度为 **7.62m** 的箱形伸缩臂与桁架臂起重性能比较　　　　表5-3-2

臂长(m)	10		12		18		24		32	
	箱形臂	桁架臂	箱形臂	桁架臂	箱形臂	桁架臂	箱形臂	桁架臂	箱形臂	桁架臂
起重量(t)	30	36	25	36	20	36			14.5	35

注:表中数字取自美国T-750型(箱形伸缩臂)和670-TG型(桁架臂)汽车起重机。

4) 按传动装置的形式分类

轮式起重机按传动装置的形式可分为机械传动式、电力-机械传动式、液压-机械传动式三种类型。

机械传动式的传动装置工作可靠、传动效率高,但机构复杂、操纵费力、调速性差,现已被其他传动形式所替代。

电力-机械传动式(简称电力传动式)具有一系列优点:传动系统简单,布置方便,操纵轻巧,调速性好,电气元件易于三化(标准化、通用化、系列化)。但现有电动机能量二次转换装置体重价贵,不易实现直线伸缩动作,故仅宜在大型的桁架臂轮式起重机中采用。

液压-机械传动式(简称液压传动式)具有下列优点:结构紧凑(传动比大),传动平稳,操纵省力,元件尺寸小、质量轻、易于三化,液压传动能直接获得直线运动。液压传动的轮式起重机是现代起重机的发展方向。

2. 轮式起重机的基本工作原理

现以QY12全液压汽车起重机为例介绍其主要组成部分的结构及工作原理。

图5-3-9为QY12汽车起重机外形图。其主要技术参数如下。

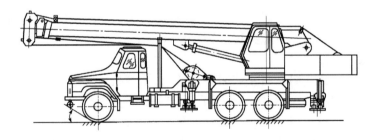

图5-3-9　QY12型全液压汽车起重机外形图

最大起重量:工作半径为3m时为12000kg。

最大起重量力矩:385kN·m。

主臂:3节。

整机质量:13200kg。

行驶性能:最大车速70km/h,最大爬坡度为12.9°。

QY12全液压汽车起重机具有三节伸缩臂,可360°回转。其取力装置位于起重机底盘变速器右侧,起重机从行驶状态转入起重作业时,在底盘驾驶室内操纵取力操纵杆使取力装置接合,汽车发动机动力经过取力装置传至齿轮泵,使齿轮泵工作。齿轮泵产生的压力油通过液压系统驱动起重机的支腿、上车回转、变幅、伸缩机构以及卷扬机构工作。

支腿为"H"形结构,前后固定腿分别焊接在底架下方,4个活动支腿分别装在前后固定腿箱内,支腿机构为液压驱动。活动支腿通过支腿操纵阀控制,可以同时动作,也可单独动作。操纵支腿伸出时先伸水平腿,再伸垂直腿;缩回时先缩垂直支腿,再缩水平腿。起重臂的主臂为三节四边箱形吊臂,伸缩机构为单级油缸加钢丝绳。其结构如图5-3-10所示。

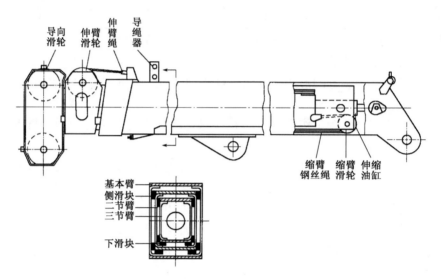

图5-3-10 起重臂及伸缩机构

为提高伸缩油缸的稳定性,将伸缩油缸倒置安装在伸缩臂中,活塞杆头与基本臂尾部铰接固定,缸筒端部与二节臂根部铰接固定。当伸缩油缸伸出时,活塞杆固定于基本臂不运动,则缸筒运动将二节臂推出;当伸缩油缸缩回时,则缸筒运动将二节臂拉回。

起升机构由液压马达、减速器、制动器、卷筒、钢丝绳、起重钩等组成。制动器由制动油缸控制,可在起重过程中任何位置实现重物停稳而不下滑。在起升机构液压回路中装有平衡阀,用以控制重物下降的速度。

回转机构由液压马达、蜗杆蜗轮减速器、回转支承等组成。回转机构工作时,由定量马达驱动,通过回转分配阀的控制,可以实现正、反方向全回转。

变幅机构由吊臂、转台与一个前倾安装的双作用油缸构成。其变幅动作是通过双作用油缸的伸缩实现的,变幅机构的作用是改变吊臂的仰角,从而使吊钩与上车回转中心的距离得到改变。

3. 轮式起重机型号命名方式

起重机型号是指按一定的规律赋予每种起重机一个代号,以便于起重机的管理和使用。现国内没有统一的全地面起重机型号命名标准,各厂家根据自己的实际情况进行命名编制。因此,推荐按照如下方法对全地面起重机的产品型号进行命名,如图5-3-11所示。

型号编制中的"厂家或品牌代号"举例如下:

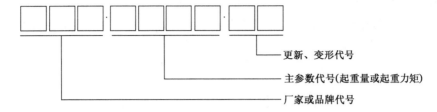

图 5-3-11　全地面起重机产品型号命名方式

XCA——徐工集团工程机械股份有限公司；
SAC——三一重工股份有限公司；
QAY——中联重科股份有限公司；
AC——特雷克斯公司；
LTM——利勃海尔公司；
GMK——格鲁夫公司。

主参数代号采用额定起重量(t·kN)或起重力矩(t·m)表示,例如,徐工集团的 XCA450 型全地面起重机中的"450"表示产品的最大起重量是 450t。

"更新、变形代号"一般在末位表示。

4. 轮式起重机性能参数

1) 起重量

(1)额定起重量,是指起重机能吊起的重物或物料连同可分吊具质量的总和。对于幅度可变的起重机,则指最小幅度下的最大起重量。

(2)有效起重量,是指起重机能吊起的重物或物料的净质量。

(3)总起重量,是指起重机能吊起的重物或物料,连同可分吊具和长期固定在起重机上的吊具或属具(包括吊钩、滑轮组、起重钢丝绳,以及在臂架或起重小车以下的其他起吊物)的质量总和。

(4)最大额定总起重量,是指起重机用基本臂作业时处于额定幅度,用支腿进行起吊的最大总起重量,并以此作为起重机的名义起重量。

2) 最大额定起重力矩

最大额定起重力矩是指最大额定总起重量与所允许的最小工作幅度的乘积。

3) 支腿跨距

支腿跨距分为支腿纵向距离和支腿横向距离。

(1)支腿纵向距离。支腿处于全放状态,分别过同侧前后支腿座中心,并垂直于起重机纵向轴线的两垂面之间的距离称为支腿纵向距离。

(2)支腿横向距离。起重机停放在水平路面上,支腿处于全放状态,在过前后支腿座中心,并垂直于起重机纵向轴线的垂面上,左、右两支腿座中心之间的距离称为支腿横向距离。

4) 起重高度

(1)起重高度。起重高度是指起重机水平停机面或运行轨道至吊具允许最高位置的垂直距离。

(2)基本臂起升高度。基本臂起升高度是指起重机在空载状态下基臂处于允许的最大仰角时,起重钩升到最高位置,从钩口中心到支承地面的距离。

(3)最长主臂起升高度。最长主臂(全伸臂)起升高度(图5-3-12)是指起重机在空载状态下,最长主臂处于允许的最大仰角时,起重钩升到最高位置,从钩口中心到支承地面的距离。

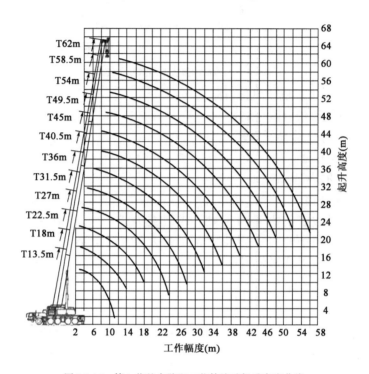

图5-3-12　第1节基本臂和5节伸缩臂提升高度曲线

5)工作级别

起重机工作级别是考虑起重量和时间的利用程度以及工作循环次数的工作特性。它是按起重机利用等级(整个设计寿命期内总的工作循环次数)和荷载状态划分的。起重机荷载状态按名义荷载谱系分为轻、中、重、特四级;起重机的利用等级分为U0~U9共十级。起重机工作级别,也就是金属结构的工作级别,按主起升机构确定,分为A1~A8共八级。

5. 履带起重机

履带起重机是将起重作业部分装设在履带底盘上,行走依靠履带装置的起重机。其可以进行物料起吊、运输、装卸和安装等作业,具有接地比压小、转弯半径小、爬坡能力大、起重性能好、可带载行走等优点,在石油化工、电力建设、市政工程、交通建设等方面得到广泛使用。

履带起重机的特点如下:

(1)起重性能优越。履带起重机是由宽大的履带作为支承结构,承载能力高,臂架自重相对轻,因此,起重性能高。目前最大起重能力可以达到4000t。

(2)作业空间大。履带起重机的臂架有多种组合,长度长,可实现较大的作业幅度和作业高度。例如1600t级履带起重机(特雷克斯公司CC8800-1型)主臂长度可达到156m。主副臂架最大组合长度可达到(108+120)m,作业高度达到220m,作业幅度达到125m。履带起重机作业曲线如图5-3-13所示。

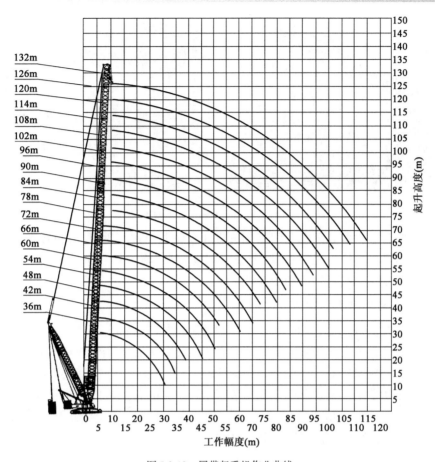

图 5-3-13 履带起重机作业曲线

（3）可实现原地转弯。履带起重机的行走装置是由两条履带组成的，当两条履带正、反向运动时，可实现原地转弯。

（4）可带载行走。由于履带行走相对平稳，因此，可带荷载缓慢地近距离运行。

（5）接地比压小。正是因为履带起重机有两条宽大的履带，与地面的接触面积大，因此对地压力小。例如，150t 级履带起重机空载状态下的平均接地比压为 0.1MPa（10t/m²）。

四、龙门式起重机

1. 龙门式起重机类型及特点

龙门式起重机根据承重钢构梁的形式分为贝雷组合式龙门式起重机、钢梁桁架式龙门式起重机和混合型龙门式起重机，其外观如图 5-3-14 所示。

（1）贝雷组合式龙门式起重机的立柱和横梁主要由贝雷片组装而成。其具有适用性强，互换性好，运输方便，用途多，经济节约等特点。

（2）钢梁桁架式龙门式起重机的支柱和横梁都由钢桁架组成，具有横向稳定件好，挠度变形小，跨度大，自重轻的特点。

（3）混合型龙门式起重机主要指横梁由贝雷片组装而成，立柱由其他钢构件组成，具有以上两种龙门式起重机有关特点。

图 5-3-14　龙门式起重机外观图

以上龙门式起重机可分单轨龙门式起重机和双轨龙门式起重机,既可单台起吊,也可两台起吊。应根据用户具体施工要求,结合施工现场特点、施工外部条件等因素制订方案,以确保起吊安全性、经济性、可行性和便捷性。

2. 龙门式起重机的基本结构和工作原理

龙门式起重机,它是由龙门架、起重小车和操纵机构三大部分组成。龙门架是由一根水平的主梁和两根垂直的支架焊接而成的"门"字形架,主梁有单梁和双梁两种。起重小车的滚轮在主梁轨道上横向移动。吊钩通过钢索及滑轮悬挂在小车的下面,重物的升降及小车沿主梁的横向移动是通过起重和牵引两根钢索,并分别由卷扬机的两个卷筒来控制。被吊起的重物可做上下、横向和纵向三个方向的移动。由于其起重范围大,因此,广泛应用于桥梁构件的安装、料场及港口等处的大宗物品的装卸。

五、门座式起重机

门座(半门座)式起重机是一种将主机安装在一个立体门形或半门形座架上,可沿地面轨道移动的回转臂架式起重机(图 5-3-15),其门座下方可通行铁路车辆(一对或数对铁轨)或其他地面车辆,主要用于港口、码头、船厂、水利工程、建筑等场合。

图 5-3-15　门座式起重机外观图

门座式起重机通常具有起升、回转、变幅(工作性)、运行(非工作性)等机构。完成装卸用途时起重量一般为5~40t,在船坞上进行船体装配与设备装配时起重量可达1900t,常用取物装置为吊钩、抓斗、集装箱吊具等。由于变幅机构需要满足带载运行的工作性要求,故其常通过水平变幅和臂架自重平衡设计等措施,以减小变幅功率与吊重摆动,但构造较为复杂。其金属结构部分包括臂架系统、人字架、转柱、门座架、回转平台与对重系统、驾驶室与机房平台等,整机自重和轮压较大,对支承基础要求较高。门座式起重机结构图如图5-3-16所示。

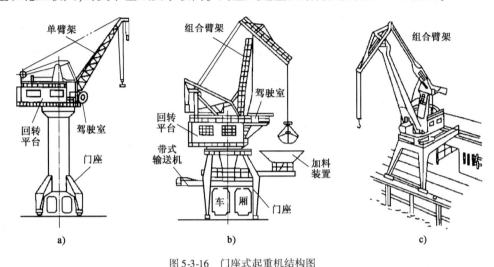

图5-3-16 门座式起重机结构图

门座式起重机按使用场合和用途可分为港口用(通用型、带斗型)、船厂用、内河码头用、建筑用、电站用等;按变幅补偿方式和臂架构造形式可分为绳索补偿法(单臂架式)和组合臂架法(四连杆式);按变幅驱动形式可分为卷扬式、齿条式、螺杆式、液压缸式;按回转区间可分为局部回转式和全回转式;按回转支承方式可分为柱式(定柱式、转柱式)和转盘式等。

六、塔式起重机

塔式起重机是指臂架安装于直立高塔顶部的回转式臂架型起重机(简称塔机),广泛应用于建筑、水电、造船等行业,是现代工业与民用建筑工程中重要的施工机械。

塔式起重机通常配置有起升、变幅(工作性)、回转机构,有时也具有调整性运行机构;其起重能力相对较小,变幅多采用牵引小车式水平变幅方案,常用吊具为吊钩等。

塔式起重机的金属结构通常由塔身、塔头/平头、起重臂、平衡臂-对重、回转平台、底架及台车架(或固定基础)等组成,其外形构造具有十分鲜明的特点。高大直立的塔身和长臂架组成典型特征(图5-3-17),极易近距离靠近并覆盖建筑物,幅度利用率高达80%,有效作业空间大;整体结构采用格构桁架式组拼装配,具有构造轻巧、装拆操作简便、便于搬迁、适应性强等特点。

塔身结构多采用矩形钢管(或角钢拼焊)等组成正方形截面的焊接格构柱,标准节可互换安装并能通过顶升机构使其增加或减少,其内部设有爬梯和休息平台。标准节连接形式有凸缘盘式、螺栓盖板式、套柱螺栓式和销轴式等。对于可变高度的自升高式塔身,则以标准节组拼方式通过顶升套架系统形成接高构造,以适应建筑物的高度变化。当建筑物高度不大于50m时多采用标准节组合式,而当高度大于50m时则采用标准节附着式。

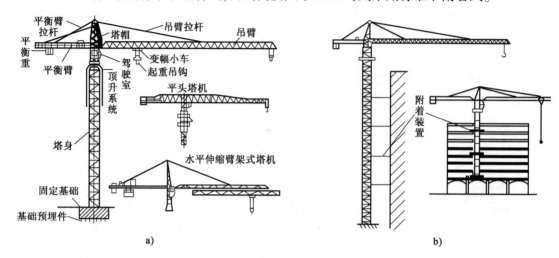

图5-3-17　固定自升上回转平臂塔式起重机

俯仰变幅式(动臂)塔式起重机主要用于工业厂房等区域重大构件的吊装(目前已较少采用),其起重臂(吊臂)多采用矩形断面桁架结构(角钢或钢管组焊)。水平臂架多属自升式塔式起重机,变幅牵引式小车可在臂架上调速运行,适用于大面积的高层施工。水平吊臂多采用正三角形截面桁架结构,下弦杆可采用槽钢(轻型)、组合矩形结构(中、重型)等,而上弦杆和腹杆则采用无缝钢管。除平头式外,水平臂架通常会在长度方向设置1~2个吊点形成吊臂拉杆(钢丝绳/圆钢)系统。平衡臂与水平臂对称安装,依靠其尾部后端所装设的对重(箱/块)保持整机平衡,其构造与起重臂类似。折臂式塔式起重机主要用于工程量不大的、流动分散的小型建筑工程。另外,起重臂的节间连接与塔身相似。

上回转式是将回转支承装置装设在塔身上部,塔身不动而臂架-塔头部分可相对转动,其在组拼安装式塔式起重机上广泛应用。按照回转支承及上部结构可分为塔帽式(中小型)、转柱式(重型)、塔顶式(大中型自升式)、平台式(大中型自升式)。塔帽式是将棱锥形桁架结构的塔帽套装在塔顶外面,通过定柱式回转支承装置(上部球铰和下部滚轮)来实现回转运动,塔帽上分别设置与起重臂、平衡臂相连的支座。下回转式是将回转支承及平台装设在塔身根部,回转平台之上的起升、变幅、回转机构以及塔身、吊臂、平衡重等整体转动的形式,具有重心低、稳定性好、省略塔头和平衡臂而使塔顶简化(垂直轴向受压)、塔身和起重臂能缩短或折叠、装拆运输和维修方便等特点,适用于自行整体架设、整体搬运的轻小型塔机,用于7层以下民用建筑可获得较好效益。

七、浮式起重机

浮式起重机是指把起重总成部分放置在专用浮船船体(或囤船)上,并以其作为支承和运行装置浮在水上作业,可沿水道自航或拖航的水上臂架型起重机,如图5-3-18所示。其变幅机构常采用全程平衡带载变幅方案,具有运转灵活、自重轻、作业效率高、稳定性好、不占用陆地等特点,可以进行岸与船、船与船间大宗货物装卸及水上工程作业,如河道港口疏浚、港口及海上施工、救助打捞等。

图 5-3-18 浮式起重机

浮式起重机按航行方式可分为自航式和非自航式(拖航或岸边固定);按回转能力可分为全回转式、非全回转式、非回转式、复合式(起重装置为上下两层);按工作水域可分为港湾式(港口/内河)、航海式;按动力装置形式可分为蒸汽式、内燃式、内燃-电力式、蒸汽-电力式、电动式(岸电);按使用场合和用途可分为装卸用、造船用、建筑安装用、救援(救助打捞)用等;按取物装置类型还可分为吊钩、抓斗、电磁吸盘、集装箱吊具等。

需要注意的是,浮式起重机除应遵守起重机械有关设计规范/标准以外,还应符合船舶与海上设施的有关设计规范与标准,如《船舶与海上设施起重设备规范》(中国船级社)等。

八、缆索式架桥设备

缆索式架桥设备外观如图 5-3-19 所示。缆索吊装施工工序为:在预制场预制拱肋或拱箱节段(也有预制拱上结构的),通过运输设备将其移运到缆索吊装设备下的合适位置,再由起重索和牵引索将预制节段吊运至待拼桥孔处安装就位,立即用扣索将它们临时固定,吊合龙段的节段,并进行轴线调整,然后进行接头固结处理、横系梁或纵向接缝处理,再进行拱上结构的安装或浇筑。缆索吊装施工布置如图 5-3-20 所示。

图 5-3-19 缆索式架桥设备外观图

其中:承载索是支承起重小车用的钢丝绳;起重索用来控制吊物的升降(即垂直运输);

牵引索用来牵引行车在承载索上沿桥跨方向移动(即水平运输);结索用于悬挂分索器;扣索用于当拱肋分段吊装时,悬挂端肋及调整端肋接头处高程;扣索的一端系在拱肋接头附近的扣环上,另一端通过扣索排架或塔架固定于地锚上;浪风索亦称缆风索,用来保证塔架、扣索排架等的纵、横向稳定及拱肋安装就位后的横向稳定;塔架是用来提高承载索的临空高度及支承各种受力钢缆的重要结构。

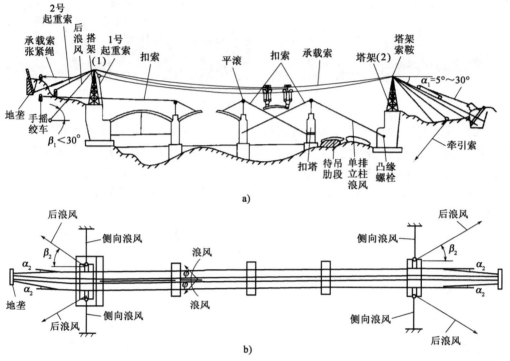

图 5-3-20 缆索吊装施工布置

缆索式起重机有固定式、移动式和转动式三种。

固定式缆索起重机的两个塔架是固定不动的,其结构简单、造价低,但工作面只是一个狭长的地带。

移动式缆索起重机的两个塔架下端都装有铁轮,能沿两根平行的轨道平移,故其工作范围为矩形面积。

转动式缆索起重机的一个塔架固定不动,另一个塔架下面装有铁轮,它可绕固定塔架在轨道上转动,其行驶轨迹是扇形或圆。

在设置缆索式起重机时,对于塔架的强度、承载索、起重索和牵引索的拉力以及有关起重机的稳定性等问题,均需要经过必要的力学计算,再经过现场试验,以达到经济合理和确保施工安全。

九、导梁式架桥设备

目前利用贝雷钢桁架和万能杆件拼装成的导梁式架桥设备在桥梁的上部施工中较为常用。其中万能杆件是用角钢制成的可拼成节间距为 $2m \times 2m$ 的桁架杆件,因其通用性强,可根据不同桁架形式,再配制部分自制构件,如横移机构、纵移机构、行走机构等,就可以完成不同架设工序,提高机械化程度。导梁式架桥设备如图 5-3-21 所示。

图 5-3-21　导梁式架桥设备外观图

图 5-3-22 所示的架桥机主要由导梁、前支腿、前后行走台车、前后起吊天车及电气设备组成。导梁和前支腿由万能杆件组拼而成,导梁安装在前后行走台车上,行走台车可在已架设好的预应力混凝土梁上的轨道上行走。行走系统由行走台车和牵引动力组成。起吊系统的天车横梁可用万能杆件拼装,也可使用型钢组合断面,具体用哪种形式应根据施工现场情况、两个导梁的间距,以及起吊设备的状况等因素综合考虑。

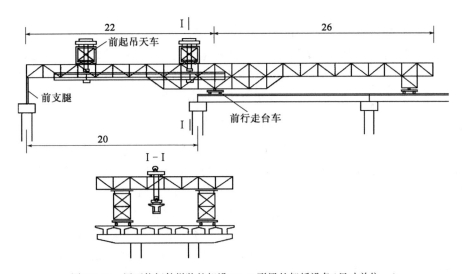

图 5-3-22　用万能杆件拼装的架设 20mT 形梁的架桥设备(尺寸单位:m)

十、专用架桥机

目前世界各国的架桥机品种很多。这里重点介绍国产双导梁红旗 130-78 型架桥机。

红旗 130 型架桥机(图 5-3-23)由台车、机身、机臂、前门架与前支腿下节、起吊天车及液压系统、电气系统组成。

机身下的台车共有两辆,每辆台车均有行走装置,可自行调速行走,两侧各设有两个支腿,在架桥机上桥对位后,使支腿支承牢固,以保证架梁和机臂摆头的安全。

机身依靠升降机构升高或降低,以适应架梁工作的要求。

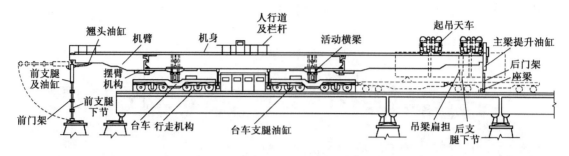

图 5-3-23　红旗 130-78 型架桥机

机臂是箱形截面焊接结构,共 4 片,主梁两端各 2 片,对称安装。机臂上焊有供起吊天车行走的轨道,并装有人行道和栏杆。机臂在曲线上架梁时,依靠摆臂机构的液压推动,可随线路水平转动。

红旗 130 型架桥机轴重轻,梁片可以直接从运梁台车上起吊,可以一次将梁片架设就位,并可以在前后方向架梁。反方向架梁时,架桥机不需要转向,简化了架梁工艺,工作效率高。

十一、钢丝绳

钢丝绳由抗拉强度为 $1.4 \sim 2.0 kN/mm^2$ 的多根钢丝编绕而成。由于钢丝绳具有强度高、自重轻、柔性好、极少骤然断裂等优点,而成为起重机的重要组件之一。其在起升机构和变幅机构中可用作承载绳,在运行机构和回转机构中可用作牵引绳,有时还可用来捆扎货物。

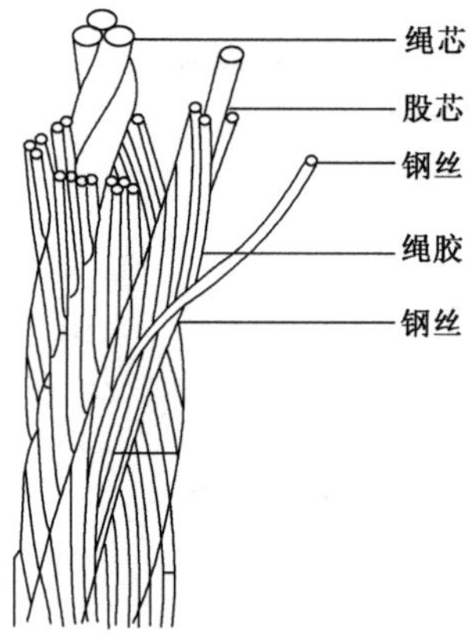

1. 钢丝绳的构造

钢丝绳是一种工程中常用的挠性构件。在起重机领域,钢丝绳一般可用作起升绳及牵引绳,在缆索起重机和架空索道中可作为承载绳,也在桅杆式起重机中用作张紧绳。

起重用的钢丝绳需要很高的强度和韧性。钢丝绳的制造需要先将优质碳素钢经多次冷拔和热处理,使 6mm 的圆钢成为直径缩减到 $0.4 \sim 3mm$、强度大到 $1400 \sim 2000MPa$ 的优质钢丝。在此基础上将钢丝捻绕成股,将若干股围绕成绳芯从而制成钢丝绳(图 5-3-24)。

图 5-3-24　钢丝绳的构造

2. 钢丝绳的种类

1)按捻绕次数不同

根据捻绕次数的不同,钢丝绳主要分为单绕绳和双绕绳。

(1)单绕绳。单绕绳由钢丝一次捻绕成绳,如图 5-3-25a)所示。这种钢丝绳刚性大,适于作起重机的张紧绳。对于架空索道的承载绳,为使钢丝绳表面光滑耐磨且承载能力大,则需要采用封闭型单绕钢丝绳,如图 5-3-25b)所示。

(2)双绕绳。双绕绳先由钢丝捻制成股,再将股捻制成绳。双绕绳的挠性较好,起重机中主要使用这种绳作为起升绳(图 5-3-26)。

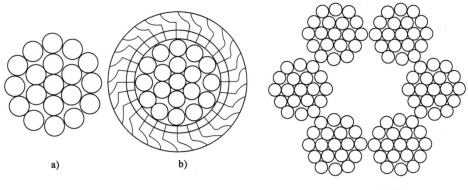

图 5-3-25 单绕绳
a)单绕绳;b)封闭型单绕绳

图 5-3-26 双绕绳

2)按捻绕方向不同

捻绕方向是指由丝捻绕成股或由股捻绕成绳的螺旋线方向。标准规定,股在绳中(或丝在股中)捻制的螺旋线方向自左向上向右则为右捻向(用字母 Z 表示);股在绳中(或丝在股中)捻制的螺旋线方向自右向上向左则为左捻向(用字母 S 表示),如图 5-3-27 所示。

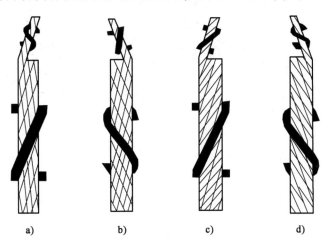

图 5-3-27 钢丝绳的捻绕方向
a)右交互捻 ZS;b)左交互捻 SZ;c)右同向捻 ZZ;d)左同向捻 SS

(1)同向捻。同向捻是指由钢丝捻绕成股和由股捻绕成绳的方向相同。同向捻钢丝绳的挠性好、寿命长,但强烈的扭转趋势会使绳易松散,主要适用于保持张紧状态的场合,如用作牵引绳或张紧绳。

(2)交互捻。交互捻是指由钢丝捻绕成股和由股捻绕成绳的方向相反。交互捻的钢丝绳,其股与绳的扭转趋势可以部分相互抵消,起吊重物时不易扭转和松散,被广泛用作起升绳。

3)按股的构造不同

根据股的构造不同可将钢丝绳分为以下 3 种(图 5-3-28)。

(1)点接触钢丝绳。点接触钢丝绳的绳股中各层钢丝绳直径相同,股中相邻钢丝的节距

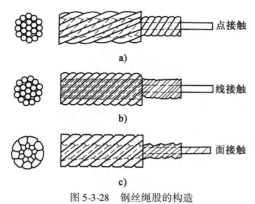

图 5-3-28 钢丝绳股的构造

不等,因而相互交叉形成点接触,接触处的点接触应力较高,钢丝绳寿命短,现已被线接触钢丝绳代替。

(2)线接触钢丝绳。线接触钢丝绳的绳股由不同直径的钢丝绕制而成,外层钢丝位于内层钢丝之间的沟槽内,内、外层钢丝间形成线接触。其优点是耐腐蚀、寿命长且承载能力强。在起重机中,凡是绕过滑轮和绕入卷筒的钢丝绳都应选用线接触钢丝绳。线接触钢丝绳根据绳股构成原理的不同,分为 3 种常用形式(图 5-3-29):西鲁式(又称外粗式),代号为 S,平行捻且每股的两层钢丝数相同;瓦林吞式(又称粗细式),代号为 W,平行捻、外层钢丝粗细交替且数量为内层钢丝的两倍;填充式,代号为 T,在内、外层钢丝之间填充有细钢丝(称为填充丝),以此来提高钢丝绳的金属充满率。瓦林吞式钢丝绳较柔软,但耐磨性不及西鲁式钢丝绳。

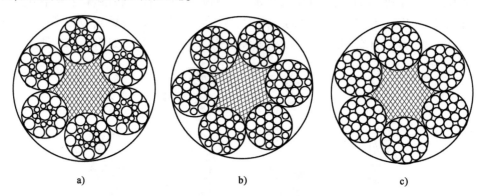

图 5-3-29 线接触钢丝绳的 3 种常用类型
a)西鲁式;b)瓦林吞式;c)填充式

(3)面接触钢丝绳。面接触钢丝绳股内钢丝形状特殊,呈面接触。它的优点与线接触钢丝绳相同,但制造工艺复杂。

4)按绳芯不同

很多情况下,在钢丝绳的中心或每一股的中央布置绳芯,用来增加钢丝绳的挠性和弹性。另外,也常通过在绳芯中浸入润滑油来减小钢丝之间的摩擦。绳芯的材料主要有以下几种。

(1)有机芯。通常用浸透润滑油的剑麻制成,小直径钢丝绳采用棉芯,均属天然纤维芯。不能承受横向压力,易燃,代号为 NF。

(2)石棉芯。采用天然石棉绳制成,性能与有机芯相似,但耐高温,也属天然纤维芯,代号同有机芯为 NF。

(3)金属芯。采用软钢丝制成,可耐高温并能承受较大的挤压应力,挠性较差,代号为 IWRO。

(4)合成纤维芯。采用高分子材料如聚乙烯、聚丙烯纤维制成,强度高,代号为 SF。

当绳芯为纤维芯且对天然或合成不做区别时,代号为 FCO。

5) 钢丝绳表面处理

钢丝绳表面主要有光面和镀锌两种。镀锌钢丝绳具有防腐蚀作用,多用于露天、潮湿或具有腐蚀介质的工作场所,用 ZA 标记。而光面钢丝绳一般用在室内工作场所,用 NAT 标记。

6) 钢丝绳的标记

钢丝绳全称标记示例如图 5-3-30 所示。

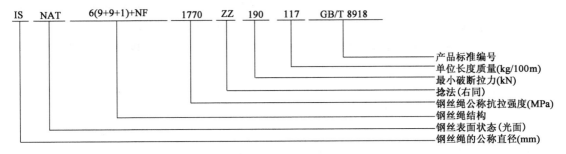

图 5-3-30 钢丝绳全称标记

简化标记示例:18NAT6X19S + NF1770ZZ190 117GB/T 8918。

该简化标记表示钢丝绳公称直径为 18mm,表面状态为光面钢丝,结构形式为 6 股、每股 19 丝,西鲁式天然纤维芯,钢丝的公称抗拉强度为 1770MPa,捻向为右向同向捻,钢丝绳最小破断拉力为 190kN。

3. 钢丝绳的报废标准

钢丝绳的寿命取决于承受拉力的大小、工作时的折弯次数、钢丝强度、绳槽形状、绕制方法、润滑与磨损情况。实践证明,钢丝绳的破坏,首先表现在外层钢丝的断裂,随着断丝数的增多,破坏的速度加快,达至一定限度后,不可继续使用,否则,会引起完全断裂,酿成事故。

钢丝绳的寿命规定为从投入使用至报废时的使用期限。现行的报废标准,主要由每一节距内的断丝总数决定,见表 5-3-3。断丝总数与钢丝绳的构造和设计时所选用的安全系数有关。此外,当径向表面磨损或腐蚀量≥40% 时,不论断丝多少,均应报废。

根据断丝数和安全系数确定的报废标准 表 5-3-3

安 全 系 数	断 丝 根 数				
	6×19 D 型、X-Y 型交绕	6×19 X-T 型交绕	6×24 D 型交绕	6×37 D 型交绕	6×7 X-T 型交绕
6 以下	12	8	14	22	13
6~7	14	10	16	26	14
7 以上	16	12	18	30	15

4. 钢丝绳的连接方法

钢丝绳在使用时需要与其他承载零件连接,以传递荷载。连接方法大致有下列几种。

(1) 编结法(图 5-3-31a) 利用心形套环,将末端与工作分支用钢丝绳扎紧。捆扎长度 $l = (20 \sim 25)d$,同时不应小于 300mm。

(2)楔形套筒法(图 5-3-31b)用特制的钢丝绳斜楔固定,方法简便。

(3)灌铅法(图 5-3-31)将钢丝绳端拆散,穿入锥形衬套内,并将钢丝末端弯成钩状,然后灌入熔铅,冷却后即成。此法操作复杂,较少采用。

(4)绳卡固定法(图 5-3-31d)钢丝绳套在心形套环上,用特制的钢丝绳卡头固定。固定时,将 U 形卡卡在钢丝绳末端的分支上,座板装在工作分支上。钢丝绳卡头数不得少于 3 个。并按同一方向夹紧。此法简便可靠,广泛应用。钢丝绳卡头标准,可查阅有关手册。

(5)铝合金压头法(图 5-3-31e)将钢丝绳端头拆散后分为 6 股,各股留头错开,留头最长不超过铝套长度,并切去绳芯,弯转 180°后用钎子分别插入承载索中。然后套入铝套,在气锤上压成椭圆形,再用压模压制成型。此法加工工艺性好,质量轻,安装方便,一般常作起重机固定拉索用。

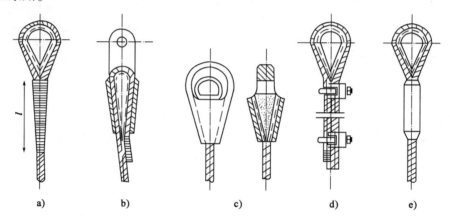

图 5-3-31 钢丝绳连接方法
a)编结法;b)楔形套筒法;c)灌铅法;d)绳卡固定法;e)铝合金压头法

5. 钢丝绳的选择

钢丝绳为标准件,可根据工作要求选择钢绳的类型、结构形式,然后根据最大工作静拉力确定直径。再根据这些参数查表即可。

钢丝绳最小直径计算公式如下:

$$d = c\sqrt{s} \tag{5-3-1}$$

式中:d——钢丝绳最小直径,mm;

s——钢丝绳最大工作静拉力,N;

c——选择系数,其取值与机构工作级别和钢丝抗拉强度有关,按表 5-3-4 选取。

表中数值是在钢丝充满系数 ω 为 0.46,折减系数 k 为 0.82 时的选择系数 c。

当 ω,k 和 σ 值与表中数值不同时,系数 c 按式(5-3-2)求出:

$$c = \sqrt{\frac{n}{k\omega\pi\sigma_b/4}} \tag{5-3-2}$$

式中:n——安全系数;

k——钢丝绳绕制折减系数,一般取 $k = 0.82$;

σ_b——钢丝的抗拉强度,N/mm²;

ω——钢丝绳充满系数,为绳断面积与毛面积之比。

c 和 n 值（当 $\omega = 0.46$，$k = 0.82$ 时） 表5-3-4

机械工作级别	选择系数 c 值			安 全 系 数
	钢丝公称抗拉强度 σ_b（N/mm²）			
	1550	1700	1850	
M1~M3	0.093	0.089	0.085	4
M4	0.099	0.095	0.091	4.5
M5	0.104	0.100	0.096	5
M6	0.114	0.109	0.106	6
M7	0.123	0.118	0.113	7
M8	0.140	0.134	0.128	9

十二、起重机械与架桥设备在桥梁施工中的应用

1. 起重机械安全使用注意事项

起重机的安全使用必须按安全操作规程进行,其要点如下。

（1）起重作业时,必须设有专人指挥,并有统一信号,在进行任何作业前,起重机驾驶员必须先发出信号。

（2）吊装的重物必须绑扎牢固。吊钩的吊点应在重物的重心。提升时勿使吊钩到达顶点。提升速度要均匀平稳,重物下落要低速轻放,禁止忽快、忽慢或突然制动。

（3）在重物或动臂下严禁站人,以防钢丝绳断裂或操纵机构失灵使动臂或重物落下而发生事故。

（4）起升重物时,卷筒上的钢丝绳应排列整齐。放出后,钢丝绳在卷筒上的余量不得少于3圈,并要经常检查钢丝绳的牢固性。

（5）在吊装作业中,禁止同时升降动臂与重物,只有将重物放下后,才能升降动臂。

（6）遇下雨或有雾时,由于带式制动器容易失效,故重物的升降速度应慢些。

（7）在起重作业中,应随时观察风力。在六级以上的大风天气里,应停止露天起重作业。

（8）两台起重机同时吊装一件重物时,重物的质量不得超过两机在各动臂的仰角下起升质量总和的75%。同时要注意负荷的分配,每台起重机分配的负荷不得超过该机允许荷载的80%。并使升降速度保持一致。

（9）起重机在行驶与作业时,为了保证它的稳定性,需要注意以下几点。

①在作业时,应按动臂某伸幅所规定的起升重量来起吊重物,不得超载。同时,动臂的最大仰角不得超过原厂规定。

②汽车式起重机不能吊物行驶。若必须吊物行驶时,则重物需在起重机的正前方,且离地高度不得超过50cm,要缓慢行驶,不得转弯。

③起吊重物左右回转时,应注意平稳。不得使用紧急制动或没有停稳前又做反向回转。

④工作时的最大地面倾斜角:汽车式与轮胎式起重机不用支腿时为3°,用支腿时为1.5°。地面应密实平整,必要时垫枕木。

⑤起重机在转移工地前,应将转盘对正,动臂下落,扣上保险。行驶时要随时随地注意周围的地形和地物,不让动臂碰上建筑物或其他障碍物。

2. 汽车起重机在桥梁施工中的应用

汽车起重机常用于中、小跨径预制梁的架设安装。

1) 用单汽车起重机安装

单汽车起重机安装所需作业面小,比使用大型安装机械进度快。对于安装地点分散,安装阶段工序比较复杂的情况,单汽车起重机安装效率较高。当然,停放起重机位置的地基应具有足够的承载力。

其安装的步骤是:修筑运梁道路;清理停放起重机位置的场地;布置起重机;运进安装的梁,并将钢丝绳挂到梁上(钢丝绳与梁面的夹角不能太小,一般以45°~60°为宜,否则,应使用起重横梁);最后用起重机吊梁,安装到支座上。图5-3-32 为单汽车起重机架设法。

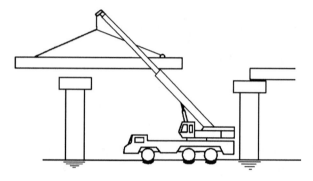

图 5-3-32 单汽车起重机安装示意图

2) 双汽车起重机安装

双汽车起重机安装是在桥墩附近布置两台起重机,把平板车运来的梁,用两台起重机吊起,安装到支座上。

与单汽车起重机安装相比,双汽车起重机安装一般是在主梁质量较大,或者构件跨度长,一台起重机架有困难时采用。

其安装步骤与单汽车起重机安装步骤基本相同。不过要特别注意两机的互相配合,因此,现场指挥便特别重要。图5-3-33 为双汽车起重机安装示意图。

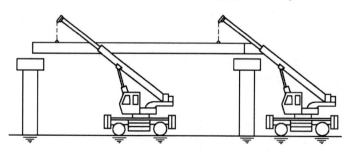

图 5-3-33 双汽车起重机安装示意图

3. 导梁式架桥设备在桥梁施工中的应用

由于桥梁工程采用越来越大的跨径和越来越重的预制梁,一般的起重机难以达到要求,目前常采用专用架桥设备架设桥梁构件。

现以用万能杆件拼装的架桥机架设钢筋混凝土桥梁为例,说明其工作过程。

1) 移动架桥机

每孔梁架完后,必须在梁上铺好架桥机轨道及标准轨距的运梁台车轨道后,方可移动架桥机。移动架桥机时应先将两台起吊天车回到后部(图5-3-34a),以增加架桥机的平衡质量,保持稳定。再起动架桥机行走机构,使架桥机前进一定的距离,至前一个桥墩上(图5-3-34b),并对前支腿,前后轮组进行测量、调整。三点高度基本一致,其相对高差不得大于5mm。

2) 架梁

(1) 梁片由预制厂装上运梁台车,用牵引车运到桥头。

(2) 当运梁线与架梁线在一个平面时,可将梁片直接运至架桥机后部。若运梁线与架梁线不在同一平面时,则在桥头设立提升站。梁片由提升站龙门式起重机自运架线提升到架梁线上的运梁台车上,再由牵引车送至架桥机的后部。

(3) 用前起吊天车将梁片吊起,前进至合适位置(图5-3-34c)。

(4) 再用后起吊天车将梁片后部吊起(图5-3-34d)。

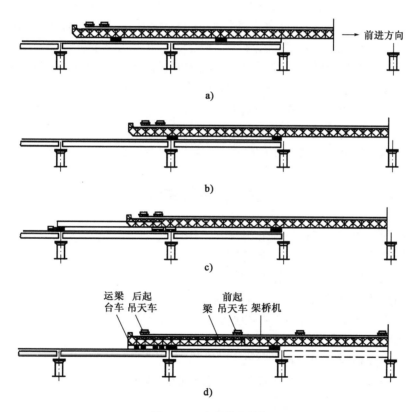

图5-3-34 架桥作业程序

(5) 前后起吊天车向前行走,将梁片送至桥孔。

(6) 将梁片缓慢落下。

本 章 小 结

桩工机械包括预制桩施工机械和灌注桩施工机械。预制桩施工机械将预制好的基础桩打(振、沉)入土中,有柴油打桩机、振动沉拔桩机和静作用压桩机等;灌注桩施工机械是现场钻孔灌注混凝土所用的设备,包括冲击式钻孔机、冲抓式钻孔机(泥浆护壁法、全套管施工)、回转式钻孔机(正循环、反循环)、螺旋钻孔机(长螺旋、短螺旋)、钻孔灌注桩的施工方法[泥浆护壁法(施工准备、钻机安装与定位、埋设护筒、泥浆制备、钻孔、清孔和灌注水下混凝土)、全套管施工]和桩工机械的选用(预制桩、灌注桩)。

用来拌制、输送、振实水泥混凝土,以预制桥涵等各种人工构筑物构件的专用机械称为水泥混凝土机械,主要有水泥混凝土拌和机、水泥混凝土搅拌输送车、水泥混凝土泵和振动器等。混凝土泵包括混凝土泵的种类及工作原理、混凝土泵的使用(使用要点、泵送工作要点和混凝土泵的选型);混凝土搅拌运输车包括概述、组成、作业方式和维护修理;混凝土泵车主要内容包括概述、分类、主要结构及特点、使用和选型;水泥混凝土振动器主要内容包括概述、插入式振动器、平板式振动器、附着式振动器和振动台。

起重机械与架桥设备是桥涵施工的主要机械。主要内容包括起重机械的基本组成及分类、架桥设备的分类与特点;简单起重设备包括液压千斤顶、穿心式千斤顶和卷扬机;自行式动臂起重机主要内容包括类型及特点、基本工作原理;龙门式起重机类型及特点、基本结构和工作原理;缆索式架桥设备;浮式起重机;导梁式架桥设备;专用架桥机;钢丝绳的构造、种类、报废标准和连接方法;与架桥设备的用途、分类及各种起重设备的使用特点;钢丝绳的种类和使用;起重机械与架桥设备在桥梁施工中的应用。

通过学习,要求熟悉现场钻孔灌注桩的施工方法和钢丝绳的使用;了解桩工机械、水泥混凝土振动器、起重机械与架桥设备的用途、分类及使用特点。

复习思考题

5-1 画简图说明筒式柴油桩锤的组成和工作原理?
5-2 常用钻孔机有哪几种?各有何特点?
5-3 如何选用灌注桩施工机械?
5-4 说明泥浆护壁现场钻孔灌注桩的施工方法。
5-5 混凝土运输车的工作有哪些特点?
5-6 插入式振动器使用应注意哪些事项?
5-7 液压千斤顶的工作过程是什么?
5-8 钢丝绳有几种类型?各有何特点?使用时应注意哪些问题?
5-9 起重机安全使用应注意哪些事项?
5-10 说明导梁式架桥机的工作过程。

第六章 公路工程常用电气设备

重点内容和学习要求

本章论述交流发电机组的主要组成、工作原理和使用注意事项;论述变压器的主要组成和工作原理,描述变压器的主要性能和使用;论述三相感应电动机的主要组成和工作原理,描述感应电动机的机械特性和选用。

通过学习,要求了解发电机、变压器和三相感应电动机的组成和原理,懂得变压器和电动机的性能和选用。

在公路工程中,许多工程项目需要配备能随时工地转移的各类工程机械进行施工,例如土方工程、路面工程和压实作业等,这些工程常采用内燃机做动力的各类工程机械施工。而有些工程项目无须转移,是在固定基地完成的,例如水泥混凝土、沥青混凝土和稳定土拌和等。也有些工程项目作业的范围比较集中,例如桥梁工程。还有些工程需要在水下和地下施工,例如排水工程和隧道工程。对固定、移动范围小的水下和地下工程,为了确保施工经济、安全和环保,通常采用电力机械设备进行施工,本章主要介绍在公路工程中常用的交流发电机、变压器和三相感应电动机。

第一节 交流发电机组

若施工现场距离电网较远,或附近电网变压器无余量,为了提供施工所需的电能,通常在施工现场配备三相交流发电机组。即便采用电网供电,为了防止电网断电影响施工的连续性,也必须在施工现场配备三相交流发电机组。图 6-1-1 为三相交流发电机组外观示意图。

图 6-1-1 三相交流发电机组外观示意图

公路工程所用的交流发电机组通常采用柴油发电机组,输出额定电压为400V,额定频率为50Hz的工频交流电。该机组主要由柴油发动机、三相同步发电机和开关屏三大部分组成。开关屏上设有配电装置、电压表、电流表、功率因数表、频率表、功率表等仪表和各种指示灯,通过这些仪表和指示灯,能随时监测发电机组的运行状态。

一、交流发电机的构造

三相交流电是由三相交流发电机产生的,其构造如图6-1-2所示,主要由定子(电枢)和转子(磁极)两大部分组成。

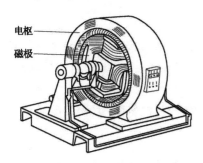

产生三相交流电的定子由定子铁芯、定子绕组、机壳、底座等构成。三相定子绕组由绝缘铜导线星形连接嵌在定子铁芯的槽内。

产生磁极的转子主要由转子绕组、转子铁芯和转子轴构成。发电机的磁极对数P,转速n与频率$f(Hz)$的关系为

$$f = \frac{Pn}{60} \qquad (6\text{-}1\text{-}1)$$

图6-1-2 交流发电机构造示意图

我国的工频为50Hz,发电机的磁极对数只能是整数,由此可见,发电机额定转速对于确定的磁极对数而言是一个确定的值。如当磁极对数为2时,额定转速为1500r/min;当磁极对数为3时,额定转速为1000r/min。

二、交流发电机的工作原理

在交流发电机中流经转子绕组的电流叫励磁电流。柴油发电机组多采用无刷三相同步发电机,其励磁方式如图6-1-3所示。

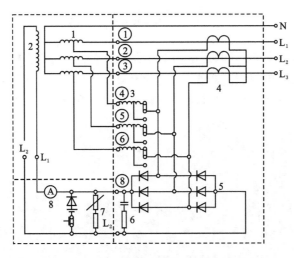

图6-1-3 三相复励发电机原理图

1-发电机绕组;2-发电机励磁绕组;3-线性电抗器;4-电流互感器;5-桥式整流器;6-阻容保护;7-整定电阻;8-电流表;N-中性线;L_1、L_2、L_3-相线

工作过程:当柴油机配用的起动用蓄电池的电能,通过电力起动机将柴油发动机起动后,发电机的转子(磁极)由柴油发动机带动旋转,发电机在转子剩磁的作用下,产生交流电动势,经整流变为直流后,向磁场绕组供电,发电机的磁极磁场增强。因转子(磁极)旋转,三相对称定子绕组切割磁力线,产生三相对称感应电动势。忽略定子内阻,转子旋转产生幅值相等、频率相同、互差120°的对称三相电压。当发电机对外供电时,负载电流通过电流互感器的一次线圈,并使二次线圈的输出电流与负载电流相位相同,大小成比例。二次线圈的输出电流由电压源经电抗器提供的滞后于端电压90°的电流叠加,经整流后通向励磁绕组,在适当参数的配合下,就能准确地供给发电机在不同负载时所需要的励磁电流,因而能自动维持电压恒定(400V)。发电机的空载电压可通过改变电抗器上的连接片位置及调节整定电阻来整定。

三、交流发电机组的使用注意事项

交流发电机组工作情况的好坏直接影响施工进程,因此,在使用时应注意以下几方面。

(1)在起动发动机组前,应清洁表面,仔细观察电机内是否有异物存在,确认各部分正常后方能起动。

(2)起动运转后的空载转速一般由500r/min逐渐增加到额定转速,整定机组的频率为规定值。低速运转时间不宜过长,以免自动调压器和磁场绕组长时间过载而损坏。

(3)当机组在额定转速下空载正常运行时,整定机组电压为额定值。

(4)机组在额定转速、额定电压空载状态下,待柴油机发动机的水温、机油温度达到规定值后(见发动机使用说明书),方可向负载供电。此时,负荷应逐渐增加,不能突然骤增。停机时应逐渐减小负荷至零,然后停机。

(5)运行中要经常观察仪表指示是否正常,各部温度、声响是否正常,出现异常应立即停机检修。

(6)在几台机组需要并联运行时,应严格按照制造厂的使用说明书操作,否则,会使发电机遭到严重损坏。

(7)如发电机因退磁不能发电时,可用蓄电池向磁场绕组通一下电,便可恢复剩磁。

(8)发电机不允许长期过载运行。因为当发电机长期过载时,定子和转子的温度将升高,甚至超过允许值,这将使发电机绝缘寿命下降。所以,在发电机过载时,应通过限载措施,将负荷降到额定值以下。

发电机短时过载电流与允许持续时间见表6-1-1,使用中应注意控制不使其超载运行,更不允许长期超载,以免造成严重故障。

发电机定子过载事故数值　　　　　　表6-1-1

短时间过载电流(A)	1.125	1.15	1.2	1.25	1.3	1.4	1.5	2.0
允许持续时间(min)	60	15	6.0	5.0	4.0	3.0	2.0	1.0

第二节 变 压 器

在交流电能的远距离输送中,为了减小输电导线的截面和输电线路中的电能损耗,工程上均采用升压变压器将电压升高进行高压或超高压电能输送。电能输送到用户附近后，为了用电安全，又经降压变压器将高压降到某一需要电压再输送给用户使用，图6-2-1为从发电厂到用户的输配电过程。

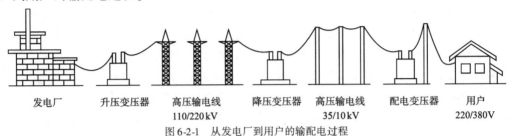

图6-2-1　从发电厂到用户的输配电过程

根据输送功率的大小和输送距离的远近来选择相应的输电电压等级。我国国家标准规定的输电电压等级主要有35kV、110kV、220kV、330kV和500kV，超过1000kV为特高压。

一、变压器的构造

变压器构造如图6-2-2所示，变压器的主体由铁芯和绕组两部分组成。变压器运行时要发热，还应有相应的冷却装置。为把各绕组出线端从油箱内引出，在油箱顶上装有绝缘套管以及其他附件等。

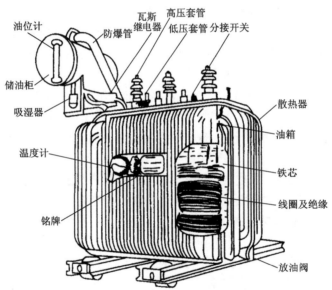

图6-2-2　油浸式电力变压器构造图

铁芯是变压器的磁路部分。为了减小磁滞和涡流损耗，铁芯通常采用厚度为0.35~0.5mm硅钢片叠压而成，片与片之间涂以绝缘漆。铁芯分为铁芯柱和磁轭两部分，铁芯柱上套绕组，而磁轭则将铁芯柱连接成闭合磁路。

绕组是变压器的电路部分。大、中容量的变压器多用有绝缘层的圆形或扁形铜线或铝线绕成，绕制时多采用圆筒形，将低压绕组套在铁芯上，高压绕组同心地套在低压绕组的外面。为了加强绝缘，彼此之间再用绝缘纸筒隔开。三相变压器的布置结构如图6-2-3

所示。

散热是变压器设计和使用的一个很重要的问题,常用变压器的散热方式有自冷和油冷两种。自冷式变压器依靠空气的自然对流和本身的辐射来散热,其散热效果差,适用于小型变压器。油冷式变压器把变压器的铁芯和绕组全部浸在绝缘的

图 6-2-3　三相变压器的布置结构

变压器油内,使热量通过箱壁散发到空气中去,为了增强散热效果,在箱壁上装散热管来扩大冷却面积,适用于大容量的变压器。

大容量的变压器还装有储油柜和防爆管。储油柜用来给变压器油热胀冷缩留有空间,减少冷却油与空气的接触,以防止变压器油氧化变质使绝缘性能降低。与油箱连通的防爆管是在变压器内部发生故障,油压增加到 50～100kPa 时,防爆管安全膜爆破,使油喷出,从而避免油箱破裂,减轻事故危害。

二、变压器的工作原理

变压器是由闭合铁芯和高压、低压线圈两个基本部分组成。如图 6-2-4 所示,和电源连接的绕组称初级绕组 N_1,与用电设备连接的绕组称为次级绕组 N_2。

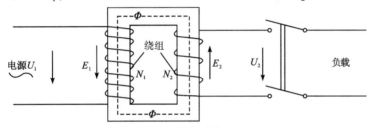

图 6-2-4　变压器工作原理图

交流电流 I_1 流过初级绕组 N_1 时产生了磁通 Φ,通过次级绕组时在次级绕组内产生了感应电动势 E_2,其大小可表示为

$$E_2 = 4.44 f N_2 \Phi_{\max} \tag{6-2-1}$$

式中:f——电源频率;

$\Phi_{\max}$——最大磁通值。

此时,次级绕组为负载提供电能。初、次级绕组虽然没有电的联系,但电能通过磁通从初级绕组输送到次级绕组。初、次级绕组各量间的基本关系如下。

1) 初、次级绕组电压关系

$$K = \frac{U_1}{U_2} = \frac{N_1}{N_2} \tag{6-2-2}$$

式中:U_1、U_2——初级、次级电压;

N_1、N_2——初级、次级线圈匝数;

K——变压比。

当 $N_1 > N_2$,$K > 1$,此时变压器作为降低电压之用,一次绕组为高压绕组,二次绕组为低压绕组;当 $N_1 < N_2$,$K < 1$,变压器则作为升压之用,一次绕组为低压绕组,二次绕组为高压绕

组。适当地改变一、二次绕组的匝数,就可变换电压。

2)初、次级绕组电流关系

$$\frac{I_1}{I_2} = \frac{N_2}{N_1} = \frac{1}{K} \tag{6-2-3}$$

当负载电流 I_2 变化时,初级绕组电流 I_1 也随之变化,I_1 的大小是由 I_2 决定的。

3)初级功率与负载功率的关系

若忽略变压器损耗,初级输送的功率 P_1 等于负载消耗的功率 P_2。变压器是一种效率较高的电器,在次级绕组输出额定功率时,变压器的效率可达到90%以上。

三、三相变压器的连接

三相变压器的工作原理和单相变压器类似,只是构造复杂一些,有三个初级绕组和三个次级绕组,如图6-2-5a)所示。

三相变压器原则上高压绕组与低压绕组均可接成丫形(Y、y)或△形(D、d),即有4种可能的连接方式:Yy、Yd、Dy及Dd。大写字母表示高压绕组连接,小写字母表示低压绕组连接。为了制造和运行的方便,我国通常采用 Yyn、Yd 及 YNd 三种连接方式,其中 Yn 表示星形连接有中性线,如图6-2-5b)所示。

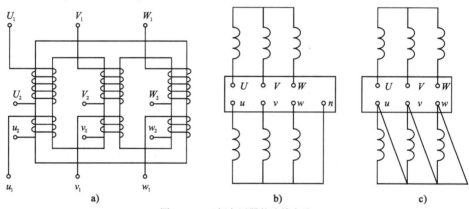

图 6-2-5 三相变压器的连接方法
a)三相变压器;b)Yyn 连接;c)Yd 连接

Yyn 多用于容量不大的三相配电变压器,供动力和照明混合供电。低压侧额定电压一般为 400/230V,高压侧额定电压不超过 35kV,最大容量为 1800kV·A。

Yd 低压侧额定电压一般为 10kV,高压侧额定电压不超过 60kV,最大容量为 5600kV·A。

YNd 用于高压或超高压输电变压器。

三相变压器的变压比不仅与高、低压绕组的每相匝数有关,还与绕组的连接方式有关。

采用 Yyn 连接时,电压比为

$$\frac{U_1}{U_2} = \frac{N_1}{N_2} = K \tag{6-2-4}$$

采用 Yd 连接时,电压比为

$$\frac{U_1}{U_2} = \sqrt{3}\frac{N_1}{N_2} = \sqrt{3}K \tag{6-2-5}$$

四、变压器的型号与技术指标

1. 变压器的型号

变压器的型号由两部分组成:前部为字母,表示变压器的类别、结构特征、运行方式及用途等;后部为数字,其中分子表示额定容量(kVA),分母表示高压供给的电压等级(kV)。

例:SLl-80/10 表示三相油浸自冷式铝线变压器,额定容量为 80kVA,高压绕组的电压等级为 10kV。

2. 变压器的主要参数指标

1)初级绕组的额定电压 U_{1e}

U_{1e} 指规定加在初级绕组上的最高电压值(三相变压器指线电压)。

2)次级供给的额定电压 U_{2e}

U_{2e} 是在初级电压等于初级额定电压 U_{1e} 并且在变压器空载时,次级绕组两端的电压值(三相变压器指线电压)。

3)初、次级绕组的额定电流 I_{1e}、I_{2e}

初、次级绕组的额定电流 I_{1e}、I_{2e}、是允许长期通过的最大电流值(三相变压器指线电流),它们是根据变压器长期工作时允许温升规定的。

4)额定容量 S_e

S_e 是指变压器工作在额定状态时的视在功率,单位千伏安(kVA)。

对于单相变压器:

$$S_e = \frac{U_{2e} \cdot I_{2e}}{1000} \tag{6-2-6}$$

对于三相变压器:

$$S_e = \frac{\sqrt{3}\,U_{2e} \cdot I_{2e}}{1000} \tag{6-2-7}$$

5)温升 T_e

温升 T_e 指变压器在额定运行状态下,允许超过周围标准环境温度的数值。我国规定标准环境温度为 40℃。温升的大小与变压器的损耗和散热条件有关。根据绕组的绝缘材料耐热等级确定的最高允许温度减去标准环境温度就是变压器的允许温升。

五、配电变压器的位置选择

(1)尽量处于负荷中心。
(2)高压进线方便,尽量靠近高压电杆。
(3)地势较高而干燥,运输方便,易于安装。
(4)远离交通要道和人畜活动中心。

以上各点,往往不可兼得,但应该力求兼顾。

第三节　三相感应电动机

交流电动机主要有感应电动机和同步电动机两种,其中感应电动机具有结构简单、运行可靠、使用方便、价格低廉等优点,因此应用广泛。

感应电动机是利用载流导体在磁场中受力而将电能转换成机械能的电磁机械。感应电动机有单相和三相两种。单相感应电动机采用单相电源,常用于各种家用电器;三相感应电动机采用三相电源,常用于电动机拖动的各类工程机械,例如起重机、混凝土搅拌机等。

本节主要介绍三相感应电动机的构造、工作原理、机械特性和选用。

一、三相感应电动机的构造

三相感应电动机主要由定子和转子两大部分组成,其组成结构如图 6-3-1 所示。

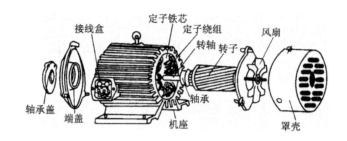

图 6-3-1　三相感应电动机的构造

1. 定子

定子(图 6-3-2)安装在机座内,机座通常用铸铁或铸钢制成,机座内装有内圆冲有槽孔的、互相绝缘的硅钢片叠制的圆筒形铁芯。硅钢片是为了利用其高磁导率,缩小电动机的体积,互相绝缘的硅钢片则可以降低电动机铁芯的涡流与磁滞损失。槽孔用于安装三相定子绕组。

定子的三相绕组对称分布在定子铁芯上,它们的起始端分别用 U_1、V_1、W_1 表示,对应的末端分别用 U_2、V_2、W_2 表示,绕组有丫形和△形两种连接方式(图 6-3-3)。为了便于改变接线,三相绕组的 6 个线头都接在电动机外表的接线盒上。

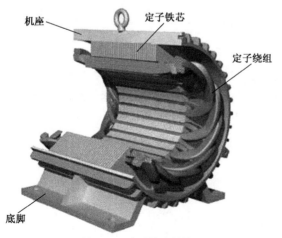

图 6-3-2　定子铁芯结构

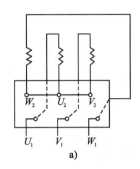
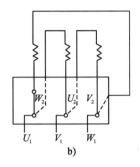

图 6-3-3 三相异步电动机定子绕组的连接
a) Y形连接；b) △形连接

2. 转子

转子是电动机旋转部分，主要由转子铁芯和转子绕组组成。转子铁芯是外圆冲有槽孔的、互相绝缘的硅钢片叠制的圆柱形铁芯，电动机转轴由其中心穿过。转子绕组一般可分两种形式：笼型和绕线转子。

1) 笼型

笼型转子结构如图 6-3-4 所示。在转子铁芯外壁的槽孔内压入铜条，将全部铜条的两端分别用两个端环短路，便构成了转子绕组。对中小型电动机，转子导体与短路环用铝铸成一体。既简化了制造工艺，又节省了铜材料，减少了成本。

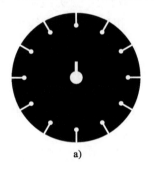
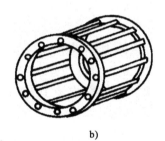

图 6-3-4 笼型转子结构
a) 硅钢片；b) 笼型绕组

2) 绕线转子

绕线转子结构如图 6-3-5 所示。在转子铁芯的槽孔内嵌入对称的三相绕组，其末端接在一起，首端分别接在转轴上的三个彼此绝缘的滑环上，每个环通过用弹簧压紧的电刷，使转子绕组可与电动机外部的变阻器接通。改变转子电阻可使电动机的电流、转矩特性变化，进行起动或调速控制。绕线转子结构复杂、价格较高，常用于起重设备。

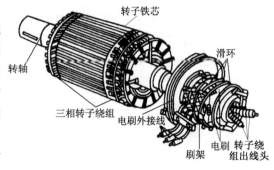

图 6-3-5 绕线转子结构

二、三相感应电动机的工作原理

为使三相感应电动机转子旋转,三相定子绕组需建立旋转磁场,如图 6-3-6 所示,图中⊙表示电流垂直纸面流出,⊗表示电流垂直纸面流进。

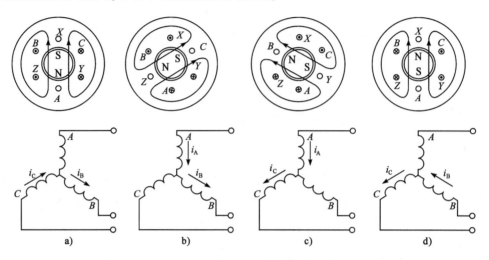

图 6-3-6 三相对称电流产生的两极旋转磁极
a) $\omega_t = 0°$;b) $\omega_t = 60°$;c) $\omega_t = 120°$;d) $\omega_t = 180°$

当 $\omega_t = 0°$,A 相电流为零,电流由 C 相流入,B 相流出。磁力线由 A→X。

当 $\omega_t = 60°$,C 相电流为零,电流由 A 相流入,B 相流出。磁力线由 Z→C。合成磁场顺时针转过 60°。

当 $\omega_t = 120°$,B 相电流为零,电流由 A 相流入,C 相流出。磁力线由 B→Y。合成磁场顺时针转过 120°。

当 $\omega_t = 180°$,A 相电流为零,电流由 B 相流入,C 相流出。磁力线由 X→A。合成磁场顺时针转过 180°。

由此可见,给定的三相绕组加上三相交流电压,绕组中的三相电流(图 6-3-7)便产生了旋转磁场。如图 6-3-6 所示,旋转磁场顺时针方向旋转,则转子相对于磁场逆时针方向旋转。故转子绕组切割了磁力线,闭合的绕组内产生了感生电流。感生电流和旋转磁场相互作用,使转子产生转矩而转动。

转子的转速(设为 n_2)永远小于旋转磁场的转速(同步转速 n_1),这是因为只有在 $n_2 < n_1$ 的情况下,转子和旋转磁场间才存在相对运动,转子绕组才能切割磁力线。由于电动机的转子电流是靠电磁感应产生的,故这种电动机称感应电动机。

把感应电动机三根电源线的两根任意对换之后,旋转磁场的方向改变,从而转子的旋转方向也随之改变。

三、三相感应电动机的机械特性

感应电动机转矩 M 和转速 n_2 之间的关系称为感应电动机的机械特性,如图 6-3-8 所示。

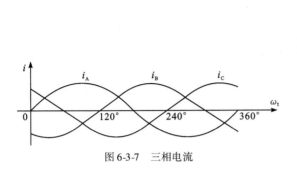

图 6-3-7 三相电流

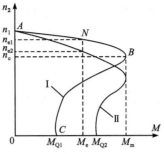

图 6-3-8 感应电动机机械特性
Ⅰ-笼型；Ⅱ-绕线转子

感应电动机机械特性曲线上有4个特殊点:理想空载工作点、额定工作点、临界工作点和起动工作点。

1. 理想空载工作点

$n_2 = n_1, M = 0$，对应特性曲线上的 A 点，由于电动机转速 n_2 事实上不可能等于旋转磁场的转速 n_1，所以该点称为理想空载工作点。

2. 额定工作点

$n_2 = n_e, M = M_e$，对应特性曲线上的 N 点，此时电动机轴上输出的转矩为额定转矩 M_e，转速为额定转速 n_e。电动机等速旋转时，如果忽略损耗转矩，电磁转矩应与负载转矩 M_f 相平衡。三相感应电动机的额定转矩的计算公式为

$$M_e = 9550 \frac{P_e}{n_e} \tag{6-3-1}$$

式中：M_e——电动机的额定转矩，N·m;
P_e——电动机的额定功率，kW;
n_e——电动机的额定转速，r/min。

额定输出功率 P_e 与额定转速 n_e 一般由电动机铭牌或产品目录给出。

3. 临界工作点

$n_2 = n_c, M = M_m$，对应特性曲线上的 B 点，此时电动机的电磁转矩具有最大值，该转矩称为最大转矩。

在电动机运行时，如果负载转矩超过最大转矩，电动机因电磁转矩不够将被迫停转，这一现象被称为堵转。此时电动机定子电流会升高 6~7 倍，如不及时切断电源，电动机会因严重过热而烧毁。从另一方面看，电动机具有承受短时间超过额定转矩（即过载）的能力。为了反映电动机的过载能力，电动机的产品目录上通常给出了最大转矩 M_m 与额定转矩 M_e 的比值，并称之为过载系数，用 λ 表示：

$$\lambda = \frac{M_m}{M_e} \tag{6-3-2}$$

4. 起动工作点

$n_2 = 0, M = M_Q$，对应特性曲线上的 C 点，电动机刚接通电源时 $n_2 = 0$，对应的 M_Q 称为起

动转矩。图中曲线Ⅰ是笼型感应电动机特性,其起动转矩 M_{Q1} 较小,因此,一般需要轻载或空载起动;图中曲线Ⅱ是绕线转子感应电动机特性,其起动转矩 M_{Q2} 较大,在转子电路串入适当电阻,可增加起动转矩,所以绕线转子电动机有良好的起动性能,可载重起动。

正常情况下电动机在曲线 AB 部分工作,电动机的电磁转矩可以随负载的变化而自动调整,这种能力称为自适应负载能力。若负载转矩 M_f 加大,则转速 n_2 下降;负载转矩 M_f 减小,n_2 升高。

四、三相感应电动机的特点

1. 鼠笼型三相感应电动机的特点

(1)具有硬的机械特性。在额定工作区 AB 部分,n_2 随 M 的增加下降得不多,即机械特性较硬,其机械特性曲线如图 6-3-7 中的曲线Ⅰ所示。

(2)具有较大的过载能力,λ 一般为 1.8~2.6。

(3)起动能力不大。规定额定转矩 M_e 和起动转矩 M_Q 之比,称为起动能力。用 C_Q 表示:

$$C_Q = \frac{M_e}{M_Q} \tag{6-3-3}$$

式中:C_Q——1.1~1.8。

(4)电源电压的波动对电动机电磁转矩影响大。这是因为电磁转矩 M 与电压的平方成正比。如果电源电压降低到额定值的 70%,则 M 只有额定值的 49%。

2. 绕线式电动机的特点

对于绕线式感应电动机,当外接变阻器处于零位时,绕线式电动机的机械特性曲线和鼠笼型电动机基本一样;当变阻器不处于零位(转子绕组中串入电阻)时,其机械特性曲线如图 6-3-7 中的曲线Ⅱ所示。

(1)使机械特性变软,转速 n_2 随 M 的增加下降较快。

(2)增大了起动转矩。

(3)限制了起动电流,外接电阻器限制了转子绕组的感应电流,从而限制了定子绕组的起动电流。

(4)调节了电动机的转速,改变变阻器的阻值能改变电动机的转速。

五、三相感应电动机的选择

1. 种类选择

鼠笼型电动机构造简单,坚固耐用,起动设备比较简单,价格和运行费用低。但其起动电流大,起动转矩较小,调速困难。一般适用于 100kW 以下,不经常起动,不调速的机械。

绕线式电动机起动电流小,起动转矩大,并能在小范围内调速,但结构较复杂,价格较高,适用于电源容量较小(不允许起动电流太大),要求起动转矩大,经常起动和要求小范围调速(调速比不超过 1:3)的场合,如破碎机、起重机等。

若感应电动机不能满足要求时,应考虑选用其他类型的电动机,如直流电动机等。

2. 结构形式的选择

(1)开启式电动机的绕组和旋转部分没有设置遮盖装置,通风散热良好,造价低。但只适用于干燥、清洁、灰尘少和没有腐蚀性气体的厂房内。

(2)防护式电动机的外壳能防止铁屑、水滴等杂物落入电动机内部,但不能防止潮气和尘土的侵袭,适用于环境比较干燥,粉尘少,无腐蚀和爆炸性气体的场合。

(3)封闭式电动机的外壳是全封闭的,散热性能较差。为改善散热条件,机壳制有散热片,尾部装有风扇。适用于有水飞溅、粉尘较多的环境。

(4)防爆式电动机的外壳和接线盒均是密封的,因此,该类电动机内部若出现火花时,不会导致周围可燃气体的爆炸。这类电动机适用于有可燃气体或易燃爆炸物的场合。

3. 功率的选择

电动机的功率选大了,设备不能得到充分利用,功率因数低;选择小了会造成温升过高,严重影响电动机的寿命。若工作温升高于额定温升 6~8℃,电动机的寿命要减少一半;高于额定温升 40%,寿命有十几天;高于额定温升 125%,寿命只有几小时。

(1)连续运行且负载恒定的电动机,应取电动机额定功率等于实际需要功率的 1.1~1.2 倍。

(2)连续运行但负载变动的电动机,可用类比法:首先,调查同类生产机械的电动机功率;然后,进行分析比较;最后,确定电动机功率。

(3)短时工作的电动机,可选用按连续工作设计的电动机。电动机的额定功率 P_e 为

$$P_e \geq \frac{P_g}{\lambda} \tag{6-3-4}$$

式中:P_g——短时负载功率,kW;

λ——电动机的过载系数,一般为 1.8~2.5。

也可选用专为短时工作而设计的电动机,其工作时间为 15min、30min、60min 和 90min 四种。此时应按实际工作时间尽量靠近系列标准工作时间,负载功率尽量靠近系列额定功率的原则选择电动机。

(4)反复短时工作的电动机,一般选用专门设计的电动机,其标准负载持续率有 15%、25%、40% 和 60% 四种(规定一个周期总时间不大于 10min)。选择原则同上。

4. 电动机转速的选择

当功率一定时,电动机的额定转速越高,则电动机尺寸越小,质量越轻,越经济;但生产机械速度是一定的,当电动机额定转速过高时,必然导致传动部分的传动比加大。因此,选择电动机额定转速时,应综合考虑各方面的因素。

5. 电动机电压的选择

工程实际中通常选用 380V 的低压电动机。只有功率很大时才选用 3000V 或 6000V 的高压电动机。

本 章 小 结

路桥施工工地常用柴油发电机组。主要内容包括交流发电机组的主要组成、工作原理

及使用。

变压器是升压进行电能输送,降压输送给用户的电气设备。主要内容包括变压器的主要组成、工作原理及技术指标。

感应电动机是由定子和转子两大部分组成。分为笼型和绕线式两种。主要内容包括三相感应电动机的主要组成、工作原理、机械特性和选用。

复习思考题

6-1 画图说明笼型电动机的机械特性。
6-2 简述绕线式电动机机械特性的特点。
6-3 在选择电动机时,功率是选得越大越好,还是越小越好? 为什么?
6-4 说明交流发电机的使用注意事项。
6-5 简述变压器的工作原理及配电变压器位置的选择。

第七章　路桥施工供电

重点内容和学习要求

本章论述路桥施工供电,描述路桥施工供电设计与工地照明。

通过学习,要求懂得路桥施工供电应该考虑的问题,学会路桥施工供电组织设计的方法。

第一节　路桥施工供电概述

在路桥施工中,使用的能源主要是电能,施工现场的电力供应是保证实现高速度、高品质、环保和安全施工的重要前提。因此,在施工组织设计中,必须根据施工现场用电的特殊性,从节约用电、降低工程造价、保证工程品质和安全生产着手,进行周密的考虑和安排。

路桥施工工地用电与一般工厂用电比较,相似之处是用电设备主要是动力设备和照明设备,采用工频 220/380V 电压;不同之处是施工工地的用电设备移动性较大,环境较为恶劣,临时性强,负荷变化较大。

大量的工程实践表明,路桥施工供电主要应考虑到下列几个方面的问题。

(1)选择合适的电源。合适电源的选择有两种方案,一种是电网供电,这是首选方案;另一种是在施工现场距电网较远,或施工期较短,用电量不大而附近单位的变压器容量又没有裕量时,采用交流发电机作为电网供电的备用电源。

(2)施工工地总用电量,以此选择配电变压器或发电机组的容量。

(3)电源的最佳位置。

(4)供电干线、支路线和干线在平面图上的布局。

(5)配电导线截面积计算。

(6)电力供应平面布置图。

第二节　路桥施工供电设计

对于路桥施工供电的设计,这里通过一个实际的例子来进行说明。

【例7-2-1】　如图 7-2-1 所示,是某大桥施工工地平面布置情况,其主要电动设备如下:

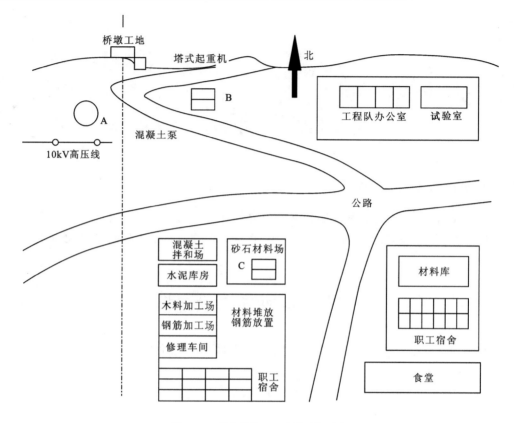

图 7-2-1　某大桥施工工地平面布置图

1）修理车间

Z515 台式钻床(0.75kW)1 台,C620B 普通车床(5.5kW)1 台,G7016 弓锯床(0.4kW)1 台,Z3032×10 摇臂钻床(1.5kW)1 台,砂轮机(1.5kW)1 台。

2）混凝土拌和场

拌和楼(29kW),YZl60L-6 卷扬机(11kW)1 台。

3）木料加工场

砂轮机(1.5kW)1 台,J109 木工圆锯机(13kW)1 台。

4）钢筋加工场

4-14 钢筋调直机(9.5kW)1 台,钢筋弯曲机(6.8kW)1 台,QJ40-1 钢筋切断机(5.5kW)1 台,UZl-25 对焊机(25kVA)2 台。

5）食堂

鼓风机(0.5kW)4 台。

6）桥墩工地

YKT-36 液压控制台(7.5kW)1 台,HBT70 混凝土输送泵(60.5kW)1 台,FO/23B 塔式起重机(51.5kW)1 台(暂载率为 25%),GHZ6-70 振动器(2.2kW)6 台,BXl-330 电焊机(21kVA)3 台,BX1-135 焊机(8.7kVA)2 台,JDY-350 强制式搅拌机(19.25kW)1 台。

一、负荷估算

根据实际负荷的大小和特点进行用电量的估算,是决定变压器容量或发电机输出功率以及选择其他低压电气和导线的依据。进行负荷估算时不能将各用电设备的额定功率直接相加,必须根据各用电设备的工作特点进行一系列计算,若计算过大会造成设备和投资费用的浪费;而计算过小会使线路或设备发热而损坏。目前电量负荷计算的方法有需要系数法、二项式系数法和利用系数法等许多种,因需要系数法简便实用,是建筑电气设计负荷估算常用方法,下面只介绍需要系数法。

1. 需要系数 K

实际施工中各种用电设备并不同时使用,即便同时使用的设备也不大可能同时达到满载。因此,通过大量的实践表明,在设计供电总量时,可以根据各种不同设备的特点和使用数量,将其额定容量乘上一个折减系数,这个折减系数就称为需要系数,并由折减系数确定实际供电需求。用电设备的需要系数按表7-2-1选取。

需要系数(K)值 表7-2-1

用电名称	数量	需要系数 K	数值	备注
电动机	3~10 台 11~30 台 30 台以上	K_1	0.7 0.6 0.5	1. 当设备为1~2台时,相应 K 值取1.0; 2. 需要系数 K_3、K_4 适用于导线的选择
电焊机	3~10 台 11 台以上	K_2	0.6 0.5	
室内照明	—	K_3	0.8	
室外照明	—	K_4	1.0	

2. 暂载率 ε

在电气设备中,有些设备是连续工作的,有些设备是断续工作的,所谓暂载率(负荷持续率)就是工作时间与工作周期之比的百分率:

$$\varepsilon = \frac{t}{T} \times 100 = \frac{t}{t + t_0} \times 100 \tag{7-2-1}$$

式中:ε——暂载率,%;
　　　t——工作时间,h;
　　　t_0——停歇时间,h;
　　　T——工作周期(工作时间+停歇时间),h。

对于断续工作的电气设备,在进行用电的估算前,应将其非规定暂载率时的额定功率换算为规定暂载率时的额定功率。电动机厂设计和制造的断续工作方式的电动机,其标准暂载率为15%、25%、40%和60%,铭牌上的功率一般指标准暂载率下的功率,例如,工地上常用的断续工作设备起重用电动机的规定暂载率为25%,电焊机的规定暂载率为100%。

起重用电动机的规定暂载率为25%,若其暂载率不等于25%时,额定功率的换算公式为

$$P_s = P_w \sqrt{\frac{\varepsilon_w}{\varepsilon_s}} \quad \text{或} \quad P_s = 2P_w \sqrt{\varepsilon_w} \tag{7-2-2}$$

式中：P_s——换算后电动机的标准额定功率，kW；
  P_w——换算前电动机的实际额定功率，kW；
  ε_w——电动机实际暂载率，以百分值代入；
  ε_s——电动机标准暂载率，25%。

电焊机的规定暂载率为100%，若暂载率不等于100%，按式(7-2-3)将其额定功率换算为暂载率为100%时的额定功率：

$$S_s = S_w \sqrt{\varepsilon_w} \qquad (7\text{-}2\text{-}3)$$

式中：S_s——100%暂载率电焊机的额定容量，kVA；
  S_w——实际暂载率电焊机的额定容量，kVA；
  ε_w——电焊机实际暂载率，以百分值代入。

3. 电动机的效率 η 与功率因数 $\cos\varphi$

电动机铭牌上标出的额定功率是电动机的输出功率，由于电动机内部存在消耗，在估算电源容量时，必须计入。即电动机实际消耗的电能，大于其输出功率。电动机的输出功率与实际消耗的电功率之比称为有效效率，用 η 表示。施工工地电动机的平均 η 值为0.86。

工地上使用的电气设备大多为感性负载(如电动机)。感性负载存在与电源之间相互交换能量的现象，电源在某时间间隔内输给感性负载的电能，有一部分要反馈回电源，称之为无功功率 Q，单位乏、千乏(kvar)。相应的负载实际消耗的功率为有功功率 P，单位瓦、千瓦(kW)。有功功率与无功功率相量之和称为视在功率 S，单位伏安、千伏安(kVA)：

$$S = \sqrt{P^2 + Q^2} \qquad (7\text{-}2\text{-}4)$$

式中：S——视在功率，kVA；
  P——有功功率，kW；
  Q——无功功率，kvar。

有功功率与视在功率的比值称为功率因数 $\cos\varphi$，其表达式为

$$\cos\varphi = \frac{P}{S} \qquad (7\text{-}2\text{-}5)$$

式中：P——负载的有功功率，kW；
  S——视在功率，kVA。

显然，电源总量的设计，应以视在功率为基础。

4. 施工用电量的估算

施工用电量的精确计算是比较复杂的，实际可以按式(7-2-6)估算施工用电总量：

$$S = 1.1\left(K_1 \frac{\sum P}{\eta\cos\varphi} + K_2 \sum S_s\right) \qquad (7\text{-}2\text{-}6)$$

式中：S——总用电量，kVA；
  $\sum P$——各电动机额定功率的总和，kW，其中包括暂载率25%时起重用电动机的额定功率；
  $\sum S_s$——暂载率100%时各电焊机的额定功率的总和，kVA；
  $\cos\varphi$——电动机的平均功率因数，一般为0.75~0.90，计算时取0.85；
  η——电动机的平均效率，取0.86；

K_1、K_2——电动机和电焊机的需要系数。

式中系数 1.1 是以照明用电占动力用电总量的 10% 进行估算。

按式(7-2-6),某大桥施工工地总用电量计算如下。

1)确定系数

工地共有电动机 26 台,查表 7-2-1,取 $K_1 = 0.6$;电焊机 7 台,取 $K_2 = 0.6$;取 $\eta = 0.86$;$\cos\varphi = 0.85$。

2)非规定暂载率电气设备的功率换算

查《电工手册》得 UZ1-25 对焊机(25kW)的暂载率;$\varepsilon_w = 20\%$;

$S_{UZ1-25} = 25\sqrt{0.2} = 11.18(\text{kVA})$

查《电工手册》得 BX1-330 电焊机(21kVA)的暂载率 $\varepsilon_w = 65\%$;

$S_{BX1-330} = 21\sqrt{0.65} = 16.93(\text{kVA})$

查《电工手册》得 BX1-135 电焊机(8.7kVA)的暂载率 $\varepsilon_w = 65\%$;

$S_{BX1-135} = 8.7\sqrt{0.65} = 7.01(\text{kVA})$

3)计算用电总量

$\sum P = 0.75 + 5.5 + 0.4 + 1.5 + 1.5 + 29 + 11 + 1.5 + 13 + 9.5 + 6.8 + 5.5 + 0.5 \times 4 + 7.5 + 60.5 + 51.5 + 2.2 \times 6 + 19.25 = 239.9(\text{kW})$

$\sum S_S = 11.18 \times 2 + 16.93 \times 3 + 7.01 \times 2 = 87.17(\text{kVA})$

$S = 1.1 \times \left(K_1 \dfrac{\sum P}{\eta\cos\varphi} + K_2 \sum S_S\right) = 1.1 \times \left(0.6 \times \dfrac{239.9}{0.86 \times 0.85} + 0.6 \times 87.17\right)$

$= 274.13(\text{kVA})$

5. 选择变压器

根据工地用电总量和高压电路等级查《电工手册》,选用 SL7-315/10 变压器 1 台。

6. 选择发电机组

若该工地选用发电机供电,由于工地用电量较大,负荷变化量也大,一般选用两台发电机组较合理。在这种情况下,应将发电机组布置在负荷相对集中的地方,以使布线距离最短,线损最小。本例可一处设在桥墩工地,另一处设在混凝土拌和场。其计算方法如下。

桥墩工地用电量:

$\sum P = 7.5 + 60.5 + 51.5 + 2.2 \times 6 + 19.25 = 151.95(\text{kW})$

$\sum S_{100e} = 16.93 \times 3 + 7.01 \times 2 = 64.81(\text{kVA})$

$S = 1.1 \times \left(K_1 \dfrac{\sum P}{\eta\cos\varphi} + K_2 \sum S_{100e}\right) = 1.1 \times \left(0.6 \times \dfrac{151.95}{0.86 \times 0.85} + 0.6 \times 64.81\right)$

$= 179.97(\text{kVA})$

桥墩工地选用 200GF 发电机组。

其余用电量为

$S = 274.13 - 179.97 = 94.16(\text{kVA})$

拌和场处设置的发电机组选用 120GF 型。

二、电源位置的确定

电源位置确定的基本原则如下。

（1）电源为移动式发电机，应根据各个负载点实际用电量的多少，将发电机设置在负荷中心处，以使电能损耗、电压损耗和导线的消耗量减少。

（2）如果供电电源为电网，则应使变压器靠近高压电杆，以使高压进线方便，但低压供电距离一般不得大于 700m。

（3）电源应设在工地的较高位置处，注意避开山洪口，以防洪水侵袭。电源处的地基要牢固，周围无化学废气和煤烟等。

（4）电源的设置位置应考虑电气设备的运输和安装问题。

（5）应考虑工程前后负荷多少及位置的变化，使电源尽量处于全工程中最大电能消耗的中心位置。

结合所举实例，主要动力消耗在桥墩工地，若选择电网供电，则应在图 7-2-1 中所示位置 A 处布置配电房较为适宜，该位置既靠近 10kV 高压线，在电杆处引入高压线方便，又距桥墩工地较近。若选择发电机供电，则设置两处电源较为适宜。一处设在桥墩工地 B 处，满足桥墩工地的所有用电设备的用电需求；另一处设在图 7-2-1 中的 C 处，满足修理间、混凝土拌和场、木料加工场、食堂用电的需要及照明、办公用电需求。

三、低压配电线路

配电变压器输出线路为低压配电线路。从总配电盘到各分配电盘之间电路的基本形式有树干式和放射式二种，如图 7-2-2 所示。树干式优点是用料省，缺点是发生故障时影响面积较大，一般用在负荷较集中的场合；放射式优点是某一支路发生故障不会影响其他支路，一般用在负荷较分散的场合。

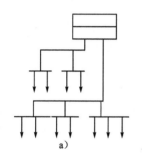
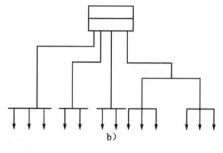

图 7-2-2 配电系统基本形式

a）树干式；b）放射式

在施工现场也有同时用树干式与放射式混合的电路形式。低压配电的线路有架空线路和电缆线路两种，施工现场的配电线路一般都采用架空线，因为架空线工程简单、费用低、便于检修。为了保证供电可靠、安全和不间断，其线路的布置应满足以下要求。

（1）线路应尽量架设于道路一侧，以免妨碍交通。

（2）线路应尽量平坦、取直，以免电杆受力不均而倾倒。在横跨道路时应尽量垂直相交，跨越线高要满足图 7-2-3 所示的要求，并能使各种施工机械穿行不受妨碍。

（3）线路与建筑物要保持安全距离，其水平距离不小于 1.5m，距无门窗的墙不小于 1m。

（4）在 220/380V 的低压线路中，木电杆间距为 25～40m。杆位应避开地下电缆、暗沟等。

（5）分支线和进户线必须由电杆接出。

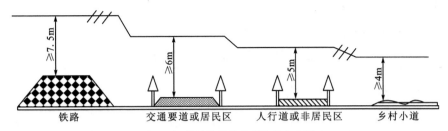

图 7-2-3 线路跨越各种道路的净高值

(6)终端杆和分支杆的中性线应采取重复接地,以减小接地电阻和防止因中性线断线而引起的触电事故。

(7)线路的终端杆和转角杆要装拉线。

四、导线的选择

为保证供电安全、经济及电压稳定,配电线路的导线选用,须按发热、电压损失和机械强度三个标准来确定。对电流较大、输电距离较短的线路,按发热标准选择导线截面积;对输电距离较长的线路,按电压损失标准来选择;对较小电流的线路按机械强度标准选择。用上述某种标准选择出导线截面积后,还应用其他标准校核,若校核不符合标准,应增大导线的截面积。

1. 按发热标准选择截面积

导线的发热量与通过导线的电流及导线的电阻率、敷设方式等因素有关。对各类导线和使用条件不同的同类导线,都规定了相应的允许电流值,即导线的安全载流量。一般取导线的安全载流量等于线电流 I_L。

线电流 I_L 为

$$I_L = \frac{S \times 10^3}{\sqrt{3}\,U_L \cos\varphi} \tag{7-2-7}$$

式中:S——视在功率,kVA;
　　　U_L——线电压,V。

确定了线电流以后,根据安全载流量,查《电工手册》确定导线型号。

2. 按允许的电压损失标准选择导线截面积

导线的电压损失过大会影响用电设备的安全和经济运行。电压低不仅使电动机的输出功率和效率降低,还会造成电动机过热而烧毁。在供电规则中规定,低压配电线路的电压波动值应为额定电压的 ±5%,临时供电时其值可以略大些,但不应超过 8%。因此,在布置工地配电线路时,应尽量减少配送电电压降。按电压损失选择导线面积的简化公式为

$$s = \frac{\sum(P \cdot L)}{\Delta U \times C} \tag{7-2-8}$$

式中:　s——导线的截面积,mm²;
　　$\sum(P \cdot L)$——同一条线路上的功率矩之和,kW·m;
　　　ΔU——允许的电压损失,V,指相对电压降,一般小于 5%,临时供电不大于 8%;

C——系数,见表 7-2-2;

L——输电距离,m。

按容许的电压降计算导线截面公式中的系数 C 值   表 7-2-2

线路的额定电压(V)	线路系统及电流种类	系 数 C 值	
		铜芯	铝芯
380/220	三相四线	77.000	46.300
220	单相或直流	12.800	7.750
110		3.200	1.900
36		0.340	0.210
24		0.153	0.092
12		0.138	0.023

3. 按机械强度标准选择导线的截面积

由于导线本身的质量以及风雨冰雪等外加压力,要求导线有一定的机械强度,以保证在安装和运行中不致折断。按机械强度选择导线截面积,直接查表 7-2-3 即可。

导线按机械强度所容许的最小截面   表 7-2-3

导 线 用 途			导线最小截面积(mm^2)	
			铝线	铜线
户外	裸导线		16.00	6.00
	绝缘导线	沿墙敷设	4.00	2.50
		其他方式	10.00	4.00
	照明装置用导线		2.50	1.00
户内	裸导线		4.00	2.50
	绝缘导线	暗敷设或明敷设固定点间距小于2m	2.50	1.00
	多芯软电缆、软电线	用于移动式用电设备	—	1.00
	用于移动式双芯软电线	用电设备	—	0.35
		用于吊灯	—	0.50

在以发热、电压损失、机械强度三个标准选择导线截面积时,应取其中最大的截面积作为依据,再从电线产品目录中选用等于或稍大于所求截面积的导线。

根据上述法则,某大桥工地的供电线路和支路数及导线截面积为

1)第一支路(桥墩工地)

YKT-36 液压控制台(7.5kW)1 台,GHZ6-70 振动器(2.2kW)6 台,BXl-330 电焊机(21kVA)3 台,BX1-135 焊机(8.7kVA)2 台。

$$I_1 = \frac{S_1 \times 10^3}{\sqrt{3} U_L \cos\varphi} = \frac{(7.5 + 2.2 \times 6 + 16.93 \times 3 + 7.01 \times 2) \times 10^3}{\sqrt{3} \times 380 \times 0.85} = 152.85(A)$$

依据计算数据查《电工手册》,选用截面积为 $35mm^2$ 的 LJ 型铝胶线。

按相对电压降校核查《电工手册》得 $C = 46.3$。

$$s_1 = \frac{\sum(P_1 \cdot L)}{\Delta U \cdot C} = \frac{\sum(85.5 \times 120)}{8 \times 46.3} = 27.70(\text{mm}^2)$$

电压降校核结果小于所选导线的安全载流量,因此,该支路选用截面积为 35mm² 的 LJ 型铝胶线。

2) 第二支路(塔式起重机)

$$I_2 = \frac{S_2 \times 10^3}{\sqrt{3}\, U_L \cos\varphi} = \frac{51.1 \times 10^3}{\sqrt{3} \times 380 \times 0.85} = 91.34(\text{A})$$

依据计算数据查《电工手册》,选用截面积为 16mm² 的 LJ 型铝胶线。

按相对电压降校核:

$$s_2 = \frac{\sum(P_2 \cdot L)}{\Delta U \cdot C} = \frac{\sum(51.1 \times 128)}{8 \times 46.3} = 17.66(\text{mm}^2)$$

电压降校核结果大于所选导线的安全载流量,因此,该支路选用截面积为 25mm² 的 LJ 型铝胶线。

3) 第三支路(混凝土泵工位)

HBT70 混凝土输送泵(60.5kW)1 台,JDY-350 强制式搅拌机(19.25kW)1 台。

$$I_3 = \frac{S_3 \times 10^3}{\sqrt{3}\, U_L \cos\varphi} = \frac{(60.5 + 19.25) \times 10^3}{\sqrt{3} \times 380 \times 0.85} = 142.55(\text{A})$$

依据计算数据查《电工手册》,选用截面积为 35mm² LJ 型铝胶线。

4) 第四支路(其余工场)

因其余工场所用设备较多,采用需要系数法计算其用电总量:

$$S_4 = 1.1\left(K_1 \frac{\sum P_4}{\eta \cos\varphi} + K_2 \sum S_4\right) = 1.1\left(0.6 \times \frac{87.95}{0.86 \times 0.85} + 0.6 \times 22.36\right) = 94.17(\text{kVA})$$

$$I_4 = \frac{S_4 \times 10^3}{\sqrt{3}\, U_L \cos\varphi} = \frac{94.17 \times 10^3}{\sqrt{3} \times 380 \times 0.85} = 168.33(\text{A})$$

依据计算数据查《电工手册》,从配电房到拌和场选用截面积为 35mm² 的 LJ 型铝胶线。

按相对电压降校核:

$$s_4 = \frac{\sum(P_4 \cdot L)}{\Delta U \cdot C} = \frac{\sum(94.17 \times 244)}{8 \times 46.3} = 62.03(\text{mm}^2)$$

电压降校核结果大于所选导线的安全载流量,因此,该支路选用截面积为 70mm² 的 LJ 型铝胶线。

从拌和场到钢筋加工场和木加工场的导线为

$$I'_4 = \frac{S'_4 \times 10^3}{\sqrt{3}\, U_L \cos\varphi} = \frac{(1.5 + 13 + 9.5 + 6.8 + 5.5 + 11.18 \times 2) \times 10^3}{\sqrt{3} \times 380 \times 0.85} = 104.85(\text{A})$$

依据计算数据查《电工手册》,选用截面积为 16mm² 的 LJ 型铝胶线。

从钢筋加工场到修理间导线为

$$I''_4 = \frac{S''_4 \times 10^3}{\sqrt{3}\, U_L \cos\varphi} = \frac{9.65 \times 10^3}{\sqrt{3} \times 380 \times 0.85} = 17.25(\text{A})$$

依据计算数据查《电工手册》,选用截面积为 10mm² 的 LJ 型铝胶线。按机械强度要求,查《电工手册》该线应改用截面积为 16mm² 的 LJ 型铝胶线。

到办公室、食堂、宿舍的用电可通过配电箱引出,导线选用截面积为 10mm² 的 BV 型铝胶线。

五、电力供应平面图

电力供应平面图是施工组织设计的组成部分,是电气设备安装和检修工作的主要依据,是一种重要的技术文件。施工现场电力供应平面图是在施工场地平面图的基础上明确地标示出电气设备及线路设施。图中应标出电源位置、配电线路走向、导线型号、根数及截面积、配电箱位置、电杆和用电设备等。

配电线路的各支路应用文字符号标注,如文字符号 3N-50Hz380VLJ3×120+1×50,表示三相交流电路 50Hz,380V,三根导线截面积为 120mm²,中性线为截面积 50mm² 的铝胶线。

配电线的表示方法如图 7-2-4 所示。对应实例,图 7-2-5 是某大桥施工工地平面图和用电设备情况,通过确定电源形式、估算出用电总量、确定变压器型号和变压器位置,并确定供电干线支路数、布局及各配电导线的型号和截面积,然后绘制出的电力供应平面图。

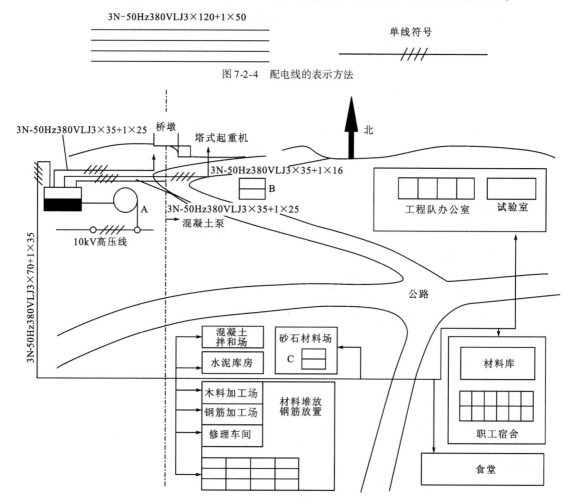

图 7-2-4 配电线的表示方法

图 7-2-5 某大桥施工工地电力供应平面图

第三节　工　地　照　明

路桥施工场地的照明品质,直接影响夜间施工品质、生产进度和安全等问题。为此,施工现场照明器的合理选用及布置设计,也是施工技术人员在组织工程施工中应予重视的问题。照明品质最重要的标准是照度合理和限制眩光。人的眼睛看强光、闪烁的光或者交替观察亮度差异太大的地方时,会感到不舒适、视力减退,这种现象叫眩光。为保证施工场所的照度合理,表7-3-1为按《建筑照明设计标准》(GB 50034—2013)推荐的几种工地场所的照度标准值。

露天场所和常用房间的照度标准值　　　　表7-3-1

名　称	照度标准值(lx)			规定的照度平面
	低	中	高	
设计室	200	300	500	距地面0.75m
阅览室	150	200	300	距地面0.75m
办公室、会议室、资料室、医务室	100	150	200	距地面0.75m
车间休息室、单身宿舍、食堂	50	75	100	距地面0.75m
更衣室、浴室、厕所	10	15	20	地面
信道、楼梯间	10	15	20	地面
露天工作				
视觉工作要求较高的工作	30	50	75	工作面
用眼睛检查金属焊接品质	15	20	30	工作面
用仪器检查金属焊接品质	10	15	20	工作面
间断观察的仪表	10	15	20	工作面
装卸工作	5	10	15	地面
露天堆场	0.5	1	2	地面
道路				
主要道路	2	3	5	地面
一般道路	1	2	3	地面

照明器由光源(灯泡、灯管等)、灯具(灯罩、反光板)和附属装置(灯头、镇流器、启动器、防护装置、支架等)三部分组成。几种施工现场常用的光源性能见表7-3-2。在选用光源时,应根据工地的具体情况、要求和光源的性能特点,选择实用、经济、可靠、性能好的光源。

表 7-3-2 几种光源的性能比较表

名称	发光原理	功率范围(W)	发光效率(lm/W)	平均寿命(h)	表面温度(℃)	功率因数(cosφ)	启动/再启时间(min)	启动器件	性能特点
白炽灯	白炽发光充惰性气体或保持真空	10~1000	6.5~19.0	1000	高达600(500W,灯泡垂直向上)	1	瞬时	无	闪烁很小,能瞬时点燃,频繁开关对寿命的影响很小,调节光性能好,显色性能好,但和日光有较大差别,结构简单,价格低,使用方便
卤钨灯	白炽发光充惰性气体和卤元素	50~2000	19.5~21.0	1500	约600	1	瞬时	无	和白炽灯类似,只是光有改善,发光效率有所提高,价格较高
荧光灯	气体放电充汞和氩气	4~100	17.5~60	700~3000	约40	0.53(40W)	1~4/1~4	镇流器启动器	发光效率高,日光色,冷光源,寿命长,闪烁大,初投资大,发光效率和启动特性受环境温度、电源电压的影响大,频繁开关对寿命的影响大
高压汞灯(外镇式)	弧光放电充汞和氩气	50~1000	30~50	2500~5000	400~500	0.65(1000W外镇)	4~8/5~10	镇流器	和荧光灯类似,只是寿命更长一些,功率大,再启动时间长,属热光源,放电管内的压力高
高压汞灯(自镇式)	弧光放电充汞和氩气	250~750	22~30	3000	400~500	0.9	4~8/3~6	无	基本同上,差别是发光效率、寿命有改善,无镇流器,使用方便
钠、铊、铟灯	弧光放电充汞和氩气,另外又充入了金属卤化物	400~1000	70	100	100~1000	0.45(1000W钠铊铟灯)	4~8/10~15	镇流器/漏磁变压器/专用触发器	和高压汞灯类似,只是光色大大改善(白色),发光效率高
铟灯		250~480	72	1000~1500					
高压钠灯	弧光放电,充入惰性气体汞和钠	250~400	90	5000	约650	0.40(250~400W)	4~8/10~15	镇流器/漏磁变压器/专用触发器	发光效率最高,寿命长,但显色性差,功率数低,光线颜色为白色(低压钠灯)和黄色(高压钠灯),属热光源
低压钠灯	弧光放电,充惰性气体和钠	18~180	100~159	100~5000	约270	0.3~0.4	8~10	镇流器/漏磁变压器/专用触发器	
氙灯	弧光放电充氙气	1500~50000	20~31	500~1000	600~800	0.9	瞬时	镇流器/漏磁变压器/专用触发器	功率最大,光色接近日光,能瞬时点燃,属热光源,有紫外线辐射

夜间施工的工作面上应有足够的照度,以保证工程品质与人身的安全。因此,应先选择适当的光源,灯具的安装布局应合理,如在悬崖、陡坡、壕沟以及地下施工时,照明器的布局应以方便、安全为重。同时还要注意限制眩光。

聚光灯的安装高度与俯角(α)应适当(图7-3-1)。在照射距离不变的情况下,当安装高度增加时,俯角(α)增大,阴影缩短,眩光减轻,此时光照区内照度高,但光照区变小。安装高度降低时,光照区增大,但眩光增强。聚光灯的安装高度一般为15m以上,俯角可根据需要进行调节。在长面宽的施工地带,灯杆宜布置在地带两侧,并错开排列,相邻灯杆的间距与灯高之比为6~8时最为适宜。

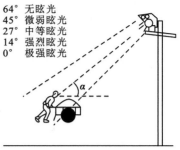

图7-3-1 聚光灯的仰角

高压汞灯、碘钨灯的功率一般都较大,发光强度较高,所以也应安装得高一些,减少眩光。

工地照明的电源可由附近的低压配电干线的电杆处引线,先进入配电箱,再分配给各照明器,配电箱内应配有负荷开关、熔断器和指示灯等。配电箱应注意防雨、防潮、防尘。照明用电量较大时,应将照明负载尽量平衡分配在三相电源上。每单相支线上的照明器和插座不宜超过25个,支路上的电流不应超过15A。这是为了提高供电的可靠性,避免一处短路造成大面积停电。同时也防止在支路上只有个别照明器工作的情况下,熔断丝的额定电流相对过大,致使熔断丝效果差。

在隧道工程照明或潮湿的地下施工照明,都应采用36V以下的安全电压。其电源可以是蓄电池,也可由行灯变压器获得。

工地临时照明配电线路一般力求结构简单、方便、节省费用,但必须满足电气工程技术的基本要求,确保供电可靠安全。线路使用绝缘导线,必要时可用橡套电缆,并尽可能架空,不要拖在工地上。如不得已必须放在地面上时,一定要敷设保护层,以防损坏而致使发生触电事故。

本 章 小 结

路桥施工供电概述主要包括路桥施工供电主要应考虑的问题;路桥施工供电设计主要描述利用需要系数法进行路桥施工供电设计的方法,包括负荷估算、电源位置的确定、低压配电线路及导线的选择和电力供应平面图;工地照明包括照明标准、限制眩光和施工现场照明器的合理选用及布置。

复 习 思 考 题

7-1 路桥施工供电主要应考虑哪几个方面的问题?

7-2 什么叫眩光?如何限制眩光?

7-3 路桥施工供电设计题。题3图为一桥梁工地施工平面图,试对该桥梁工地进行供电设计。

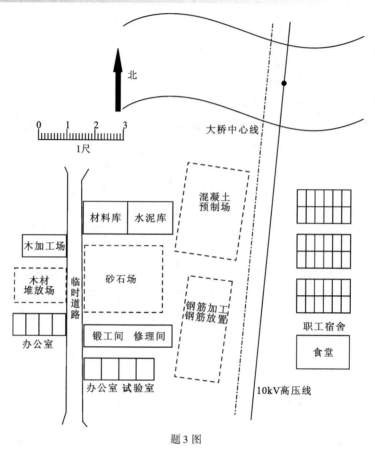

题 3 图

其用电设备清单如下。

(1)桥位工地:冲击钻机(20kW)1台,钻孔机(40kW)1台,强制式搅拌机(15kW)6台,插入式振动器(1.1kW)6台、(2.2kW)2台,电焊机(21kVA)1台、(8.7kVA)1台,卷扬机(4.2kW)1台、(7.5kW)1台。

(2)混凝土预制场:搅拌机(10kW)1台、(7.5kW)1台,振动器(1kW)4台,插入式振动器(2.2kW)4台,卷扬机(4.2kW)1台。

(3)钢筋加工场:钢筋调直机(9.5kW)1台,钢筋弯曲机(2.8kW)1台,钢筋切断机(3kW)1台,对焊机(9kVA)1台。

(4)修理间:电焊机(21kVA)1台,台钻(2.2kW)1台,砂轮机(1.5kW)1台,鼓风机(0.5kW)1台。

(5)木加工场:圆锯机(4.5kW)1台,木工压刨床(3kW)1台,手电钻(1kW)1台、(0.5kW)1台。

(6)食堂:鼓风机(0.5kW)2台。

参考文献

[1] 朱保达.工程机械[M].北京:人民交通出版社,1996.
[2] 中国公路学会筑路机械学会.沥青路面施工机械与机械化施工[M].北京:人民交通出版社,1999.
[3] 何挺继,朱文天,邓世新.筑路机械手册[M].北京:人民交通出版社,1997.
[4] 周蕚秋,邓爱民,李万莉.现代工程机械[M].北京:人民交通出版社,1997.
[5] 周蕚秋.现代工程机械应用技术[M].长沙:国防科技大学出版社,1997.
[6] 鄂俊太,韩志强,林嘉义.压路机选型及压实技术[M].北京:人民交通出版社,1991.
[7] 吴初航,陈海燕,谢炯,等.水泥混凝土路面施工及新技术[M].北京:人民交通出版社,2000.
[8] 中国铁路工程总公司.进口工程机械技术性能手册[S].1998.
[9] 李自光.桥梁施工成套机械设备[M].北京:人民交通出版社,2003.
[10] 池淑兰,孔书祥.路基工程[M].北京:中国铁道出版社,2002.
[11] 文德云.公路施工技术[M].北京:人民交通出版社,2003.
[12] 王明怀.高等级公路施工技术与管理[M].北京:人民交通出版社,1999.
[13] 中华人民共和国交通运输部.公路水泥混凝土路面施工技术细则:JTG/T F30—2014[S].北京:人民交通出版社,2014.
[14] 交通部公路科学研究院.公路路面基层施工技术细则:JTG/T F20—2015[S].北京:人民交通出版社股份有限公司,2015.
[15] 中华人民共和国交通运输部.公路路基施工技术规范:JTG/T 3610—2019[S].北京:人民交通出版社股份有限公司,2019.
[16] 中华人民共和国交通运输部.公路沥青路面施工技术规范:JTG F40—2004[S].北京:人民交通出版社,2004.
[17] 徐永杰.施工机电[M].北京:人民交通出版社,2005.
[18] 徐永杰.公路工程机械化施工技术[M].2版.北京:人民交通出版社股份有限公司,2019.
[19] 荆农.沥青路面机械化施工[M].北京:人民交通出版社,2005.
[20] 单文健.公路工程机械化施工技术[M].北京:人民交通出版社,2007.
[21] 郑忠敏.公路施工机械化与管理[M].北京:人民交通出版社,2002.
[22] 李军.高等级公路机械化施工设备与技术[M].北京:人民交通出版社,2003.
[23] 曹源文,李红镝,郭小宏,等.公路工程机械化施工与管理[M].北京:人民交通出版社,2009.
[24] 郭小宏.高等级公路机械化施工技术[M].北京:人民交通出版社,2012.
[25] 吴幼松,余清河.公路机械化施工与管理[M].北京:清华大学出版社,北京交通大学出版社,2007.
[26] 田启华,李浩平.施工机械及其自动化[M].北京:中国水利水电出版社,2009.

[27] 任征.公路机械化施工与管理[M].北京:人民交通出版社,2011.
[28] 何挺继.公路机械化施工手册[M].北京:人民交通出版社,2003.
[29] 人民交通出版社.交通行业标准汇编(桥梁专用设备与材料卷)[M].北京:人民交通出版社,2008.
[30] 王秉纲,郑木莲.水泥混凝土路面设计与施工[M].北京:人民交通出版社,2004.
[31] 徐伟.桥梁施工[M].北京:人民交通出版社,2008.
[32] 华玉洁.起重机械与吊装[M].北京:化学工业出版社,2006.
[33] 中华人民共和国住房和城乡建设部.市政架桥机安全使用技术规程:JGJ 266—2011[S].北京:中国建筑工业出版社,2011.
[34] 戴强民.公路施工机械[M].北京:人民交通出版社,2001.
[35] 徐永杰.反铲挖掘机在公路施工中的应用[J].公路,2003(09):87-90.
[36] 徐永杰.轮胎压路机压实特性的分析与作业参数的确定[J].公路,2006(10):142-150.
[37] 徐永杰,李桂花,杨华勋.水泥稳定碎石基层机械化施工[J].建筑机械,2005(07):90-92.
[38] 徐永杰,张长千,孙树贤.铲运机在路基土方工程中的应用[J].路基工程,2006(01):23-25.
[39] 徐永杰,崔金福,宫秀滨,等.沥青混合料面层平行四边形推进碾压方法数理分析[J].长安大学学报(自然科学版),2012(06):32-36.